JN303871

現代ヨーロッパの
社会経済政策
―― その形成と展開

廣田 功 [編]

日本経済評論社

現代ヨーロッパの社会経済政策──その形成と展開＊目次

第Ⅰ部　両大戦間期から戦後復興期へ　……………………………… 7

第1章　現代イギリス関税政策の形成と発展 ………………… 秋富 創　9
――第1次世界大戦期から大恐慌期まで

第2章　戦間期フランスにおける高等技術教育の課題と対策
――1934年エンジニア・タイトル規制法との関連で
……………………………………………………… 松田 紀子　37

第3章　戦後イタリア経済の基盤構築 ………………… 伊藤 カンナ　65
――1936年銀行法の制定と国家持株会社の形成

第4章　ヨーロッパ統合構想の展開とフランス経済学（1920-40年代）
…………………………………………………………… 廣田 功　93

第Ⅱ部　戦後復興期から高度経済成長期へ ……………………… 123

第5章　1949年のポンド切り下げと英欧関係の転換
……………………………………………………… 工藤 芽衣　125

第6章　戦後フランスの農業政策とヨーロッパ統合（1945-57年）
……………………………………………………… 廣田 愛理　151

第7章　西ドイツの社会給付改革と東ドイツの社会保険
……………………………………………………… 福澤 直樹　181

第Ⅲ部　現状分析 …………………………………………………… 211

第8章　ヨーロッパ統合と文化政策 ……………………… 岸　清香　213
　　　──戦後美術の想像力はどう変遷したのか

第9章　ヨーロッパ地域政策と「ヨーロッパ化」………… 伊藤　武　243
　　　──イタリアにおける構造基金の執行と政策ガバナンスの変容

第10章　スウェーデン高齢者福祉における伝統と革新
　　　──『老いること』と「SENIOR2005」
　　　　　　……………………………………………… 石原　俊時　275

第11章　現代ドイツにおける「社会的市場経済」の変容
　　　──2003年閉店時間法改正論議を手がかりに
　　　　　　……………………………………………… 石井　聡　301

第Ⅰ部　両大戦間期から戦後復興期へ

第1章　現代イギリス関税政策の形成と発展
――第1次世界大戦期から大恐慌期まで

秋富　創

はじめに

　イギリスが第2次世界大戦後なぜヨーロッパ統合と距離を置いたのか、という問いは古くて新しい問題である。いくつかの通説がこれに答えを与えているが、その中の1つは、ウィンストン・チャーチル（Winston Churchill）が提唱した「3つの輪のドクトリン（Three Circles Doctrine）」に注目し、イギリス対外政策の優先順位という視点からこの問題を論じている。彼によるとイギリスとは、(1)アメリカとの「特殊な関係」を持つ大西洋国家、(2)英連邦（イギリス帝国）の中心国家、(3)ヨーロッパの主要国家、としての役割を同時に果たすような対外政策を遂行しなければならない。その際、最も重要度が低いのは(3)であり、これが(1)および(2)の役割を損なうことがないように行動すべきである[1]。したがって、EECまたはEC加盟が現実的な選択肢になる時期まで、代々の政権はこのようなドクトリンを引き継ぎ、ヨーロッパを脇に据える一方で、主としてアメリカと帝国の狭間で葛藤した、ということになる。

　ところで、このような説の発想の出発点には元来、「『自由貿易（Free Trade）』対『関税改革（Tariff Reform）』」という政策対立軸を無意識的に構築し、イギリス政府内部における両者の対立を過度に強調するという、半ば常識的とも言える歴史観が存在していた。1932年オタワ会議（Ottawa Conference）開催に象徴される大恐慌期とは、関税改革（保護主義）が自由貿易に対して最終的に

勝利を収め、閉鎖的なブロック経済体制が完成する時期とされた。その後イギリスは第 2 次世界大戦期、武器貸与法・大西洋憲章・相互援助協定第 7 条を契機としてアメリカからその体制の放棄を説得され、戦後は漸進的かつ部分的に、アメリカが構築した自由貿易＝GATT 体制を受容することになるのである[2]。

　しかし、近年のヨーロッパ統合史研究が示す通り、戦後の統合政策の起源は戦中のみならず戦前にも遡上させることはできるし、統合政策に対するアメリカの影響力は相対化しうる[3]。同様にイギリス通商政策史研究においても、「外に向かう貿易政策」という概念を用いて戦前と戦中との連続面を重視し、戦後世界貿易秩序の形成に対するイギリスのイニシアティブを強調する視角が提示されている[4]。いずれの場合においても、戦前の政策（構想）は戦中・戦後と連続的に捉えられ、なおかつ戦後の政策はアメリカによって一方的に規定されたわけではない、ということが示唆されているのである。いわゆる「冷戦史観」からの解放と共にヨーロッパの戦後政策が、戦前・戦中に起源を有する能動的・独立的な歴史的事象として再評価されつつある、と言っても過言ではない。このような研究動向に鑑みるならば、「自由貿易」対「関税改革」という対立軸を重視するあまり大恐慌期を後者の到達点として捉え、その後イギリスはアメリカから一方的に説得されて、関税改革から自由貿易へ転向したと解釈する、伝統的な歴史観は修正される必要があるのではないだろうか。本稿は以上のような問題意識に基づき、政府内部における自由貿易と関税改革の対立という視角にとらわれることなく、第 1 次世界大戦期から大恐慌期までのイギリス関税政策を歴史的に考察するものである。

I　第 1 次世界大戦期「通商政策構想」と関税政策

1　マクロ経済政策としての関税政策

　イギリスは、いわゆるレッセ・フェール思想が興隆し始めるナポレオン戦争後から 19 世紀中葉にかけて、「反団体主義者神殿の 3 本柱（three pillars of the anti-collectivist temple)」と総称される３つのマクロ経済政策を順次実現させていった。すなわち、金本位制（gold standard）・自由貿易（free trade）・低位均衡財政（low and balanced budget）である[5]。これらの政策は互いに依存関係を保ちつつ、国内経済に対しては必要最低限干渉することを担保する一方で、当時イギリスが「世界の工場」あるいは「世界の手形交換所」としての地位を占めるに際して、国内経済を国際経済にスムーズに適応させるという役割を担っていた[6]。換言するならば、自由主義経済秩序を支えるための大枠として機能していたのである。19世紀後半以降列強対立の時代を迎えると、自由貿易・低位均衡財政政策はそれぞれ、ボーア戦争・対独建艦競争という政治的圧力を受ける形で動揺を来すことになった。しかし「３本柱」という骨子自体は基本的に、第１次世界大戦開戦前夜まで維持され続けたのである[7]。

大戦はイギリスにとって、マクロ経済政策史上の分水嶺となった。金本位制は開戦直後事実上停止に追い込まれ（正式停止は1919年）、財政規模は戦前の数倍に拡大し、収支は15年以降毎年10億ポンド超の赤字を計上するようになった。さらに自由貿易は15年、いわゆる「マッケナ関税（McKenna Duties）」の導入によって、1846年穀物法廃止以来となる大きな転換点を迎えた。「自由貿易」対「関税改革」という、マクロ経済政策における潜在的な対立軸が、実際に顕在化したのである。マッケナ関税とは元来、大戦期の外貨・輸送船舶不足に備えて「奢侈品」輸入を抑制するために導入されたものであり[8]、非商業用自動車・楽器・時計には33⅓％、映画フィルムには１フィートあたり⅓〜５ペンスの従価税が賦課され、その後23年まで毎年更新された[9]。この関税の性格の位置づけは、以下で言及される「大戦期の通商政策構想」の企画・立案に伴って、次第に変貌していくことになる。

2 大戦期の通商政策構想

(1) 通商政策構想の出現

大戦とは総力戦であるがゆえに、政治・経済・社会などの文化領域全体に影響を及ぼすばかりか、国家存亡の危機が懸けられている非常事態でもある。政

府は現在の混乱が一時的であることを認識し、いずれは訪れる平時＝戦後の展望を説得的に明示して、現在の総力戦体制に対して国民の協力を仰がなければならない。例えばその展望とは次のように語られる。「復興（reconstruction）とは戦前と変わらぬ社会を再建することではなく、大戦期に出現した社会的あるいは経済的状況の中から、より良き世界を形成することである」10)。このような認識がいわゆる「戦後構想」を生み出す素地となるのであり、その中でも特に、戦後イギリスの通商政策に関して企画・立案された一連の計画こそが、本稿が言うところの「通商政策構想」にほかならない。

　イギリスでは1915年後半頃からドイツ陣営の動きに触発される形で、「反ドイツ経済思想」・「関税同盟の結成」という2つの要素が結びついた「通商政策構想」が世論を賑わし始めた。先導したのは、20世紀初頭にジョセフ・チェンバレン（Joseph Chamberlain）と共に「関税改革」の狼煙を揚げた、関税改革主義者（Tariff Reformer）あるいは社会帝国主義者（Social Imperialist）と称される人々である。彼らは、戦後のドイツが経済的な脅威になる、換言すれば、連合国はドイツに対して決定的な勝利を収められないという言説を持ち出して、イギリスがイギリス帝国あるいは連合国と関税同盟を結成し、そのような脅威に備えるべきだと説いたのである。愛国主義が高揚し、事実上輸出入統制あるいは「包囲経済（economics of siege）」体制が敷かれている当時においては、このような主張は国内世論のみならず国際社会とも共鳴しあう可能性があった11)。16年6月にはイギリス・フランス・ロシア・イタリアなど連合国8ヵ国の首脳が会談する「連合国経済会議（Economic Conference of the Allies : ECA)」、17年3-5月にはカナダ・ニュージーランドなどイギリス帝国内諸国の首脳が会談する「戦時帝国閣議（Imperial War Cabinet : IWCa)」・「戦時帝国会議（Imperial War Conference : IWCo)」がそれぞれ開催され、連合国間および帝国内諸国間における、現在あるいは将来にわたる経済協力問題が議論されることになったからである12)。

(2) 農産物関税をめぐる対応

　関税改革主義者の究極的な目標とは、イギリスが農産物・原材料・工業製品といった輸入品に関税を新設する一方で、帝国内諸国および連合国からの輸入品に対しては特恵関税を設定し、それらの国々と排他的な通商関係（帝国関税同盟あるいは連合国関税同盟）を形成することである[13]。この場合、多くの主要国が原材料を免税にしていることを考慮するならば、最大の焦点は農産物関税にあったと言える。当時のイギリスとこれらの国々との貿易構造に鑑みると、イギリスにとっては工業製品の輸出が、カナダ・ニュージーランドなどの帝国内諸国、ロシア・イタリアなどの連合国にとっては農産物・原材料の輸出がそれぞれ重要な意味を持っていた。このためイギリスが率先して農産物関税（およびそれに付随する帝国・連合国特恵関税）を導入することは、そのような排他的通商関係を形成する際の必須条件となっていたからである。

　ECA の開催とは元来1915年後半頃、フランスの発案によりイギリス政府に打診されたものである。イギリス国内では商務省が中心となり、会議プログラムの事前作成に積極的に関与した。しかし商務省は、アジア・南米など中立国との通商関係を重視する見地から、関税改革主義者が説くような連合国関税同盟の形成には徹頭徹尾懐疑的であった。結局 ECA が結論として採択した「パリ決議（Paris Resolution）」には、彼らの意向を色濃く反映する内容が盛り込まれたのである[14]。さらに政府は16年7月、パリ決議の批准を受けて「（戦後）商工業政策に関する委員会」、通称「バルフォア委員会（Balfour Committee）」を正式に立ち上げ、通商政策構想に関する議論を開始した。この委員会には、企業経営者・労働者・学者・弁護士・国会議員など様々な階層の出身者が委員として参画したが、その中には、金融業を始め、繊維・鉄および鉄鋼・石炭・機械・海運および造船・電気・非鉄金属産業の各利害関係者や、自由貿易主義者・関税改革主義者が含まれていた。このような人選には、政策の国民的合意形成を進めようとする政府の意志が表れている[15]。

　しかしバルフォア委員会においても、関税改革主義者の意向が合意形成に反映されることはなかった。委員長には、保守党（統一党）所属の自由貿易主義

者バルフォア卿（Lord Balfour of Burleigh）が就任したが、彼の主張は関税同盟の形成に懐疑的という意味において、商務省の意向を代弁するものであった。委員会は1917年1月、帝国特恵（Imperial Preference）に関する議論を開始したが、彼はその中で「帝国内の交通手段・資源開発などにおいて帝国内諸国を特恵的に扱う」ことを提案し、「関税政策を利用した帝国特恵」（帝国特恵関税）計画そのものを葬り去ろうとした。委員の中には、関税政策を一刀両断したバルフォア卿案に好意的な勢力もいる一方で、強硬に反対する勢力も存在した。議論の落としどころは、「関税政策を選択肢の一つとする『帝国特恵原理』を是認するが、食糧（農産物）関税の導入を確約しない」という、双方が受け入れ可能な玉虫色の内容となり、最終的に委員会は翌月いわゆる「帝国特恵決議」を採択するに至る。しかしながらその内容とは、関税政策の導入自体を担保するものの、政策ツールとしての関税政策を相対化し、さらには農産物関税導入を明言していなかったため、事実上関税改革主義者の敗北を意味するものであった[16]。

　このようなイギリス国内の合意形成は、帝国内諸国との関係にも波及した。1917年春頃に招集されたIWCaでは、国内問題の混乱から欠席を余儀なくされたオーストラリアに代わり、一人ニュージーランドのみが帝国関税同盟の形成を積極的に主張した。これに対してイギリス本国やカナダは、「小麦・食肉などの農産物における特恵関税」ではなく「船舶輸送費における帝国特恵」の導入を主張することで、バルフォア卿と同様に「関税政策を利用した帝国特恵」という選択肢自体を葬り去ろうとした。最終的にIWCaは南アフリカの意見も取り入れる形で、「特恵関税という厳格なシステムを各国一律に導入する」代わりに「特恵という共通原理を各国流に適用」し、事実上特恵関税の導入を努力目標として規定するだけの決議を採択するに至った。農産物（特恵）関税の導入という関税改革主義者の理想は、国内のみならず帝国内部においても支持を得られなかったのである[17]。

(3) 工業製品関税をめぐる対応

このように農産物関税の導入が事実上見送られることになった以上、次に考えられるのは工業製品（中間財や加工済原材料を含む）関税の導入問題であった。関税同盟の形成を目指す関税改革主義者からするとこれは小さな意義しか持たないが、ともかくも自己の理想への第1歩と見なすことは可能であった。工業製品は2つの産業群に大別される。第1は「必須産業（essential industries）」あるいは「基軸産業（key or pivotal industries）」と称されるものであり、染料・磁石・光学ガラス・亜鉛・タングステンなどが該当する。これらはそれ自体小規模な産業であるが、重要な他産業にとって必要不可欠であり、戦前には大部分ドイツからの輸入・供給に依存してきたもの、と定義される。したがって大戦という事態の緊急性に鑑みれば、政府がそれらの産業に対して何らかの援助を与えることに、もはや国内の異論はなかった。商務省はECAの開催に際して必須産業への関税導入を是認していたし、事実パリ決議においては、項目の1つが「必須原材料・製品に関する敵国からの独立」という内容に充てられた。その後バルフォア委員会はこの問題を検討したが、最終的には必須産業を指定し、関税政策を含む様々な方策によってそれらを振興・援助する「特別産業庁（Special Industries Board）」の設置を勧告した[18]。

第2は「基幹産業（staple industries）」と称されるものである。これらは、必須産業のカテゴリーには入らないものの「基幹的」な性格を有し、イギリスの産業的地位の維持に重要な産業、と定義された。すでに上述したようにバルフォア委員会には、繊維・鉄および鉄鋼などを始めとする、このような定義に合致しうる諸産業を代表する委員が含まれており、彼らは基幹産業への関税導入の是非をめぐり、論戦を繰り広げることになったのである。まず一方の陣営には、繊維（綿・毛織物）・石炭・海運および造船などの産業利害を代表し、関税政策に懐疑的な自由貿易主義者が存在した。彼らによるとイギリス産業の将来はアジア・南米などの中立国、あるいは敵国ドイツの市場に依存しており、これらの市場を堅持するためには安価な原材料の輸入を担保することが不可欠である。関税政策とはまさにそれを台無しにしてしまう措置にほかならず、わ

ずかに「反ダンピング関税」の導入のみが許容されうる[19]）。

　他方の陣営には繊維（絹）・鉄および鉄鋼・電気・非鉄金属などの産業利害を代表し、関税政策に好意的な関税改革主義者が存在した。彼らは、全ての輸入工業製品に対して、投下労働量に応じて 5-15％程度の低率の従価税を賦課する（後の議論では、一律10％の従価税に単純化された）ことを提案した。自由貿易主義者の主張とは対照的に、このような関税政策は国内市場の保護・産業不安の除去につながり、投資・企業組織化の促進ひいては産業の活性化をもたらすのみならず、特恵関税導入の基礎にもなりうると考えられたのである。さらに注目すべき点は、彼らのこのような主張が、大戦当時の経済環境を反映する形で予想以上の支持を獲得しえたということであろう。すなわち、関税政策が企業組織化を促進し産業の活性化に寄与するという論点は、関税政策の是非に関して中立的な立場を堅持してきた委員を惹きつけ、さらには従来自由貿易主義者であった数人の委員が、大戦という事態の緊急性に鑑みて関税政策支持に転換したのである。ただしこれらの委員はあくまでも、特恵のみならず国庫収入源・外国市場開拓（通商交渉）の観点からも関税政策の利点を強調したり、あるいは関税政策自体を自由貿易に代替する次善の策として認識したのであって、関税同盟という関税改革主義者の理想そのものに完全に共鳴したわけではない[20]）。

　バルフォア卿は両陣営によるこのような対立を収拾するに際して、商務省が着想した「『鉄および鉄鋼』と『造船』の依存関係」という論点を持ち出した。曰く、鉄および鉄鋼製品とは重要な輸出産業である造船業の原材料であり、できるだけ国内生産に依存したい性質のものである。しかし国内生産の保護という観点から鉄および鉄鋼業に関税を導入すると、回り回って造船業の最終製品価格が上昇し、その分輸出競争力が低下することになる。バルフォア卿によるとイギリス産業の輸出競争力とは、極東・インド・シベリア・アフリカ・中南米といった諸地域の市場を維持することに依存しており、そのためには事業組織・信用供与・経営管理の改革といった手法ではなく、工業原材料を底値で入手することこそが何よりも重要であった。したがって彼が提示した裁定案とは、

関税は全産業一律ではなく、あくまでも「基幹産業」と定義されうる産業にのみ導入されること、さらには該当する産業を指定するために独立した組織を新設すること、であった。それは、関税同盟形成への動きを封じ込めて、中立国市場の堅持を図るという商務省の発想を出発点とし、産業への適用を極力絞り込む「選択的関税政策」を意味していた。この案は最終的に、自由貿易主義者および関税改革主義者双方からの「転向組」を含む委員会多数派によって支持されて、政府に勧告されたのである[21]。

II　1920年代「再建金本位制」と関税政策

1　通商政策構想の実行

(1) 慢性的不況とマクロ経済政策の再構築

　第1次世界大戦後のイギリス経済は、急激な景気過熱とそれに引き続く慢性的不況によって特徴づけられる。大戦後、戦中の繰り越し需要が一気に吐き出される一方で、生産面における平時への転換が遅れたため、1919年の春頃からおよそ1年間、消費・投資熱の加速を背景に好況が訪れた。景気の山は、物価が頂点に達し失業率が2％に落ち込む20年の春から初夏にかけてであった。21年の半ばまでに経済は、29-32年の大恐慌期や80年代初頭のサッチャー政権期をもしのぐ史上最大の景気後退に陥り、失業者数は240万人、失業率は22％にも達した。その後ゼネストが勃発した26年を除き、景気は緩やかに回復していくが、20年代を通じてその力は微弱なままであった[22]。失業者数が100万人の大台を割り込むことはなく、物価も下落し続けたのである[23]。

　このような不況に対する政府の処方箋とは、マクロ経済政策「3本柱」の再構築によって19世紀型の自由主義経済秩序を再確立することであった。政府は、大戦を一時的な国際経済の攪乱と捉えた上で、戦後、金本位制・自由貿易・低位均衡財政の再建によって国際経済を再び繁栄させることが、ひいては国内経済の繁栄に直結すると認識していたのである[24]。通貨・為替の安定を図るため

に旧平価（1ポンド＝4.86ドル）で金本位制に復帰することが政策的な至上命題となり、財政政策は大戦期のインフレ体質を是正し負債を圧縮すると同時に、ポンドの国際的信認を獲得するために、黒字を計上するデフレ基調となった。この後、金本位制に復帰するのは1925年のことである[25]。

(2) 1919年財政法

　他方で、同じ「3本柱」の中でも自由貿易政策は、大戦期に計画された通商政策構想が戦後実際に施行される過程において、修正を余儀なくされることになった。以下それを見てみよう。終戦直後のいわゆる「クーポン選挙」（1918年12月）に先立ち、保守党陣営は自由党のロイド＝ジョージ（Lloyd George）から、食糧関税は導入しないが帝国特恵原理を尊重する・枢軸産業を保護する・ダンピングに対する安全策を支持する、といった、バルフォア委員会の勧告に沿った言質を政権公約として取り付けていた。選挙に大勝した保守党および自由党ロイド＝ジョージ派からなる連立政権は19年4月、マッケナ関税を含む既存関税に対して帝国特恵を新設することを公表し、その内容は同年7月「財政法（Finance Act）」として法制化されることになった[26]。時の大蔵大臣オースティン・チェンバレン（Austin Chamberlain）によると、このような特恵関税とは、将来の「ほとんど際限のない膨張」に対する始まりに過ぎないものであり、帝国内諸国に対して大きな恩恵を与えるものであった[27]。15年に導入された輸入抑制目的の関税は、大戦期の通商政策構想の企画・立案過程を経ることで帝国特恵関税に変貌したわけである。しかし彼のこのような楽観的な主張が、多少なりとも誇張を含んでいたことは明らかであろう。財政法においては、茶・砂糖・タバコ・ドライフルーツといった嗜好品の特恵割合が16⅔％（諸外国に適用される関税に対して83⅓％の実効関税率）に押さえられたのに対して、自動車・楽器などのマッケナ関税対象製品の特恵割合は33⅓％（同様に66⅔％実効関税率）とされていたからである。イギリス本国と帝国内諸国における当時の産業構造を前提にする限り、帝国内諸国が相対的に歓迎する特恵関税品目とは、マッケナ関税対象製品ではなく嗜好品の方であった。財政法は、

帝国内諸国からの輸入増が見込まれる嗜好品に対する特恵割合を低く抑えることで、事実上帝国特恵の実効性を小さくしてしまったのである[28]。ジョセフ・チェンバレンの理想は、子供であるオースティンの代になってもいまだ発展途上であった。

(3) 1921年産業保護法

　連立政権は当初から、大戦期の輸入制限政策を漸次廃止していく方針であったが、「枢軸産業」に関してはそのまま制限を続行させていた。ロイド＝ジョージ首相は1919年8月、9月1日をもって輸入制限政策を廃止すると唐突に公表し、戦前の自由主義的政策に復帰する意志を明確にした。その数日後商務省は、制限解除の対象外となる枢軸産業の一覧表を公表すると同時に[29]、ダンピングに対する保護・為替下落に起因する輸入増大の抑制・枢軸産業の処理、を目指す新法が次期国会に上程される旨を明らかにし、政権公約の実現がいよいよ間近に迫っていることを印象づけた。政府は同年11月、「輸出入規制法案（Imports and Exports Regulation Bill）」を下院に提出した。この法案は全体が3つに分けられており、それぞれ次のような内容から構成されていた。第1部はダンピング防止を謳い、輸出国が自国内以下の価格で輸出する商品に関して、商務省に輸入禁止権限が付与された。第2部は商務省が、為替下落によって不公正に競争している商品のみならず、15の枢軸産業製品についても輸入を禁止することを提案した。第3部は商務省が、貴金属・必須食糧・薬品を含む11の商品に関して、輸出を禁止することを規定した。しかしこの法案に対しては自由貿易主義者のみならず、「関税の科学的システム」導入に固執する保守党内の関税改革主義者からも批判が高まったため、政府は最終的に20年11月法案成立を断念した[30]。この間、枢軸産業の1つである染料に関しては、20年「染料（輸入規制）法（Dyestuff〔import regulation〕Act）」が制定され、染料本体およびそれを製造するための中間財の輸入が全面的に禁止されることになった[31]。

　しかし、このような法案が成立する機は徐々に熟し始めていた。前述のように戦後好況が1920年春には崩壊し、その後産業保護を求める声が日増しに高ま

ってきたからである。くわえて19年12月には、「1876年『合同関税法（Customs Consolidation Act）』または他の法律に則らない輸入制限政策は違法である」との司法判断が下され、新法制定が焦眉の急になっていたという事情も存在した[32]。21年6月には名称を一新した法案が再び下院に提出されたが、今回は連立政権内の両党の支持が得られたため、8月には「産業保護法（Safeguarding of Industries Act : SIA）」として法制化されることになった。この法律は全体が2つに分けられており、それぞれ次のような内容から構成されていた。5年間有効の第1部は、光学ガラス・点火用磁石発電器など、対象となるべき6500種類もの枢軸産業を9グループに大別した上で、それぞれ$33\frac{1}{3}$％の従価税を賦課することを謳っており、帝国内諸国からの輸入は無税とされた。3年間有効の第2部は、生産者の志願に基づく外国製品のダンピング防止を規定していた。生産者の志願を受け付けた商務省が、「生産コスト」以下で国内販売されていることあるいは「為替下落」の影響を受けることによって、国内の類似品生産が利益を上げられなくなっていると認めた場合、専門家委員会に調査を付託することになっており[33]、最終的には下院が同委員会の裁可に基づき関税導入を決議したのである[34]。

　しかしSIAの成立は財政法と同様に、関税改革主義者にとって満足すべき結果ではなかった。まず第1部は枢軸産業製品への課税であったため、財政法と同様に、帝国内諸国に対して実効性のある帝国特恵を付与することが出来なかった。さらに第2部に関する商務省の対応は極めて消極的であった。1928年までに「生産コスト」の規定に基づき志願した9つの産業の中で、彼らが専門家委員会へ付託した案件はわずか2つであったが、結局それらが委員会から関税導入を認められることはなかった。残りの7つについては、「明白な理由」が立証されていなかったため商務省によって門前払いされた。「為替下落」の規定に基づき志願した産業も多数存在したが、これらの大半も商務省によって門前払いされてしまい、25年までに適用が決まったのは、布製手袋・ガラス照明器具・アルミニウムおよび鍛造エナメル加工の容器・白熱套（ガスマントル）のわずか4産業のみであった。工作機械・絹・綿レース・梳毛服地類とい

った比較的規模の大きい産業の志願については、一も二もなく却下されたのである。その後この規定に従い、布製手袋を始めとする4品目に関しては、ドイツからの輸入品に対して反ダンピング関税が賦課されることになった[35]。

2　関税政策の深化

(1) 保守党政権の政策方針

　1922年に連立政権が瓦解した後、ボナ・ロー（Bonar Law）とボールドウィン（Baldwin）が相次いで保守党政権を樹立した。ボナ・ローは野党時代の13年既に、総選挙で国民に信を問うまでは帝国特恵のために食糧関税を導入しないことを公言し、保守党が政権に復帰した場合には新たに低率の工業製品関税を導入し、既存関税（嗜好品など）に対して帝国特恵を付与すると言及していた。さらに彼は22年、総選挙に勝利して政権を獲得した際に、「本国会は、この国の財政システムに何ら根本的な変化を加えるものではない」と宣言した。23年に跡を継いだボールドウィンはこのような穏和な方針に飽きたらず、経済状況の悪化や、当時開催されていた帝国経済会議の結論に感化され、関税改革の是非に関して総選挙で争うことを決定したのである。ただしその決定とは、保守党の政策方針が大きく旋回し、党内で関税改革主義者の理想が正統派になったことを意味するわけではない。彼は、国内産業を外国の不公正競争から防衛するだけではなく、外国の関税を通商交渉によって引き下げるという意味からも関税政策を評価していた。さらには政権公約として、工業製品関税の導入や帝国に対する「本質的な特恵」の供与を謳い、食糧関税の導入にも賛成する一方で、食糧関税の核となる小麦および食肉関税の導入については明確に否定していたのである。彼は総選挙によって、「ボナ・ローの宣言から解放される」ことを願っていたが、食糧の中核部分に対する関税導入が約束されない限り、保守党の方針とはボナ・ローの路線、さらにはバルフォア委員会の決議を踏襲するものに過ぎなかった[36]。

　しかし皮肉なことに保守党は、総選挙において食糧関税に対する国民の疑念を払拭することができず比較第1党に転落した。自由党との協力によって成立

したマクドナルド（MacDonald）労働党政権は1924年財政法において、15年以来毎年更新されてきたマッケナ関税を更新しないこと、砂糖などの嗜好品関税を引き下げることを決定し、さらにはSIA第2部を満了にすると表明した。戦後、連立・保守両政権が築き上げてきた関税政策は、自由貿易を標榜する労働党政権を前にして小休止を余儀なくされたのである[37]。

(2) 産業保護法の再制定

　その後わずか数ヵ月で政権に返り咲いたボールドウィンは、失地回復を図るべく関税政策の深化に乗り出した。まず1925年財政法においてマッケナ関税（およびそれに付随する帝国特恵）を復活させると同時に、23年帝国経済会議の結論に則り帝国産ドライフルーツの無税化、砂糖関税の特恵割合の10年間固定、タバコ・ワイン関税の特恵割合の拡大などの方策が示され、さらには絹および絹製品関税（特恵割合は$16\frac{2}{3}$％）の導入が表明された。翌年の財政法では商業用自動車などが新たにマッケナ関税の対象とされ、さらには特恵割合の10年間固定という原則が、現在特恵関税に服している全輸入品に適用されることになった[38]。

　しかし1920年代後半の関税政策を検討する上で、最も明記すべき点はSIAの動向である。これについては第1部と第2部を分けて検討しなければならない。まず第1部であるが、これには24年の労働党政権も手をつけず26年に満了する予定になっていた。保守党は政権復帰直後、商務政務次官チャドウィック（Chadwick）を長とする委員会を設置したが、26年財政法ではその勧告に基づき、原則的に第1部の規定を10年間延長し、さらには無定形炭素電極・モリブデン関税などを追加することが表明された。続いて第2部であるが、前述の通りこれは24年、労働党政権によって既に失効させられていた。保守党政権は総選挙敗北以前から、国民が判断を下す場合を除き一般関税・食糧関税を導入する意志がないことを明らかにしており[39]、商務大臣ロイド＝グレイム（Lloyd Graeme）を中心として第2部の再法制化には熱心だった。政権復帰後の25年には白書（商務省覚書）が公刊されたが、その中では以前と同様に、商務省が

「明白な理由」を認めた場合に調査が専門家委員会に付託され、同委員会の裁可と商務省の認可に基づき関税導入が許可されると表明された。ただし導入に際しては、マッケナ関税などと同様に財政法内の1項目として処理されることになったので、関税実現に漕ぎ着けるには付託および認可権限を持つ商務省だけではなく、財政法自体を上程する保守党政権というハードルをも超える必要があった[40]。

　1929年までにはこのような規定に則って50もの産業が志願したが、委員会に付託されたのは16件に過ぎず、最終的に関税導入が認められたのはわずか8件であった。さらにその中でも、白書の規定に則った純粋に新顔の産業は、荷造り梱包紙・ガラス状セラミック製品などわずか4件にとどまっていた[41]。まさに政府は「選択的関税政策」を実行したのである。注目すべきは鉄および鉄鋼業の動向であろう。鉄および鉄鋼業とは古い装備を持つ小工場が乱立する代表的衰退産業であり[42]、それらの製品に対する関税導入圧力は20年代後半、政財界において大きくなっていたが、保守党政権は一般関税の導入拒否という建前を重ねて繰り返し、このような「基幹産業」に対する関税導入に慎重だった。鉄および鉄鋼業は、造船業を始めとする多数の他産業に製品を供給する立場であるばかりか、業界内部が中間財部門と最終製品部門とに分裂しており、結束して政府を納得させることができなかったからである[43]。まさにこの業界の内外において、「『鉄および鉄鋼』と『造船』の依存関係」という論理が貫徹していたと言える。政府の支援を取り付けられなかった彼らは29年以降、その代わりに銀行の支援を得ることで、当時「合理化（rationalisation）」ともてはやされた企業合同運動に自ら関与し始めることになる[44]。

Ⅲ　1930年代「管理経済」と関税政策

1　自由貿易政策の終焉

(1) 大恐慌と金本位制停止

　ボールドウィンは1929年総選挙を迎えるにあたり、以前と同様に一般関税・食糧関税の非導入、SIA の継続を訴えたが、労働党に比較第一党の地位を譲った。マクドナルド労働党政権は30年財政法において、布製手袋・白熱套（ガスマントル）など4産業の関税満了を表明する一方で、財政的配慮からマッケナ関税を渋々更新することになった[45]。自由貿易主義者スノーデン（Snowden）大蔵大臣によるこのような苦渋の決断の背景には、29年10月に端を発した世界大恐慌の存在があった。イギリス経済を伝統的に支えてきた輸出依存型基幹産業が凋落することで貿易収支が悪化し、さらには失業者数が劇的に増加することで財政収支も悪化した。31年にはこのような危機的状況が頂点を迎える。オーストリアで勃発した金融危機の波及と、巨額の財政赤字計上を見込むメイ（May）委員会報告書の公刊が引き金となって金・外貨流出に拍車がかかり、同年8月には歳出削減問題をめぐり閣内が不一致、労働党政権が崩壊した。その直後、マクドナルド挙国一致内閣が成立し、歳入増加・歳出削減を施した緊急予算案が上程されたが、金・外貨流出の圧力を覆すことはできず、最終的に同年9月イギリスは金本位制を停止したのである[46]。

(2) 関税法の制定

　金本位制の停止を契機として、19世紀以来、自由主義経済秩序を支えてきたマクロ経済政策「3本柱」の枠組は崩壊し、政府にとってみれば、変動相場制の下で裁量的に「経済を管理する」という道が開かれることになった。以下この「道」について、関税政策の足跡をたどることにしよう。まず総選挙後の1931年11月には、「異常な量」に達している特定品目の輸入を削減するために

「緊急輸入法（Abnormal Importations Act）」が制定され、商務省には向こう6ヵ月間、陶磁器・ガラス瓶・綿製品などの工業製品に対して、最高100％の従価税を賦課する権限が付与された（実際に賦課されたのは最高50％）。その直後には「園芸作物（緊急関税）法（Horticultural Products〔Emergency Duties〕Act）」が制定され、農水省に対して鮮魚・花・野菜の輸入を阻止する権限が付与された[47]。帝国からの輸入品については、いずれの法律においても無税とされた[48]。

1931年12月になると挙国一致内閣内においては、これらの暫定的措置に代わり、本格的な関税政策を導入する気運が高まっていった。総選挙後、スノーデンに代わり大蔵大臣の座に着いたネヴィル・チェンバレン（Neville Chamberlain）は、新たに設置された内閣委員会における議論を終始リードすることで、一般関税導入に関する自らの素案を内閣に提出することに成功した[49]。32年2月にはこの案に基づき、以下の5点を骨子とする「輸入関税法（Import Duties Act）」が制定されたのである。(1)既に関税が賦課されている輸入品を除き、大部分の工業・半工業製品に対して10％の従価税を賦課する。(2)オタワ会議の結論が出るまで、帝国からの輸入品に対する関税の賦課を猶予する。(3)免税品リストに掲載される輸入品については、関税の賦課を免除する。このリストの中には、小麦・食肉・トウモロコシなどの食糧、鉄鉱石・原綿・羊毛などの原材料の大半が入る。(4)輸入関税諮問委員会（Import Duties Advisory Committee：IDAC）を新たに設置し、大蔵省はその勧告に基づき関税幅を拡大できる[50]。(5)通商交渉力を担保するために、特定の国に対して関税削減を実行したり、100％までの報復関税を導入できる[51]。

(3) 関税法の目的

ネヴィル・チェンバレンは輸入関税法案の上程に際して、この提案が「父ジョセフ自身の構想の直接的かつ合法的な子孫」であることを感慨深げに語り、保守党内の関税改革主義者の中には、「ついに戦いは終わった」と勝利宣言をする者まで現れた。しかしながら、チェンバレン自身が明言したように同法案

の目的は多岐にわたっており、帝国特恵関税の導入（帝国関税同盟の形成）のみが彼の視界にあったわけではない。彼が言うところの「帝国経済協力（Imperial economic partnership）」とはその目的の一部であり、しかも言及された順位は最後（第7番目）に過ぎなかった。彼が第1番目に挙げていた目的とは「貿易収支の改善」であり、第2番目が「歳入の増加」であった[52]。

　政府は1931年9月の金本位制停止以後も、引き続き貿易収支と財政収支に注意を払わなければならなかった。変動相場制に移行したポンドは、当時の実体経済を反映して下落し続けたが、イギリスは価格弾力性の低い品目を多く輸入していたため、ポンドが大きく切り下がらない限り貿易収支の赤字を削減することはできなかった。さらに、金本位制という束縛から解放されたために財政赤字が拡大し続け、その結果信認が失われて資本が逃避し、ポンドが一層切り下がるという危険性も存在した。これらは当時のイギリスが、為替相場の過剰な下落を契機として、貿易収支および財政収支の両面からインフレ危機の瀬戸際に追いつめられていたことを示している[53]。大恐慌期における政府の中心的な政策目標とは、様々な政策ツールを動員しながら「経済を管理する」ことによって、「インフレなき穏やかな物価上昇」を実現させることにあった[54]。したがって関税にはまず、輸入削減および歳入増加の効果を通じて貿易収支および財政収支を好転させることで、ポンド相場の切り下げを下支えし、インフレを抑止する政策ツールとしての役割が課せられていたのである。

　さらに、輸入関税法において新設されたIDACに対しては、「産業能率の促進」というチェンバレン第4番目の目的を果たす役割が課せられていた[55]。IDACは早くも1932年4月に第1回報告書を公刊したが、同年末までにはその勧告に基づき、大半の工業・半工業製品関税が現在の10％から20％に引き上げられ、少数の特定製品に対する関税は33⅓％に設定された。後者のカテゴリーに所属する有力製品が鉄・鉄鋼業製品であり、最終製品に対しては20％、銑鉄などの中間財に対しては33⅓％の関税が賦課されることになった[56]。チェンバレンは輸入関税法案の上程に際して、関税が鉄・鉄鋼業に産業再編（合理化）を強制するレバー役になるとの意図をこめており[57]、IDACもこの業界にまず

暫定的に関税を導入し、産業再編の進捗状況いかんによってその措置を恒久的にするという方針を打ち出していた[58]。しかしながら政府は結局、IDAC が「統治すべき大君主がいない貴族システム」と形容した、個人主義的で分断的なこの業界に対して有効な影響力を行使することができずに、彼らが自発的に形成したカルテルを是認せざるをえなかった[59]。換言するならば IDAC の勧告を通じて、産業再編という当初の意図とはかけ離れた彼らの共謀行為を追認することで、個々の企業の能率性にかかわらず超過利潤を一律に保証し、その結果「インフレなき穏やかな物価上昇」という政策目標を実現しようとしたのである。後に彼らは政府支持の下、国際鉄鋼カルテルに参画して独占体制を一段と強化することになる[60]。

2 オタワ会議

(1) イギリスが得た譲許

1932年7月から8月にかけて「帝国経済会議」、通称「オタワ会議」が開催され、関税政策は新たな段階を迎える。関税改革主義者の高揚にもかかわらず輸入関税法が明記したのは、20年代の保守党政権が回避し続けた、鉄および鉄鋼業のような基幹産業を含む工業製品に対する関税・特恵関税導入に過ぎなかった。彼らの理想である食糧に対する関税・特恵関税導入の最終的決定は、この会議の場に持ち越されていたのである。イギリスは従来、帝国内諸国から食糧関税導入を迫られると限定的とはいえ譲許を与えていたが、帝国内諸国が相次いで独自に導入する工業製品関税の前には非力であった[61]。輸入関税法とはその骨子が謳う通り、今やイギリスが帝国内諸国に対して交渉を申し出て、譲許を迫る立場になったことを示しているのである。

政府はオタワ会議に臨むにあたり、「理想的方針」と「現実的方針」を注意深く区別した[62]。理想的方針とは、「帝国自由貿易 (Empire Free Trade)」の実現を足がかりとして、外国に関税削減を迫り、究極的には世界貿易の復活を目論むことである[63]。帝国自由貿易は近年、保守党右派の大立て者ビーバーブルック (Beaverbrook) によって盛んに主張されていたが[64]、より自由貿易に

近いという意味では、挙国一致内閣内の労働党出身者にも支持されやすかった。しかしこれは、特に1920年代、高関税を導入して国内産業の保護を図ってきた帝国内諸国の利害と真っ向から対立する方策であり、イギリスが彼らの支持を取り付けられる可能性は極めて少なかった。特にカナダやオーストラリアが現在の帝国特恵関税に懐疑的であり、その縮小・廃止をテコにして第三国と通商交渉に臨むことを主張する恐れがあったため、彼らに対して強く譲許を迫ることは非現実的な選択肢であった[65]。

　したがってイギリスは現実的方針として、帝国内諸国に既存関税の削減を求めないことを議論の出発点とした。最終的に勝ち取られた譲許は以下の4点に集約される。(1)帝国内諸国は、成功する見込みのある産業に対してのみ関税を導入する。(2)帝国内諸国は、イギリス産業が自国産業と同等の競争条件を確保できないような関税を導入しない。(3)帝国内諸国は原則的に、外国に適用する関税と特恵関税の差（特恵マージン）を固定する。(4)帝国内諸国は関税審議会（Tariff Board）を設置し、関税問題の議論を付託する[66]。これらは、イギリス産業に帝国市場でのイコールフッティングを保証すると同時に、帝国内諸国の工業発展をある程度押さえ込むことを狙っており、一見するとイギリスにとって望ましい、本国－帝国内諸国間の農工分業論を謳っているようにも思われた。しかし「成功する見込み」や「同等の競争条件」の基準が曖昧な上に、関税審議会の答申を受けた上で、帝国内諸国が高関税を導入すること自体については是認されていた。関税の引き下げは、彼らの善意次第だったのである。

(2) イギリスが与えた譲許

　他方でイギリスは、帝国内諸国に対して多くの譲許を一方的に与える羽目に陥った。外国からの工業・半工業製品に課税し、帝国内諸国からの輸入品を無税とする輸入関税法の適用が継続され、以下のような義務を新たに負うことになったのである。(1)卵・鶏肉・バターやチーズなどの乳製品・小麦・トウモロコシ・果物・未加工の銅などについて新たに関税を導入する。(2)タバコ・茶などの既存特恵マージンについては維持し、木材・魚（鮮魚および缶詰）・亜

鉛・革製品などの既存関税については、帝国内諸国との協議なしに引き下げない。(3)鶏肉を除く食肉に関しては以下の通りとする。Aカナダはハム・ベーコンについて毎年一定量まで自由に輸出できる。Bオーストラリアとニュージーランドは1年間食肉輸出を自主規制し、その後は2年間自由に輸出できる。Cイギリスは新たに食肉関税を導入しないが、外国からの冷蔵牛肉輸入についてはオタワ会議直前1年間のレベル以下に、同じく冷凍牛肉・羊肉・子羊肉輸入については同レベルの65％以下に制限する（外国産食肉の輸入割当）[67]。イギリスはこれらの措置によって、ついには大規模な食糧関税の導入に踏み切ったことになる。

　しかしイギリスも帝国内諸国からの圧力にただ屈するばかりで、一方的に譲許を与え続けたというわけではない。食糧関税の中核部分である小麦と食肉については留保が必要である。小麦についてはオタワ会議によって確かに、「外国からの輸入−課税、帝国からの輸入−無税」という図式が定められた。しかしカナダの計らいによって、帝国産小麦の価格が世界価格よりも高くなった場合小麦関税を廃止できるという規定が添えられ、イギリスの立場は考慮された。食肉についてはオーストラリアが関税導入を強く主張したが、イギリス代表団の中には、小麦のみならず食肉にも関税譲許を与えることに批判的な意見も存在した。最終的には関税に代わって輸入割当が提案され、帝国内諸国もこれを了承することになった[68]。オタワ会議開催前の1932年5月には小麦法が制定され、製粉業者などへの課徴金を原資として国産小麦の価格および販売を保証する制度が整えられた。しかし、当時のイギリスでは、国内農業所得の7割以上を畜産が占めており、国内農業の観点から言えば、小麦生産者よりも畜産業者の方が大恐慌による価格下落の深刻な被害者であった[69]。食肉に関する輸入割当の決定とは、一定程度供給規制を行うことによって価格下落を食い止め、国内畜産を保護しようとする方策でもあったと言える[70]。

　イギリスは1933年以降、20以上の国々と矢継ぎ早に通商協定を締結していく。これらは、対英依存型の貿易・金融構造をなす北欧・南米諸国、帝国内貿易に深く関係するドイツ、ヨーロッパの政治的安定に重要なアメリカ、といった異

なる意義を有する国々から構成されていたが、交渉によって相手の譲許を引き出す際には、いずれの場合も帝国＝オタワ会議という存在そのものが重要な後ろ盾となった71)。イギリスは、帝国市場の開放については事実上断念しつつも、小麦・食肉輸入に留保を付す形で国内市場を最低限帝国に開放する一方で、帝国という存在を巧みに利用することによって諸外国と通商協定を締結し、究極的には世界貿易の復活を目論むという「現実的方針」を選択したのである。

おわりに

　第１次世界大戦期から大恐慌期にかけてのイギリス関税政策は、その時々のマクロ経済環境に応じて様々な役割を担っていたが、いずれも関税改革主義者の期待を裏切る結果に終わった。大戦期は、包囲経済体制が敷かれ実際にマッケナ関税が導入されたために、関税同盟の形成を主張する関税改革主義者が国内外の世論を先導しうる状況にあった。これに対して商務省は、アジア・南米などとの通商関係を重視し、通商政策構想を実際に企画・立案したバルフォア委員会に対する影響力を通じて、このような動きの封じ込めを図った。その結果、対独依存の必須産業を振興するために関税導入が決定される一方で、農産物（食糧）関税の導入は事実上否決され、関税改革主義者の理想は敗退を余儀なくされた。さらに商務省は、「『鉄および鉄鋼』と『造船』の依存関係」という論点を下準備することによって、バルフォア委員会が自説を追認し、「選択的関税政策」という方針を打ち出せるように画策したのである。

　大戦後の10年間は短期間の好況の後、慢性的な不況に見舞われることになった。この時期主に政権を担当した自由党ロイド＝ジョージ派および保守党は、金本位制復帰を目標とするデフレ政策によってこの事態に対処する一方で、大戦期の構想を現実の政策として実行することになった。1919年財政法は嗜好品・マッケナ関税対象製品、21年産業保護法は必須産業製品に関税および特恵関税を付与し、その後も対象となる関税は漸次拡大されていったが、それらはいずれも帝国内諸国にとって本質的な措置ではなかった。さらに政府は産業保

護法を通じて、必須産業以外にも関税を導入する道を一応開いたものの、「『鉄および鉄鋼』と『造船』の依存関係」という論点を重視し、実際には基幹産業への関税導入を拒否し続けた。彼らは、一部の輸入品に帝国特恵関税を付与し、ごく少数の産業に関して「選択的関税政策」を実行するというささやかな譲歩と引き替えに、食糧関税や一般関税の導入を拒み、関税改革主義者の主張を退け続けたのである。

　1929年に端を発した世界大恐慌の影響で31年に金本位制が停止され、その後32年には輸入関税法が成立した。輸入関税法は、外国からの工業・半工業製品に包括的な関税を導入する一方で、帝国内諸国からの輸入品をとりあえず無税としていたため、形式的には関税改革主義者の理想に1歩近づいていた。しかし実際のところそれは、「インフレなき穏やかな物価上昇」という政策目標に沿う形で、為替下落抑止やカルテル容認のために導入されたという色彩が強く、必ずしも関税同盟の形成を目的とはしていなかった。その後のオタワ会議においても、関税改革主義者の理想は実質上担保されなかった。イギリスは「理想的方針」に代わり「現実的方針」を打ち出すことを通じて、輸入関税法を交渉の武器としてかざし、帝国内諸国が根拠もなく高関税を導入しないよう熱心に説得しなければならない羽目に陥った。他方で彼らは広範な食糧関税の導入を余儀なくされたものの、中核部分の小麦・食肉輸入に関しては帝国内諸国から一定の留保を勝ち取り、さらにオタワ会議後には、帝国という存在を後ろ盾にして諸外国と通商協定を締結し、究極的には世界貿易の復活さえ目論んでいたのである。

　以上のような事実は、これらの時期、政府内部ではマクロ経済環境の状況に応じて「自由貿易」と「関税改革」が対立し、どちらかの方向に振り子が振り切ったことを示してはいない。むしろ政府が大戦期以降、新たに関税政策を計画・履行する一方で、依然として19世紀中葉と同様に一貫して「ナショナル（一国主義）」の観点を前面に押し出し、対外通商関係の構築に携わっていたことを示唆している。大戦期には必須産業の利害のみならず、伝統的な輸出依存型産業の利害に則った通商政策構想が企画・立案され、アジア・南米といった

帝国外諸国への輸出継続が意識された。大戦後は帝国内諸国に対して小規模の譲歩がなされたが、大規模な食糧関税の導入は見送られ、輸出依存型産業の利害は依然として重視され続けた。帝国外諸国が食糧および原材料輸入先・工業製品輸出先として、帝国内諸国に劣らぬ意義を有していたからである。大恐慌期にはオタワ会議開催を契機として、通商関係が帝国内諸国へシフトする可能性は高まったが、そもそも彼らはイギリスに対して、完全に帝国外諸国に代替するだけの経済的価値を与える意志を持ち合わせていなかったし、イギリス自身もそのような代替を望んでいなかった。大恐慌期になってもイギリスは、「インペリアル」や「リージョナル」ではなく「ナショナル」の観点を重視し、自らを帝国内諸国と帝国外諸国から同等に構成される、世界貿易体制の中心地として位置づけようとしていたのである。このような彼らの方針は第2次世界大戦期、戦後世界貿易秩序＝GATT体制をめぐるアメリカとの主導権争いに影響を与えることになる。イギリスが第2次世界大戦後なぜヨーロッパ統合と距離を置いたのか、という本稿冒頭における問いは、以上のような「『ナショナル』という観点に立った対外通商関係の構築」という視角から再検討されうるであろう。

1）　力久昌幸『イギリスの選択――欧州統合と政党政治』（木鐸社、1996年）48-53頁。

2）　このような説に立っている最近の研究として、アンソニー・ハウ「自由貿易の歴史的意味」『九州国際大学経営経済論集』第9巻第3号（2003年）1-22頁；今田秀作「イギリス植民地帝国の崩壊と経済グローバリゼーション」『経済理論』第315号（2003年）69-93頁。また、アメリカが英連邦解体を促進する過程については、内田勝敏『ヨーロッパ経済とイギリス』（東洋経済新報社、1969年）11-17、95-111頁。

3）　廣田功、森建資編『戦後再建期のヨーロッパ経済――復興から統合へ』（日本経済評論社、1998年）。

4）　山本和人『戦後世界貿易秩序の形成――英米の協調と角逐』（ミネルヴァ書房、1999年）。

5）　Jim Tomlinson, *Government and the Enterprise since 1900* (Oxford University

Press, 1994) p. 11.
6) Alan Booth, *The British Economy in the Twentieth Century* (Palgrave, 2001) p. 168.
7) Jim Tomlinson, *Public Policy and the Economy since 1900* (Oxford University Press, 1990) p. 14.
8) *Ibid.*, pp. 42-49.
9) Committee on Industry and Trade, *Factors in Industrial Commercial Efficiency* (H. M. S. O., 1927) p. 399.
10) The War Cabinet, *Report for the Year 1917* (H. M. S. O., 1918) p. xix.
11) 秋富創「第一次世界大戦期イギリスにおける通商政策構想――新たな解釈を目指して」『土地制度史学』第169号（2000年）19-34頁。
12) 秋富創「第一次世界大戦期における連合国・帝国会議とイギリスの通商政策構想――1916年連合国経済会議と1917年戦時帝国閣議・会議」『社会経済史学』第69巻第1号（2003年）71-91頁。
13) 正確に言うならば「帝国関税同盟」と「連合国関税同盟」は別物である。関税改革主義者が想定する両者の差異については、秋富前掲（2000）23-24頁を参照。
14) 秋富前掲（2003）73-81頁。
15) 秋富前掲（2000）29頁。
16) 同上論文、30-32頁。
17) 秋富前掲（2003）86-89頁。
18) 秋富創「第一次世界大戦期イギリスにおける通商政策構想」博士論文、東京大学提出（2004年）96-99頁。
19) 同上論文、100-101頁。
20) 同上論文、101-104頁。
21) 同上論文、65-66、104-114頁。
22) Derek H. Aldcroft, *The British Economy* (Harvester Press, 1986) pp. 1-14.
23) 森恒夫（宇野弘蔵監修）『講座 帝国主義の研究――両大戦間におけるその再編成 4 イギリス資本主義』（青木書店、1975年）91-96頁。
24) もっとも、戦後、財政規模は高止まりの様相を呈していたため、もはや「低位財政」ではなかった。Tomlinson (1990) *op. cit.*, p. 45.
25) Tomlinson (1994) *op. cit.*, pp. 85-86.
26) Marvin E. Lowe, *The British Tariff Movement* (American Council on Public Affairs, 1942) pp. 43-44.
27) W. K. Hancock, *Survey of British Commercial Affairs, Vol. II, Problem of Eco-*

nomic Policy 1918-1939, Part I* (Oxford University Press, 1940) pp. 139-140.
28) 秋富前掲（2000）34頁。
29) A. J. Marrison, *British Business and Protection 1903-1930* (Oxford University Press, 1996) pp. 256-257.
30) Lowe, *op. cit.*, pp. 46, 50-53.
31) Committee on Industry and Trade, *op. cit.*, pp. 404, 419.
32) *Ibid.*, p. 418.
33) Lowe, *op. cit.*, pp. 53-55.
34) Committee on Industry and Trade, *op. cit.*, pp. 407-408.
35) Marrison, *op. cit.*, pp. 261-265.
36) Lowe, *op. cit.*, pp. 25, 57, 63-64.
37) *Ibid.*, p. 74.
38) Committee on Industry and Trade, *op. cit.*, pp. 400, 413-414.
39) この場合「一般関税」とは、「全輸入品に適用される関税」のことを意味しているが、この用語は元来異なる意味で使われていた。秋富前掲（2000）22頁。
40) Committee on Industry and Trade, *op. cit.*, pp. 404-406, 408, 447-449.
41) Marrison, *op. cit.*, p. 280.
42) Steven Tolliday, "Tariffs and Steel, 1916-1934 : The Politics of Industrial Decline", John Turner (ed.), *Businessmen and Politics* (Heinemann, 1984) p. 51.
43) Forrest Capie, *Depression and Protection* (George Allen & Unwin, 1983) pp. 66-68.
44) Steven Tolliday, "Steel and Rationalization Policies 1918-50", Bernard Elbaum, William Lazonick (eds.), *The Decline of the British Economy* (Oxford University Press, 1986) pp. 94-100.
45) Lowe, *op. cit.*, pp. 93, 98.
46) Peter Dewey, *War and Progress* (Longman, 1997) pp. 199-206, 212-219.
47) Charles Loch Mowat, *Britain between the Wars 1918-1940* (Methuen & Co. Ltd., 1968) p. 415.
48) 内田勝敏「イギリス保護貿易政策の成立 ——1930年代のイギリス関税」同編著『貿易政策論』（晃洋書房、1985年）第3章、68頁。
49) Barry J. Eichengreen, "Sterling and the Tariff, 1929-32", *Princeton Studies in International Finance*, No. 48 (September 1981) pp. 33-36.
50) Mowat, *op. cit.*, p. 416.
51) Hancock, *op. cit.*, p. 214.

52) Lowe, *op. cit.*, pp. 130-131.
53) Eichengreen, *op. cit.*, pp. 22-31.
54) Alan Booth, "Britain in the 1930s : a managed economy?", *Economic History Review*, 2nd ser. Vol. 40, No. 4 (1987) pp. 504-505.
55) Lowe, *op. cit.*, p. 131.
56) Capie, *op. cit.*, p. 42.
57) Samuel H. Beer, *Modern British Politics*, 2nd ed. (Faber and Faber, 1969) p. 293.
58) Mowat, *op. cit.*, pp. 441-442.
59) Tolliday (1986) *op. cit.*, pp. 102-103.
60) 内田前掲、82-85頁。
61) Ian M. Drummond, *Imperial Economic Policy 1917-1939* (George Allen & Unwin Ltd., 1974) pp. 171-172.
62) Ian M. Drummond, *British Economic Policy and the Empire 1919-1939* (George Allen & Unwin Ltd., 1972) pp. 96-97.
63) Robert J. A. Skidelsky, "Retreat from Leadership : The Evolution of British Economic Foreign Policy, 1870-1939", Benjamin M. Rowland (ed.), *Balance of Power or hegemony : The Interwar Monetary System* (New York University Press, 1976) p. 180：森前掲、220頁。
64) Lowe, *op. cit.*, pp. 100-104.
65) Drummond (1974) *op. cit.*, pp. 251-252.
66) *Ibid.*, pp. 235-248.
67) Drummond (1972) *op. cit.*, pp. 108-109, 215-217.
68) Drummond (1974) *op. cit.*, pp. 254-263, 267-268.
69) 森建資『イギリス農業政策史』（東京大学出版会、2003年）40-41、57頁。
70) Drummond (1974) *op. cit.*, pp. 229-231, 264.
71) 山本前掲、第Ⅰ部。

第2章　戦間期フランスにおける高等技術教育の課題と対策
―― 1934年エンジニア・タイトル規制法との関連で

松 田　紀 子

はじめに

　今日のフランスの高等教育制度には、大学とグランド・ゼコールの2系列があることが特徴だ。後者は、王政時代からの流れを引き継ぐ、技術官僚養成を目的とする教育機関が19世紀初頭に大学とは別の範疇と確認されたことに端を発している。すなわち、技術官僚養成を目的とする高等技術教育については、19世紀初頭には整備されていたのである。

　日本では、高等技術教育から輩出されるエンジニアについて、主に教育史・科学史の観点から関心が向けられてきた。堀内達夫は革命期から19世紀中葉までを、フランスにおける技術教育の設立期と見て分析し、この時期に教育組織や理念の点で輪郭をあらわした技術者養成の類型化を試みている[1]。このうち、本稿の関心である高等技術教育に対応するのが、理工科学校（Ecole polytechnique）での国家エリートとしての技術官僚養成、および産業革命に即応する目的で開設された中央工業学校（Ecole centrale des Arts et Manufactures）での民間技術者養成である。

　本稿は、産業革命期における高等技術教育についての堀内の2類型に対して、第2次産業化により多様化した20世紀初頭の高等技術教育像を提示しつつ、戦間期のフランスにおける高等技術教育の課題と対策の1例を検討するものである。

本稿では、まず第Ⅰ節で20世紀初頭のフランスにおける高等技術教育の多様化を確認する。続いて第Ⅱ節では、高等技術教育の課題をフランス民間エンジニア協会での議論および1919年の商務省報告に確認する。さらに、第Ⅲ節では、学位の呼称と教育内容との整合性の審査を制度化する形で高等技術教育への国家の関与が実現した34年エンジニア・タイトル規制法の成立を検討する。

Ⅰ　第1次大戦前までの高等技術教育

1　伝統的技術教育制度の特質

フランスでは、絶対王政末期に技術官僚の養成を目的に整備された機関が、19世紀には高等技術教育において広く諸外国に範を示し、今日なおグランド・ゼコールと呼ばれるエリート養成機関としてこの国の教育制度を特徴づけている[2]。

理工科学校を入口とするグランド・ゼコールの出身者は、数学の知識を基盤とする広い科学知識を持つ「ジェネラリスト」といわれる。18-19世紀のエンジニア養成機関の特質およびエンジニアをめぐるさまざまな議論を整理しているピコン（Picon）らは、「エンジニアにおいては、専門性を忌避することは、国家機構で自分たちが享受している特権的な地位を維持しようという関心を相伴ったものである（傍点、引用者）」と指摘するが[3]、これはフランスにおけるエリートの属性、すなわち、専門性よりも総合性、帰納的知識よりも演繹的知識の重視を示している。

「ジェネラリスト」としての理工科学校出身のエンジニアが官僚として国家機構の中枢に位置したことは、19世紀の高等技術教育に強く影響を及ぼしていた。例えば先述の中央工業学校は、設立時に想定された「産業への科学の応用」を目的とした教育機関という産業家・科学者の意図から離れて、純粋数学に基盤を置く傾向を強め、理工科学校の教育内容に類似することになったのである[4]。

このような高等技術教育は、専門的な技術的知識をもった即戦力ではなく、経営者・指導者を養成するという点で成果を挙げた点に1つの特徴がある。

例えば、技術官僚を養成する目的で設立されたグランド・ゼコールの1つである鉱山学校について分析したテポ（Thépot）によれば、同校を卒業し鉱山官僚となったエンジニアは、19世紀初頭より休暇制度を利用して民間企業の経営顧問をつとめた。さらに1890年代以降とくに戦間期には、私企業（鉱山、冶金、電力、化学、石油、銀行）の経営陣として数多く活躍した。これについて、テポは、同校の出身者の技術的能力が評価されたからではなく、官僚養成のプログラムのなかでより広範な問題処理能力を持った人材として養成されたがゆえであった、と結論づけている[5]。

こうした理工科学校や中央工業学校は、たとえば後者が、1830年代の産業革命期に発展した結果として、機械産業への専門化を見せていたものの[6]、19世紀末葉の第2次産業化への対応は進まなかった。また前者についても、当校研究の第一人者であるピコン（Picon）が第2次産業化の時期と重なる1870年から戦間期を停滞期と位置づけるように、それまでの高い評価ゆえに、硬直性にとらわれ第2次産業化への対応に限界があった[7]。

また、19世紀機械工業への人材輩出を担っていた工芸学校（Ecole des Arts et Métiers）も、新産業への対応は進んでいなかった[8]。

2　新しい高等技術教育

これに対して、化学・電気など第2次産業化の時期に展開する新産業が求めていたのは、高度な理論的基礎の上に、新産業向けの応用・実践能力を備えた人材であった。その養成を初期に担ったのは、大学の理学部付設の学院（institutes）や公私立の専門学校であった。

表2-1は、19世紀末葉からの大学における技術教育の整備を分析したグルロン（Grelon）による、1883年から1914年に大学の理学部に設置された付属学院のリストである。農業のほか、化学や電気といった新産業分野が多いこと、「エンジニア」という学位名を使っていることなどに留意したい。グルノーブ

表2-1　1883年から1914年に設立された、大学理学部付属の学院

大学	学院	学位
アルジェ科学学校	農業学院（1905年）	
ブザンソン	化学講座（1920年に学院）	化学講座エンジニア（1914年）
	時間測定学院	エンジニア（1927年）
ボルドー	化学学院（1891年。1908年に化学学校に）	化学者（1893年）
カン	ノルマンディ技術学院（1914年）	
	化学学院（1914年）	エンジニア（1923年）
クレルモンフェラン	商業会議所化学学院（1911年。1913年に学部付属に）	化学者（1920年）
ディジョン	ワイン醸造学学院	ワイン醸造学修了証書・学位（1902年）
グルノーブル	電気工学学院（1901年。1905年に学部から大学付属に）	エンジニア（1902年）および電気現場監督（1904年）
	フランス製紙学院（1906年）	エンジニア（1908年）
リール	応用化学学院（1894年）	応用化学（1904年）→エンジニア（1911年）
	電気機械工学学院	エンジニア（1925年）
リヨン	化学学校（1883年）	化学エンジニア（1922年）
	なめし学校（1899年）	
マルセイユ	エンジニア学校（1899年）	エンジニア（1921年）
モンペリエ	化学学院（1908年）	エンジニア（1907年、化学講座につく）
ナンシー	化学学院（1887年）	エンジニア（1902年）
	ビール醸造・麦芽製造学校（1893年）	エンジニア（1902年）
	電気工学学院（1900-05年）	電気エンジニア（1901年）、機械エンジニア（1905年）
	農業学院（1901年）	
	地質学学院（1907年）	エンジニア（1908年）
パリ	化学学院（1896年）	エンジニア（1906年）
	航空学学院（1909年。同年設置の航空学講座と連携）	
トゥールーズ	化学学院	エンジニア（1906年）
	電気工学学院（1907年）	電気エンジニア（1908年）、機械エンジニア（1913年）
	農業学院（1909年）	エンジニア（1914年）

出典：André Grelon, "Les universités et la formation des ingénieurs en France (1870-1914)", *Formation Emploi*, No. 27-28 (1989) p. 79表1より作成。

注：「学校（école）」と「学院（institut）」の違いは、財政面での学部からの自立性の有無による（同指摘を含め、2000年以来のグルロン氏の指導に謝意を表したい）。

表2-2 1880-1919年に設立された大学付属学院および私立エンジニア養成機関

	化学	繊維	農業	土木	電気	航空	軍事	一般	合計
1880-89	4	1						2	7
1890-99	5	1	2	1				1	10
1900-09	6		2		12	1		1	22
1910-14	1						1	2	4
1917-19	4		3					3	10
合計	20	2	7	1	12	1	1	9	53

出典：Annick Ternier et Andre Grelon, "Chronologie des ingenieurs", Grelon, *Les Ingenieurs de la crise*, Paris (1986) pp. 371-385より作成。

ル、ナンシー、トゥールーズは、特に成功した例として、近年、新産業についての分析とともにこれらの機関の研究も進んでいる[9]。

また表2-2は、1880年代から第1次大戦までに設立された大学付属学院および専門学校を、分野、年代ごとに整理したものである。設立が世紀転換期の20年間に集中し、また第1次大戦末期に再び増加することが読み取れる。

始めから大学に工学部を設けて技術者養成を行った日本と異なり[10]、技術官僚はもとより民間産業向けのエンジニアの養成が、長い間大学教育と結びつかずにいたフランスにおいて、この時期にエンジニア養成機関が大学に設立された背景には、1860年代末から始まっていた高等教育（医・法・文・理の各学部）の見直しの動きに、第3共和制下の反中央集権化および地域主義の高まりが合流して進められた1880-90年代の大学改革がある[11]。この改革では地域主義の高まりのなか、地元の産業界と大学との関係も密接になった。とりわけ改革の大きな柱として、大学に予算の一部について自由裁量が与えられたことは、「地元産業界による大学への財政援助――大学から地元産業界への還元（人材養成）」の関係を促進することになった[12]。

その結果、学生への奨学金制度や各地方の文化や言語についての講座が設置されるほか、理学部においては地元産業の発展を支える人材の養成を目指して、応用科学への方向性を強めることになる[13]。それが主に化学・電気の分野だっ

たのである。

　ここで以下の2点に注意を喚起したい。

　第1に、大学付設の学院でのエンジニア養成の実現は、大学改革の枠組みのなかであるとはいえ、地方大学とともに地元の産業界・自治体に拠る部分が大きかったのであり、国家が直接のイニシアティブをとったというのではない。この側面は、新産業の花形教育機関となるパリ市工業物理化学学校（EPCI, 1882年）や電気産業界による電気高等学校（SUPELEC, 1894年）の設立の経緯にも看取される[14]。

　第2に、問題のある私立の教育機関が多く設立された、混乱の時期であった。例えば電気学校と称しながら、電気産業とは無関係な個人や団体によって設立され、実験室を備えず、一定の期間の在籍と学費納入で何らかの卒業証明を出す学校があった。新産業の人材養成では、理論と実践の関連付けが強く求められていたため、実験室を備えない学校や通信講座に対する非難は強く見られ、「金儲けの学校」「タイトルの商人」という非難が向けられる[15]。後に見る1934年法につながる「タイトル問題」提起の背景は、まさにこのようなエンジニア養成学校の簇生である[16]。

II　高等技術教育の改革構想と限界——SICF 審議（1916-17年）をてがかりに

1　SICF 審議（1916-17年）

　新たな産業の振興に寄与する高等技術教育について、第1次大戦期になると国家の直接の関与を展望した議論が出てくるようになる。例えば、大学を技術教育の分野で活かそうという案[17]、「技術科学部」や「応用科学学院」の設立についての提言や法案などが、議会に提出されていた[18]。こうした議論は、1916-17年のフランス民間エンジニア協会（Sociétédes Ingénieurs Civils de France：SICF）での高等技術教育改革をめぐる議論に結実する。

　SICF での議論の最大の関心事は、以下で確認するように「科学と産業の接

近」にあった。こうした関心のもとに展開される議論について、「グランド・ゼコールの体制に有用な修正を施すという重要かつデリケートな問題」を扱っているとSICFは評価するのだが[19]、第2次産業化への対応におけるグランド・ゼコールの限界を認識したものとして注目に値する。

では、SICFの審議にそって、高等技術教育の改革構想について見ていこう。

SICFで議論のたたき台となる報告を行ったのは、科学アカデミーの会員であり工芸院・中央工業学校で教鞭をとるL.ギエ（Guillet）であった[20]。

ギエの報告を受けたSICFでは、翌1917年の1-4月の月例会で会員19名（大学理学部長、フランス学士院会員、理工科学校や工芸学校の教員、企業経営者、エンジニアなど）が意見表明を行ったほか[21]、機関紙には大学学院関係者らの書面による意見表明が掲載されている。

(1) ギエ報告

現状分析と提言の2部構成から成るギエ報告（第1部「フランスおよび諸外国における高等技術教育」、第2部「フランスの高等技術教育に必要な改善」）は、諸外国の高等技術教育における専門性の高さを評価し、翻ってフランスでの専門的な教育、実践・作業面での遅れを指摘する。これを具体的に述べているのが、「百科全書的な教育か、専門教育か」についての提言であり、ここでの記述から、ギエが高等技術教育で養成されるべきエンジニアをどのように把握しているか、読み取ることができる。

ギエがまず強調するのは、「百科全書的な教育（伝統的なグランド・ゼコールでの教育）」が管理者の養成には不可欠であるという点である。「専門教育は管理者を養成しない（引用者注、原文は斜字体）」と述べ、さらにはドイツの工科大学（Hochshulen）の卒業生が大企業のトップに立つことは極めて稀と指摘するのである[22]。

一見するとこのように百科全書的な教育の意義を再確認しているギエは、当時、第2次産業化の展開とともに、産業の現実に対応した専門的な教育が行われていないことへの批判が出てきたことを考えると、きわめて守旧的であるよ

表2-3　各国の高等技術

	フランス			ドイツ
	（グランゼコール）	（大学付設の学院）	（私立学校）	
〈入学前〉				
準備	特別数学あるいはポリテクニーク	中等教育	さまざま	中等教育あるいは上級初等
採用方法*	選抜試験	バカロレアあるいは考査	考査	中等教育終了資格
入学平均年齢	19-22歳	17-18歳	さまざま	17-18歳
〈在学中〉				
教育期間	3年	3年	1-3年	4年（うち2年は理論）
教育の特徴	非専門	専門	非常に専門	非常に専門
規律（discipline）**	厳格	厳格	厳格	なきに等しい
工場での研修	あまり行われず	あまり行われず	かなり普及	必須（1年）
実験室作業	進展中	とても発展	とても発展	とても発展
除籍	なし、あるいはごくわずか	わずか	ときに高い率	わずか
〈卒業後〉				
兵役	3年	3年	3年	1年
就職時の年齢	25-28歳	23-24歳	さまざま	22-23歳
学生数／年	320-350人	220-250人	200人（内50はグランドゼコールから）	―

* 採用方法：examen＝考査、concours＝選抜試験。
**規律（discipline）＝出席の厳格さ Cf. 商務省報告（1919年）p. 116.
出典：Léon Guillet, "L'enseignement technique supérieur", in *Mémoire et compte rendu des travaux de la Société des*

うに写る。

　しかし、ギエの議論は単純ではない。彼は一方で百科全書的な教育の改善をうながし、他方で専門教育の拡大を唱える。専門教育については、「（百科全書的な教育を必要とするエンジニアとは）別のカテゴリーに属するより多数の若い人々に不可欠」と述べる。すなわち、ギエは高等技術教育の内容として「百科全書的な教育か、専門教育か」の二者択一の問題とはせず、それぞれに異なった意義を認めている。ギエは次のように述べる。

教育の比較

ベルギー	スイス	アメリカ	イギリス
中等教育	中等教育	中等教育	中等教育
考査	バカロレアあるいは類似の学位	学位あるいは考査	学位
17-18歳	さまざま	17-18歳	17-18歳
4年（うち2年は理論）	3-4年	4年	3年
専門	非常に専門	専門	1年半は専門
中間	なし	なし	あまり厳格でない
必須	なし	一般に必須	必須 少なくとも1年（機械）
とても発展	とても発展	発展	発展
多い（50％）	高め	高め	不明
1年	1年	1年	1年
22-24歳	とてもさまざま	22-23歳	―
―	―	―	―

ingénieurs Civils de France (1916) pp. 666-668.

　百科全書的な教育は、なかにはそれを必要とするエンジニアもいるが、学生全体に及ぶべきではなく、また、専門化を不可欠とする産業もある。現状では、フランスはスペシャリストを充分養成しているとは言い難い。とはいえ、スペシャリスト養成の努力が、とりわけ化学・電気においてこれまでなされてきたことを看過してはならない。この面で大学付属の学院および私立学校が果たしてきた役割は否定しがたい。しかしながら、一定

の範囲内でではあるが、この方向を一般化していかなければならない[23]。

こうしてギエは、高等技術教育が養成する人材を、管理者とスペシャリストの2タイプにわけ、後者の養成の強化を主張した。また、前者については、グランド・ゼコール入学のための準備学級での専門数学——これがグランド・ゼコール入学者の価値基盤を形成している——の偏重に疑問を投じ、専門数学教育の抑制とその結果としての入学年齢の引き下げ——若いエンジニアの創出——を、また後者については専門教育機関の拡張を提言した。

ギエの報告に添付されたフランスおよびヨーロッパ各国の高等技術教育の比較一覧の諸項目、「入学平均年齢」、「教育の特徴（専門化の程度）」、「工場での研修」、「実験室作業」、「就職時の年齢」には、こうした彼のフランスにおける高等技術教育についての懸念が反映されている。

(2) SICFでの議論

ギエの議論を受け、SICFで展開された意見表明では、ギエが疑問を投じた専門数学教育の削減およびスペシャリストの養成に議論の焦点がおかれている。

前者については、グランド・ゼコールを始めとする高等技術教育の性格を決定づけるものと認識されていたため、盛んに議論された。グランド・ゼコールを現状で維持すべきで専門数学の抑制は望ましくない、とする意見に対して、国立工芸院長や企業経営者らは、重要性を否定はしないものの、エンジニア教育における過度の強調を懸念する意見を出している。

例えば、フランス学士院の会員で土木技監（Inspecteur géneral des Ponts et Chaussées）のコルソン（Colson）は、「この（専門数学の）教育に手を加えることは、フランスのエンジニアの質を著しく落とすことに他ならない。フランスのエンジニアの質を構成するもののうち、最も重要なのが専門数学クラスだと信じている」と述べ、そのようなエンジニアが鉄道、建設、鉱山、化学産業などの大企業のトップに立ってきたことは、フランスの独自性であるとして、ギエの提案に真っ向から反対する[24]。

一方、高等技術教育が新産業からの要請と協調すべく専門数学教育の改革が必要である、と考える工芸院（Conservatoire National des Arts et Métiers）の学長ガベル（Gabelle）は、「専門数学の重要性は誰にも否定されない」と述べつつ、エンジニア養成においては専門数学の価値が過度に強調されていると非難し、「科学と産業の接近」の実現を訴えて、工芸院の学生用実験室、産業家向けの技術的知識の提供サービス、最新の機械を展示する工芸美術館（Musée des Arts et Métiers）などを紹介する[25]。

また、エンジニア養成機関での経営学の必要を訴えるファヨール（Fayol）は、数学教育削減をめぐるギエラ対コルソンの構図を確認したうえで、専門数学をフランスの大企業のトップがエンジニアであることの必要条件とみるコルソンの論拠を、経営学の視角から否定する。そして、大企業の経営における『数学者』の優位への信仰は国民的フェティシズムと指摘し、大企業経営者に専門数学の知識は大して求められないので、エンジニア養成においては、技術の講義に必要な程度にまで抑えることを提案する[26]。

後者のスペシャリストの養成については、既存のグランド・ゼコールは現状を維持し、大学の学部をさらに活用すべき、とする企業経営者の積極的な意見や、グランド・ゼコールで専門家の養成を行うことへの反対を挙げるグランド・ゼコール教員の消極的な意見など、それぞれの立場を反映した見解が出されている。

これらの意見をまとめるならば、(1)それまで国内外で高い評価を受けてきたグランド・ゼコールでのエンジニア養成に改革の手をつけることへの抵抗、とともに、(2)従来のグランド・ゼコールでの養成とは異なる、工場見学・企業研修など実地研修を増やした科学と産業の接近による、実践的なエンジニアの養成への要望、という2点に集約できる。19世紀から引き継がれている伝統的なグランド・ゼコールの制度は維持したまま、これとは別の教育機関（大学、学院）で新産業向けのスペシャリストを養成することが、ここに確認されたのである。

これらの意見表明をもとに作成された執行部の要望書案は、大学およびグラ

ンド・ゼコールについては、学校の運営や教授陣、講義内容における産業界・エンジニアとの協力、さらに、すでに実務についているエンジニアが科学・産業の最新の成果を補える継続教育の講座の設置を提言するなど[27]、科学と産業の接近について具体的な提案を行っている。

　この要望書案は、スペシャリスト養成の機関としての大学の位置付けを確認し、具体的な対策を提言していることから、先述のギエの意図——スペシャリストの養成の強化——が盛り込まれたことは読み込めよう。しかしその教育内容について、「百科全書的な教育は、すべてのエンジニア教育の基盤として維持され、専門的な教育はこの教育に次ぐものとする」と表記されるなど、ジェネラリストとスペシャリストが並置されるのではなく、ヒエラルキーのうえでの違いも確認されたのである。この要望書案は全会一致で採択された。

　このSICFの要望が、以下に見る商務省報告の一部として取り込まれることになる。

(3) 1919年商務省調査報告にみる高等技術教育の課題

　19世紀には、産業振興に寄与する技術教育については、産業界・自治体のイニシアティブに委ねられていたが、20世紀にはいると国家の直接の関与を展望した議論が出てくるようになる。世紀転換期に、職業訓練の行き詰まり感が強まったのが、その背景にある。そして、国家が関与すべきとする議論は、1919年の商務省調査報告（いわゆるクレマンテル報告）にいったん結実する。

　この調査報告は、第1次大戦中の1917-18年に実施された、フランス産業についての商務省主導による調査・分析の成果である[28]。本報告の代表的な唱道者である商務大臣クレマンテル（E. Clémentel）および経済史家オゼール（H. Hauser）は、フランス経済再編改革構想の中心的な論者であった。第1次大戦後のフランス経済再編＝改革の基本的方向として、「最短時間での最大限の生産高」を実現し、低原価での生産拡大を実現するための経済の組織化を設定した。そこでは、技術・職業教育の改善が、生産設備や生産方法の改善と並んで重要な課題であった[29]。

商務省報告は、「戦後における産業の再編の方法と条件の検討を内容とする」第２部の第３章「従業員の養成、技術・職業教育」において、「A. 普通教育」、「B. 徒弟訓練（L'Apprentissage）」、「C. 中等技術教育」、「D. 高等技術教育」、「E. 商業教育」、「F. 農業教育」の６分野について分析する。「フランス経済の発展は、産業に携わる人材（従業員〔personnel〕）の能力（valeur）、したがって人材の養成および教育方法に密接に結びついている」[30]からである。

　この「D. 高等技術教育」の項目は、先に見たSICFでの議論に依拠しており今後取り組むべき新しい方向を提案する商務省報告では、SICFでの議論から引き出されるいくつかの論点が挙げられている[31]。しかし、商務省報告が、SICFでの議論を単に参考にしたのではない。実はSICFでたたき台となる最初の報告が行われた1916年11月３日の会合に、クレマンテル自らが出席して進行役を務め、さらに17年１月６日付けの文書で、高等技術教育に導入すべき改善点についてSICFで議論された内容を自分に知らせるよう要請していた[32]。その結果、SICFの要望書はクレマンテルに送付され、クレマンテルからは謝意とともに今後の方向が示された。すなわち(1) SICFの要望書が、商務省のほか公教育、軍事、建設の各省においても検討されること、(2)これら関係省庁の代表およびエンジニア、産業界、高等教育機関の関係者から成る委員会を設置してさらに検討を重ね、今後の方策を練る、という[33]。その成果が、19年のいわゆる商務省報告の「高等技術教育」となったのである。

　では、SICFの要望をとりこんだ1919年の商務省調査報告（クレマンテル報告）において、高等技術教育にはどのような位置づけが与えられ、また課題と対策が議論されていたのか。以下では、商務省報告について、高等技術教育に関わる部分を抽出する形で検討を進める。

　あらかじめ指摘しておくが、商務省報告第２部の第３章の紙面の約半分が「徒弟訓練」に割かれていることから、フランス産業における労働者の養成が最大の課題であったと推察できる。報告は、徒弟制がフランス革命期のコルポラシオン廃止によって大きな打撃を受けたとしたうえで、その後の徒弟制および児童労働の制限に関わる諸法律に言及するとともに、徒弟制の危機の原因を

表2-4 13-18歳の就業男女の補習受講の割合

(単位：千人)

	合計	農業	商工業
補習を受講	151 (8.7%)	6 (0.7%)	145 (16%) ［職業学校23　職業講座122］
補習を受講せず	1,575 (91.3%)	804 (99.3%)	771 (84%)

出典：Ministère du Commerce, de l'Industrie, Rapport général sur l'Industrie Française, sa situation, son avenir, 1919, p. 85より作成。

分析する。表2-4に見るように、若年層の就業人口のほとんどが職業学校や職業講座での補習を受けていないという事実を踏まえ、対策として、当時議論されていた「職業教育に関するアスティエ法案」を肯定的に評価する。その斬新さは、国家による私立学校の認証、職業学校（écoles de métiers）の創立、職業講座（cours professionnels）にあるとし、アスティエ法の実施にむけての商務省の具体策として、技術学校の数および役割の増大・拡張、技術学校教員の養成、そのための技術教育予算の増加を挙げている。

　ここで注目したいのは、報告は省庁間のライバル意識を超えた徒弟行政の統一こそが、国家の要請に対応できるしくみをもたらす、と結論で指摘ている点である。その背景には、より根本的な問題として、技術と産業の接近を模索する商務省や農務省と、伝統的に一般教育の優位を追求する（したがって手工業への関心の薄れに責任ある）大学との文化の違いがあり、徒弟制度の改善の妨げになりかねない、という危惧があった。省庁間の連携不足は、徒弟制度に限った問題ではなく、エンジニア養成の高等技術教育機関についても同様であった（表2-5参照）。

　さて、商務省報告は、「D. 高等技術教育（pp. 117-123）」が、民間エンジニア協会SICFでの議論を踏まえていると断ったうえで、以下の3点を改善点として検討する。

　第1に、実践の重視である。講座教育への傾斜を改善し、実験作業を拡張することが、高等技術教育に必要な緊急課題と位置づける。加えて学外での作業（工場での研修、作業場の見学、研修旅行など）も不可欠とされる。教員は、

表2-5　フランスの高等技術教育の管轄と入学資格の多様性

(1)エンジニア養成機関と管轄

管轄	商工省	公共土木省	公教育省	独立系
学校名	国立工芸院 中央工業学校 工芸学校	パリ鉱山学校 サンテティエンヌ鉱山学校 土木学校	大学付設学院： ナンシー、リヨン グルノーブル リール、トゥールーズ パリ（応用化学校）	電気高等学校 リヨン中央学校 マルセイユ学校 リール工業学院 パリ土木特別学校

(2)入学資格・方法

入試	特別数学準備学級課程	中央学校 パリ・サンテティエンヌ鉱山学校 土木学校
	特別課程	工芸学校 パリ市工業物理化学学校 独立系の学校
学位あるいは資格試験	グランド・ゼコールの学位	電気高等学校 グルノーブル学院
	バカロレア	ほとんどの大学付設の学院
とくになし		工芸院

出典：Léon Guillet, "L'enseignement technique supérieur", *Mémoire et compte rendu des travaux de la Société des ingénieurs Civils de France* (1916) pp. 637-638より作成．

教える科目の産業を熟知することが要求され、その実践からも評価されるべきだとされる。

第2に、教育機関の拡大である。大学についても、技術学院 instituts techniques を通じて高等技術教育において果たしている役割は無視できず、今後のいっそうの貢献が期待される。ただし、専門家養成への特化、応用科学講座の正教授資格者の採用、制限ある数の学位授与などの方針を尊重するべきであるとする。さらに、入職後の生涯教育の拡充も目指す。

第3に、国家技師の教育と採用方法についての提言である。報告は、「現在の教育機関および現行の教育・採用方法に触れるデリケートな問題を含んでおり、ここでは議論を展開しない」と断った上で、以下を提言する。すなわち、大戦後に国家技師の数の増加、および技師団の機能の多様化が予想され、「国家は技術的協力者の選択を広げるべき」であり、それぞれ専門の技師団の採用

選抜制度を設けるべきである、またその選抜制度の内容は、技師団、教育界、関係諸産業の代表が検討すべきである。

さらに、技術・職業教育の管轄省庁間の溝を埋めるために、関係省庁、学会、グランド・ゼコール、技術学院、工・商・農業団体、労働者団体の各代表が一堂に会する「技術職業教育審議会」を設置することが望まれる。

ところで、高等技術教育との関連で、他の項目にも注目される点がある。「A. 普通教育」の項目では、「高等技術教育の改革を検討する人々の注意をとりわけ喚起すべき」領域として、グランド・ゼコールへの入学準備過程についても検討がなされている。ここでの要望を一言で言えば、「若いエンジニアの入職時期の低年齢化」である。準備期間が2年を超えるべきでないとしてプログラムの軽減が唱えられ、高等師範学校への準備とは別にした入学選抜試験の改善が提唱されている。すなわち、18-19歳で将来の方向を選択し、一般科学に進むか（ポリテクニーク、高等師範、大学科学部）、技術一般の知識を深めるか（中央工業学校）、専門性を深めるか（鉱山学校、電気学校）、ということである。

「C. 中等技術教育」[34]においては、教育方法の改革および学校の発展の2点が検討される。教育方法に導入すべき諸改革としては、最終学年での専門化の進展、フランス語の知識の拡大、より実践的な数学教育、静物デッサン教育の改善（技術の概念、実践）、ラボおよび作業場での実践作業の増加、現場研修の発展、商業および企業経営講座の設立、生徒への講義ノートの提供、を挙げている。これらの改革は、高等技術教育についても論じられていることである。学校の発展に導入すべき諸改革としては、寄宿制の改善、都市ではなく産業センターの近隣での学校の立地、を挙げる。

こうした議論を受けて、報告の結論は、産業を意識した教育（技術教育に限らず）を展開するとともに、産業と教育の連携を実践レベルで進めることを求めていた。すなわち、経済の必要に応じた職業への志向を育てるべく、各地域（régions）に合った初等教育の内容にし、初等、中等教育における手作業の創出・発展を促す。徒弟制の改革を早急に進め、中等技術教育とりわけ工芸学校

(Ecoles des Arts et Métiers）を発展させる。技術教育の教員は、産業に直接携わっている人から採用するものとし、学校や実験室の設備を改善して、実践的な作業を重視する。入職後教育（生涯教育）の制度を創設する。公教育を議論する機会に全利害者が参加可能な組織とする。グランド・ゼコールへの準備過程を制限する、などである。

(4) 商務省報告についての考察

上で確認したように、商務省報告の主眼は、危機にあるとされた徒弟制度への対策と学校教育による技術・職業教育の制度化にあった。高等技術教育については、グランド・ゼコールが、入学準備過程も含めて検討の対象になったこと、技術教育における大学の役割が推進される見解に至ったことなどが、注目される。

既に指摘したように、商務省報告の起草者たちが、第1次大戦後のフランス経済再編＝改革の基本的方向として、「最短時間での最大限の生産高」を実現し、低原価での生産拡大を実現するための経済の組織化を設定した。そこでは、技術・職業教育の改善は、生産設備と生産方法の改善と並んで重要な課題であった[35]。そうしたなかで、高等技術教育もその項目にあがっていることは、注目に値する。かつて理工科学校に代表される教育機関により高等技術教育における優位を国内外で誇っていたフランスで、戦後の産業発展を展望した本調査においては、その改革が検討されていくのである。

その結果、商務省報告は、高等技術教育が取り組むべき新しい方向として、技術の講義から産業科学への講義の転換、実験室での作業など実践面の強化、工場見学・企業研修など学校外との関係の強化など、SICFの要望書が目指した方針－教育と産業の接近－を提案する。

ところで、第1次大戦直後の世論でも、産業の現実に対応した専門的な教育が行われていないことへの批判として、科学と技術、教育と産業の接近を唱えていることは、当時の産業紙の記事から確認できる。当時最大部数を誇る産業紙である日刊紙 *La Journée Industrielle* は、徒弟制度問題への対策のほか、「科

学と技術」(発刊日を日／月／年で表示、9/8/1918)、「教育と産業」(19/9/1918)、「実用的教育の必要性」(13/6/1919) など、産業と技術教育にかかわる大きなテーマを論じている[36]。例えば、21年8月2日付けの1ページに掲載されている「科学の産業への応用 (Les applications de la science à l'industrie)」は、フランス学士院会員であるラト (Rateau) の講演を伝えているが、このなかでラトは、フランスの状況として1860年ごろに学者が産業への興味を失って科学のための科学を追求するようになり、科学界と産業界とが完全に断絶した、これに対してドイツは逆の方向に進み、今やフランスにとって脅威になっている、と指摘し、科学の産業への応用を訴えるのである。そこには、これまでのフランスの産業と科学（あるいは技術教育）との関係の薄さ弱さをフランスの弱点と捉えようとしていることが看取される。

こうして、商務省報告には、労働者養成を目的とする職業訓練からエンジニア養成を目的とする高等技術教育まで、技術教育のあらゆるレベルについて、国家が新しい方向性を提案し全体の統括に乗り出そうとしている姿勢が、強まっていたことが看取される。その結果、最大の懸念であった徒弟制度の危機については、1919年のあすの成立、25年の職業訓練税 (taxe d'apprentissage)[37] の導入および手工業会議所 (Chambre des Métiers) の設置など、対策が採られたといえる。

しかし、高等技術教育において、国家の関与という形で実現される対策は、次に検討するエンジニア・タイトル問題の解決策としての1934年法を待たねばならない。

III 高等技術教育政策の変形としての1934年法

「学位エンジニア・タイトルの授与条件と使用に関する1934年7月10日法 (Loi du 10 juillet 1934 relative aux conditions de délivrance et à l'usage du titre d'ingénieur diplômé. 以下、34年法)」は、10年代末に始まるエンジニアのタイトルを巡る議論のなかから生まれた法律である。

17条から成っている34年法は、「学位エンジニア（ingénieur diplômé）」の称号について、法律にそった審査・承認の手続きが必要と定め、審査を含め学位エンジニアのタイトルに関わる諸問題を扱う「エンジニア・タイトル委員会（Commission des titres d'ingénieurs.[38]以下、タイトル委員会）」を設置する[39]。

1　1921-24年：問題提起の背景――エンジニアの多様性

34年法の制定の発端となったのは、第１次大戦後の1921年12月17日に技術教育高等審議会に提出された、エンジニアのタイトル規制に関する報告である。この報告は、以下のようにエンジニアのタイトルをめぐる状況の変化を紹介したうえで、フランス産業への責任という観点から国家による規制を求める。そして「少なくともタイトルの起源に正確に言及することを義務とする」、すなわち称号詐称の問題としてタイトル問題を提起し、その解決策を模索するのである。

> かつてエンジニアのタイトルは、国立のグランド・ゼコールすなわち理工科学校、鉱山学校、中央工業学校、農業学院、工芸学校などの卒業生に限って用いられていたという理由から、ひとつの特権であった。ついで、いくつかの大学に設立・組織された学院 institut の卒業生に用いられた。（中略）しかし今日、いくつかの場面で、エリートにのみ与えられるべき呼び名が、やってきたほぼすべての人に、保証のないまま与えられるという不当な傾向が見られる。（中略）国家は自らに対し、またフランス産業に対して、タイトルの価値を保護する、あるいは必要なら価値を上げる義務があるのではないか。（中略）エンジニア・タイトルを取得し所持する権利を規制することは可能か。（中略）少なくともタイトルの起源を正確に言及することを義務とすることは可能であろう[40]（傍点、引用者）。

この報告が誰によるものか、明らかではない。しかし、この報告の作成・提出には、第２次工業化に対応した新しい技術教育機関を卒業したスペシャリス

ト・エンジニア（以下では新興エンジニアと称する）が関わっている。その理由として、(1)新興エンジニアを中心に結成した組合（フランスエンジニア組合連盟〔USIF〕など）がタイトル擁護を主要な活動内容の1つにしていたこと、(2)タイトル問題について技術教育局（Sous-secrétariat d'Etat de l'enseignement technique）が作成・配布した質問票に対して、伝統的なグランド・ゼコールが無回答であり彼らの無関心を示していること、(3)この質問表への回答をもとに23年に組織されたタイトル委員会でエンジニアの代表がUSIFの3名のみであること、などである。

　上に見られるように、このタイトル問題は、問題が提起された1920年代の初頭においては、フランスのエンジニア界全体が一致して取り組んだわけではなかった。この問題提起には、新産業の展開とともに新たに養成されたスペシャリストである新興エンジニアの問題意識・危機感が強く作用している反面、伝統的なエリート・エンジニアらは関心を向けていなかった。

　さらに次の経緯は、エンジニアの間で問題意識の統一が見られていたわけではないことを物語っている。

　1921年に提起されたタイトル問題は、24年に広く称号詐称を規制する「リゥヴィル法」が成立するのと前後していったん審議が頓挫してしまうのだが、注目すべきは、このリゥヴィル法制定過程において、法案の段階ではエンジニアも規制の対象としていながら（法案第2条）[41]、タイトルの定義、またそれに起因する既得権益をめぐる不安などからエンジニア内部で激しい反対にあい[42]、結局、規制の対象外とされたことである。タイトル問題およびこれに関わる称号詐称の規制をめぐって、エンジニア内部の利害や認識は、一致してはいなかったのである。

　このような動きをエンジニアの労働市場という点から整理すれば、次のように言えよう。19世紀来の伝統的なエンジニアは、歴史ある校友会をバックに、閉鎖的な労働市場をもっていた。これに対して、第2次産業化の要請を受けスペシャリストを養成する新設の教育機関出身のエンジニアは、労働市場での評価が確立しておらず学位が頼りであっただけに、「タイトルの商人」とも非難

されるような有象無象のエンジニアを養成する機関（とくに通信制）を危険視しており、タイトル問題を提起するに至った。この際、フランス産業への責任という観点から国家による規制という形を求めたことが、注目される。

このように、タイトル問題との関心の点から分類すれば、当時のエンジニア界には、問題意識の強い新興エンジニア（スペシャリスト）、問題関心の薄い伝統的エンジニア（ジェネラリスト）、そして規制がかかれば「エンジニア」ではいられないエンジニア、これら三者が見られたのであり、冒頭に挙げた堀内の類型とのズレが生じていたのであった。

2　1929-34年——34年法の制定と論点の変化

1924年に頓挫した審議が29年に再開されたのち、31年6月には政府が法案を下院に提出、両院での審議・修正を重ねたのち、34年法が成立する。以下では、その制定過程での論点のズレを簡潔に確認して34年法の意義についての理解を深めたい。

1921年12月に技術教育高等審議会に提出されたタイトル規制に関する報告書を受けて、審議会での検討の結果、提出された要望は、以下の項目が盛り込まれた法案が提出されることを挙げている。すなわち、「ジェネラリストおよびスペシャリストのエンジニア養成」を目的とするあらゆる機関が、学生に授与するタイトルを技術教育局に登録の申請ができること、技術教育局はその登録を拒むことはできないが、混乱を招くような場合には修正を求めることができること、さらに登録された称号の詐称は懲治刑の対象になること、である[43]。登録されたタイトルをめぐる称号詐称の問題に重きがおかれていることを、確認しておきたい。

これに対して34年法は、第3条でタイトル審査委員会が私立の技術学校についてエンジニアの学位を授与するに足るだけの教育を行っているかを判断することを規定する。この判断については、審査の対象となる学校あるいは技術教育担当の大臣から控訴申し立ての途が準備されている（第4条）とともに、いったん学位エンジニアのタイトルを授与することが認められた教育機関につい

て、技術教育担当の大臣の要請があれば、この授与の権利を剥奪することも可能である（第5条）。すなわち、34年法では私立技術学校の教育内容の審査とともに、審査の結果次第では授与権の剥奪までも規定されているのである。

私立学校の教育内容の審査については1923年のタイトル委員会でも構想されてはいたが、24年までは、私立の技術学校の学位授与権を規制することは、教育の自由への介入であるとの批判が強く、審議が膠着する原因の1つとなっていた。技術教育においてカトリック系の技術学校が果たした役割は小さくなかったためである。

こうしてエンジニア・タイトル問題は、エンジニアが提起した称号詐称の規制という問題から、私立技術学校の教育内容の審査・規制という形をとって、技術教育すなわちエンジニア養成のあり方の問題へと、問われる内容が転換することになるのである。そしてこの転換によってこそ、さきの商務省報告で提唱した、高等技術教育における「実践の強化」を促進する手立てを国家は得た、と筆者は見る[44]。既に商務省報告の検討で確認できたように、タイトル問題が提起された1910年代末は、生産の合理化・近代化の要請の高まりとともに、国家があらゆるレベルの技術教育改革の実現に着手しようとした時期であった。21年にエンジニアによって称号詐称の規制の要望が出されたことは、結果として国家がとりわけ私立の技術学校に一定の規制をかけ技術学校の教育水準を上げ、良質のエンジニアが養成される体制を創出する手立てを提供した。エンジニアによって提起された問題は、34年法によって1つの解決を見たのであるが、同時に、国家が目指す教育政策を盛り込む制度として実現化したのであり、34年法はエンジニア側の要求と国家の模索との妥協的産物と位置づけられるのである。

むすび

34年法の成立について、第2次産業化にともなう人材養成の変化、技術教育への国家の介入の強化という観点から検討すると、同法が、エンジニアの問題

提起の意図すなわち国家による称号詐称の規制を越え、私立さらに国立の技術学校の教育内容の審査という、より踏み込んだ形で成立したことを見た。これは、商務省報告で高等技術教育改革に取り組む姿勢を見せていた国家にとっては、教育への国家不介入の原則を越え、改革の実現への具体的な足がかりを得ることとなったことを意味する。

34年法によりエンジニア養成学校の教育内容を判断する任務をおうタイトル委員会は、戦後に本格的な展開を見せ、私立学校のみならず国立のエンジニア養成機関もその審査の対象となっていく。第2次大戦後、34年法のタイトル委員会は本格的な展開をみせるのであり、そこから戦後の技術大国フランスが生み出されたといえるのであろう。

1) 堀内達夫『フランス技術教育成立史の研究——エコール・ポリテクニークと技術者養成』（多賀出版、1997年）。

2) 松田紀子「グランド・ゼコール——技術エリートの養成」湯沢威編『外国経営史の基礎知識』（有斐閣、2005年）を参照。

3) Antoine Picon et Konstantinos Chatzis, "La formation des ingénieurs français au siècle dernier : débats, polémiques et conflits", *L'orientation scolaire et professionnelle*, Vol. 21, No. 3 (1992) p. 234.

4) Terry Shinn, "Des Corps de l'Etat au secteur industriel : genèse de la profession d'ingénieur 1750-1920", *Revue française de Sociologie*, Vol. 11, No. 1, Janvier-Mars (1978) pp. 52-56.

5) André Thépot, *Les ingénieurs des mines du XIXe siècle, Histoire d'un corps technique d'Etat, Tome I : 1810-1914* (ESKA, 1997) Chapitre VII ; A. Thépot, "Les ingénieurs du corps des Mines, le patronat et la seconde industrialisation", *Le Patronat de la seconde industrialisation Cahier du "Mouvement Social"*, No. 4 (Les Editions ouvrières, 1979). なお今日、鉱山学校では最先端の経営研究が行われていることで有名である。MBAの課程が経済経営系の学部に設置されている日本の状況からすれば、違和感があるが、歴史を見れば鉱山学校のケースは当然なのである。

6) Eugène Grandmougin, *L'enseignement de la chimie industrielle en France* (Paris, 1917) p. 3.

7) Antoine Picon, "Les années d'enlisement. L'Ecole polytechnique de 1870 à l'en-

tre-deux-guerres", Belhoste, Dahan Dalmedico, Picon, *La formation polytechnicienne 1794-1994* (Dunod, 1994) pp. 143-179. 理工科学校では、産学連携の名に値するような実験室（laboratoire）がなかったという。Antoine Picon et Konstantinos Chatzis, "La formation des ingénieurs français au siècle dernier : débats, polémiques et conflits", *L'Orientation scoloaire et professionnelle*, Vol. 21, No. 3 (1992) p. 242.

8) Albert Broder, "Enseignement technique et croissance économique en Allemagne et en France, 1870-1914. Quelques éléments en vue d'une analyse approfondie", Yves Cohen und Klaus Manfrass (eds.), *Frankreich und Deutschland, Forschung, Technologie und industrielle Entwicklung im 19. und 20. Jahrhundert* (C. H. Beck, 1990) p. 82.

9) André Grelon et Françoise Birck (dirs.), *Des ingénieurs pour la Lorraine XIXe-XXe siècles* (Editions Serpentoise, 1998) ; *La naissance de l'ingénieur-électricien, origins et développement des formations nationales électrotechniques* (Presses universitaires de France, 2000) Chap. 1. ほか参照。

10) 内田星美「技術者の増加・分布と日本の工業化――1880～1920年の統計的観察」『経済研究』第39巻第4号（1988年）。

11) Jacques Verger (dir.), *Histoire des universités en France* (Bibliothèque historique Privat, 1986) Chap. 8.

12) George Weisz, *The Emergence of Modern Universities in France, 1863-1914* (Princeton University Press, 1983) pp. 163-186.

13) Verger, *op. cit.*, p. 249 ; Weisz, *op. cit.*, p. 174. 技術教育機関への地元産業界および自治体のイニシアティヴについて言及しているものに、Jean-Michel Chapoulie, "Deux expériences de création d'établissements techniques au XIXe siècle", *Formation Emploi*, No. 27-28 (1989) ; Christophe Bouneau, "Les élites face à l'innovation électrique dans le grand sud-ouest au tournant des XIXe et XXe siècles", Sylvie Guillaume (ed.), *Les Elites fins de siècles XIXe et XXe siècles* (Editions de la Maison des Sciences de l'Homme d'Aquitaine, 1992) pp. 79-95. など。

14) Girolamo Gamunni, "Moments de l'histoire de Supélec", *La naissance de l'ingénieur-electrician, op. cit.*. EPCIの設立の経緯には、特にこの側面が強く表れる。EPCIは1878年のパリ万博について報告を執筆したロート（Rothe）の提言を発端とする。彼は化学産業での諸外国との競争を懸念して実践を重視した化学教育の必要を指摘し、「国立工芸院も中央工業学校も工芸学校もこの要求に対応していない」として「国立化学学校（Ecole Nationale de Chimie）」の設立を提唱した。これに対し

て国家は、「財政困難」を理由に同校の設立案を却下する。ロートの提唱は、その後パリ市による EPCI の設立に結実することになるのだが、この国家による設立却下の理由について、ソルドは「財政困難」よりも「国家の無関心」を挙げている。Charles Lauth, *Rapport général sur l'histoire et le foncionnement de l'Ecole municipale de physique et de chimie industrielles* (Paris, 1900) pp. 7-9 ; René Sordes, *Histoire de l'Enseignement de la Chimie en France* (Paris, 1928) p. 133. および作道潤『フランス化学工業史——国家と企業』（有斐閣、1995年）の第3章を参考。

15) Maurice Soubrier, *Les Industries électriques d'hier et de demain, L'enseignement de l'électricité industrielle* (Dunot et Pinat, 1918) cité in *Histoire générale de l'Electricité en France*, Tome premier (Fayard, 1991) p. 823. エンジニア団体の機関誌は、ある通信講座をとりあげ、講座内容を紹介したうえで,「良心的な日刊紙や雑誌は、その広告を載せないように」と求めている (*Ingénieur-Chimiste*, No. 4, 15 mars, 1920)。

16) 34年法の原案となる1931年国民議会下院提出の法案の趣旨説明。*Journal Officiel de la République Française* (以下、*Journal Officiel*) *Documents parlementaires, Chambre des Députés*, Séance du 16 juin 1931, Annexe No. 5213, p. 1185.

17) Thérèse Charmasson, Anne-Marie Lelorrain, Yannick Ripa, *L'Enseignement technique de la Révolution à nos jours, Tome I : 1789-1926* (INRP, Economica, 1987) pp. 66-68. 技術教育担当次官を公教育省のもとに設置することの趣旨説明において。

18) 上院議員ゴア Goy の法案（1915年7月30日上院提出、Document Senat, 1915, Annexe No. 289)、下院議員ポトヴァン Pottevin の法案（1918年7月30日下院提出、Archives Nationales, F/12/8050) など。

19) *Mémoire et compte rendu des travaux de la Société des Ingénieurs Civils de France* (以下、*Mémoire de la SICF*, 1917) p. 16.

20) Léon Guillet, "L'enseignement technique supérieur", *Mémoire de la SICF* (1916) pp. 634-705.

21) *Mémoire de la SICF* (1917) pp. 16-126, 131-175, 178-232, 312-316.

22) Guillet *op. cit.*, p. 686.

23) *Ibid.*, p. 694.

24) Procès-verval de la séance du 26 janvier, 1917, *Mémoire de la SICF* (1917) pp. 19, 24.

25) *Ibid.*, pp. 34-37.

26) Procès-verval de la séance du 30 mars, 1917, *Mémoire de la SICF* (1917) pp. 141-143.

27) *Mémoire de la SICF*(1917) pp. 513-516.
28) Ministère du commerce, *Rapport général sur l'industrie française, sa situation, son avenir*(以下、*Rapport général*) 3 vols (Paris, 1919). 日本での先駆的な研究としては古賀和文による紹介がある(『近代フランス産業の史的分析』〔学文社、1983年〕第2章)。その目的は、第1次大戦前フランスの主要産業の動向を的確に把握して、戦後にその発展を展望できる方法あるいは手段を総合的に研究すること、及びその結果として立案可能な政策を公権力あるいは企業家団体に提示することにあった。この調査報告書の背景にあるフランス経済再編構想については廣田功が明らかにしている(「第一次大戦後のフランス経済再編構想——商務省調査報告書とその周辺」『経済学論集』東京大学紀要、第50巻第4号〔1985年1月〕56-74頁)。
29) 廣田同上、63頁。
30) *Rapport général*, Tome 3e, p. 76.
31) *Rapport général*, Tome 3e, pp. 117-123.
32) *Mémoire de la SICF*(1917) p. 511.
33) *Ibid.*, p. 522.
34) なお商務省報告では、中等技術教育に属する学校として、以下を挙げている。Ecoles pratiques d'industrie, Ecoles nationales professionnelles, Ecoles primaires supérieures, Ecoles d'Arts et Métiers, 20ほどの私立学校(Ecoles privées)。
35) 廣田前掲、63頁。
36) 日刊紙 *La Journée Industrielle* は、第1次大戦で発刊を一時中断した *La Journée* の新しいシリーズとして、1918年3月14日に第1号が創刊された。
37) この税は企業主が労働者・従業員に支払う報酬の総額を算定の基準として一定税率のもとに納めるものだが、下院での審議で当時の技術教育担当次官デゥ・モロ・ジャフェリが主張するように、企業主に対して彼が雇用する人材の職業教育の発展に資金面から貢献させようとするものであり、こうして拠出された資金をあらゆる技術教育、職業訓練、そして一部は純粋な科学研究 rechrches scientifiques に充当しようとするねらいをもっていた(*Journée Industrielle*, 24/2/1925)。
38) このタイトル委員会については、以下のように構成が規定されている。まず半数が技術教育担当の大臣によって、公教育および技術教育のグランド・ゼコール関係者から選出される。また4分の1が「もっとも代表的な雇用者団体」によって、そしてのこり4分の1が「技術関連の団体およびもっとも代表的なエンジニア団体」によって選出される。
39) *Journal Officiel, Debats parlementaires, Chambre des Députés*, Séance du 5 Juil-

let 1934, pp. 2059-2060 ; André Grelon (dir.), *Les ingénieurs de la crise, titre et profession entre les deux guerres* (EHESS, 1986) Annex II, pp. 437-441.
40) Cf. *L'Echo de l'USIC* (1922) pp. 314-318.
41) *Journal Officiel, Documents parlementaires, Chambre des Députés,* Séance du 12 juillet 1921, Annexe No. 3116, p. 2336.
42) *Journal Officiel, Documents parlementaires, Chambre des Députés,* Séance du 27 juillet 1922, Annexe No. 4568, p. 1236.
43) Cf. *L'Echo de l'USIC* (1922) p. 313.
44) なお、34年法には独学のテクニシャン techniciens autodidactes や各学校の聴講生、通信制の学校の受講者についての規定もある。彼らは、テクニシャンとしての5年間の実務経験を証明したうえで、国立工芸院での試験に合格すれば、エンジニアの学位が取得できる（第8条）。また、エンジニアのタイトルを授与できる公立の技術学校あるいはタイトルの授与が認められた私立の技術学校のリストは、毎年タイトル委員会によって作成され、公報に掲載される（第11条）。

第3章　戦後イタリア経済の基盤構築
　　　　──1936年銀行法の制定と国家持株会社の形成

伊藤　カンナ

はじめに

　1992年以降、マーストリヒト条約の批准に向け、財政赤字削減の必要から、イタリアでは国家持株会社の民営化が断行された。同国で最大の国家持株会社であった産業復興公社（Istituto per la ricostruzione industriale：IRI）傘下の全国銀行の民営化が、5大銀行グループ形成という大規模な金融再編につながったように、拡大を続ける EU 市場での厳しい生存競争の渦中で、イタリア経済は、外資の参入による合併、買収、株式持合い等を通した急激な経済再編に巻き込まれ、国内の地域格差、所得格差は増大している。

　戦後のイタリアは、「混合経済」「企　業　家　国　家」（エコノミアミスタ）（スタートインプレンディトーレ）という言葉で特徴づけられるように、国家持株制度を通した産業部門および信用部門の公的管理が、大規模に行われた。同制度は、国内に資源を有効に分配したり、競争を促進しつつ適正化する、経済の計画者・調停者の役割を担った。中でも、IRI は、産業部門の株式資本の40％にあたる企業と、金融部門の中核を担う大銀行とを統治し、戦後復興や50年代の成長を牽引したとされる。

　当該機関は、1930年代の金融危機と大不況の克服という差し迫った課題を担って創出された。IRI が産業と銀行の再生のためにどのような公的介入を展開したのか、それによりどのような経済再編が引き起こされたか、という課題を検証することは、20世紀のイタリア経済構造の基盤が形成された背景と意義を

知る見地から重要であろう。また、銀行と産業の再生操作に関するイタリアの事例としても、示唆に富んでいると思われる。

本章の概要を述べると、IRI は、1930年代初頭の金融危機を克服するために、大銀行を商業銀行化して統治し、さらには1936年銀行法によって統一した金融監督体制を敷いた。また、企業を市場原理に則って再生し、大資本や銀行による産業支配を排除した。IRI による持株管理は、財政負担の最小化と国家介入とを両立させうるものであったため、国家持株会社として恒久化されたのである。

I　企業と銀行の経営再建

1　発券銀行における銀行救済債権と IRI の創設[1]

戦間期のイタリアでは、「一般信用銀行」すなわち商業銀行のカテゴリに属する株式銀行が、非金融会社（società industriale、以下「企業」）との間で事実上の長期的な信用関係を築いてきた。この中でも、国内外に支店・提携網をもち、卓越した規模を誇った、イタリア商業銀行、クレディト・イタリアーノ、ローマ銀行（以下、「3大銀行」）は、顧客の企業に対し設備投資や株式・証券の発行などを行う、いわゆる兼営銀行として企業の利害に深く関与した。

しかし、1926年のリラ切上げ金本位制復帰以降の景気後退、29年の世界大恐慌に伴う株式相場の崩落、企業の経営悪化、および大衆の銀行預金離れといった深刻な事象が進展する中で、大銀行ほど債権の不良化と手元資金の逼迫という「危機」に陥った。

1923年に組閣したムッソリーニ（Benito Mussolini）政権は、ファシスト体制を維持するために、大銀行の要請に応じて銀行が必要とする資産流動性を与える、銀行救済を繰り返した。また、発券銀行は私企業であったために、大口債務者たる大銀行が危機に瀕し追加融資を懇願すれば、それを拒絶できなかった。このため、大銀行から持ち込まれた、企業の金融手形や証券に対し、再割

引や担保貸付を繰り返した。この操作により発券銀行の財務内容にも、流動性を欠いた資産（銀行救済債権）の重荷が課されることになった[2]。

よって、大銀行の債務者たる企業の経営を再建し、大銀行の債権を回収することで、発券銀行の銀行救済債権を回収し、通貨流通を不良債権の重荷から解放する必要があった。この目的から、1933年1月23日の暫定勅令（Regio decreto legge）により、企業や銀行の経営再建を計画・実行し、発券銀行の救済債権を回収する暫定機関として、IRIが創設された。

2 企業再生支援と債権回収活動（1933-36年）

(1) IRIの組織構成と任務

IRIの活動は2部門に分かれて行われた。1つは、金融部（Sezione finanziaria industriale）で、中小企業の融資要請を審査し信用を供与する。もう1つは、清算部（Sezione smobilizzo industriale）で、蔵相の直接の監督下におかれ、国家補助金を受けた。清算部は、銀行から買い取った企業向け債権を管理し、個々の企業やグループに必要な操作を検討・計画・実行し、存続が断念された企業について清算を一手に引き受けた。

清算部は、企業を再生した後、民間に譲渡するためにも、国民負担の最小化のためにも、企業経営者に経営責任を自覚させ、国家に依存させないことが肝要だと考えた。よって、持株を管理するに至った企業について、私企業の形態を維持すべきだと考えた。また、企業再生は、単なる資産内容の改善ではなく、企業および産業部門を土台から見直し、効率的・合理的な経営を可能にする条件を創り出すよう検討した。

(2) 大銀行の企業向け債権の買取

IRIは設立直後から翌1934年にかけて、3大銀行とその持株会社から、短期信用業務に関連するもの以外の債権と、銀行・企業の持株とを全て買い取った。銀行債権を一手に集めることで、それまで隠蔽されてきた、銀行と企業、銀行と発券銀行間の信用関係を明らかにし、債権の整理回収や企業の再生を包括的

に計画しうると考えたためである。また、企業を銀行の利害から解放することで、産業部門全体の再編・合理化が可能になるとも考えた。

この買取の結果、IRI 設立以前の公的救済から生じ、IRI に引き継がれた資産・負債もあわせ、当該機関は、イタリアの株式会社資本金の21.5％相当を保有し、約70億リラの価値を持つ産業資産を管理運営するに至った。企業の株式持合いの結果、IRI は、株式資本の42％に相当する企業の支配株主となった。また、製鉄・造船・海運・電力・化学・電話から、不動産やホテル経営に至るまで多種多様な500社余りの企業について、その経営状況を審査し再生に向けて支援することになったのである[3]。

(3) IRI の特徴

このような茫漠たる企業再生事業に IRI はどのように取り組んだのか。その活動内容を見る前に、活動の前提となる組織内容や事業方針を確認しよう。第1に、IRI は、発券銀行の救済債権の回収と銀行券流通量の削減を最優先課題とした。このため、IRI は活動資金を、国家財政や発券銀行には依存せず、市場での資金調達や企業譲渡で得るという方針を選択し堅持した。よって、第2に、清算部には、国家保証付債券を発行して、資本市場で活動資金を調達する権限が付与された。この権能をもって IRI は、大規模な資本投資を必要とする巨大産業と、株式投資を警戒する無数の貯蓄者との間を仲介する金融機関であると自任した[4]。起債の実施は市場の状況や国家の必要性を慎重に判断して行われたが、当時の大衆の公債人気を裏付けるようにいずれも成功を収めた。第3に、従来の官僚制への批判から、IRI は、小さく効率的な組織運営を目指した。その経営陣は、莫大な資産の管理と企業再生・債権回収という喫緊の課題について、迅速な意思決定体制を追求し、「IRI ほど機敏で柔軟な組織はない」[5]と自負した。第4に、IRI は国民負担の最小化のために、経済効率を重視した。当時の他の省庁や国家行政が費用計算書（bilancio di spesa）を作成したのに対し、IRI は企業と同じ損益計算書を作成し、徹底した費用削減を心がけた。とりわけ、人件費は、1934年末の172名から36年初頭までに114名に削減さ

れ、総費用はこの間に1011万リラから885万リラに縮減された[6]。第5に、IRIは、外部専門家や他の組織を積極的に活用した。たとえば、最初の債券発行は、公共事業信用機構（CREDIOP〈クレディオプ〉）が起債し、発券銀行が引受団を組織した。発券銀行は、IRIの債権回収についても、支店での審査や実際の回収活動を代行している。また、IRI総裁のベネドゥーチェ（Alberto Beneduce）が社長を兼務したバストージ（正式名称は南部鉄道会社）は、当時民間最大の金融トラストであり、イタリアの大産業グループの利害を調整する場でもあった。バストージを通して、彼は、民間利害を熟知し、効果的な企業再生計画を練ることが可能になったとも考えられている[7]。

以上から、明らかになることは、IRIは公的機関でありながら、市場経済原理に立脚した組織であったことである。

(4) 企業再生支援

IRIは、保有する企業株式を市場で売却して現金化し、発券銀行の救済債権を回収することに邁進した。しかし、株式譲渡のためには、まず、投資家（貯蓄者）が抱く企業への不信感を払拭せねばならなかった。よって、清算部は企業再生の第1歩として、企業に対し、真実の財務諸表の作成と誠実な経営情報の開示を指導した。

これにより、それまで粉飾されていた欠損や勘定科目の虚偽が明瞭になり、清算部は個々の企業経営の病根を見定め必要な治療を検討しうる状態になった。経営破綻したり他に寄生している企業は清算にふされた。また、存続に値する企業は、規模を調整して再建され、金融部の補佐を受けて、市場での効率的な売却が検討された。企業再生の是非の判定には、当時の深刻な失業問題を反映して、企業の存在がその地域の雇用や住民生活に持つ重要性なども考慮された。

企業経営からは、銀行家の関与が排除された。また、能力不足を露呈した経営者は容赦なくすげ替えられ、企業内部での専門家・技術者の復権が促された。さらに、IRIの持株を事業部門ごとに管理する組織を作り、そのトップに、当該分野に熟達し、確固たる意思を持つ誠実な人物を据えて、企業経営者が専門

的な問題を相談できる体制を構築することが構想された[8]。

　個々の企業に対するIRIの再生支援活動を概観すると以下のようである。金融部は、1936年までに、1178件21億リラ弱の融資要請を受け、個々の企業の財務状況を審査し、226件に総額11億2500万リラの貸付を供与した。これは、500万リラ以上13件、200万から500万リラ20件、50万から200万リラ71件、50万リラ未満122件に分類され、清算部が管理する3つの大企業への大口融資8億8800万リラを除き、すべて中小企業（うち144件がIRIと無関係な企業）に対する融資であった[9]。

　清算部による企業再生操作は多様であり枚挙に暇がないが、羅列すると、減資と準備金の形成、増資の募集、経営組織のスリム化、IRIが企業に対し保有する長期的な債権の株式への転換、IRIが管理する企業間での信用や他の資産の譲渡や移転、IRIが計上した「資産減価損引当金（fondo di svalutazione）」との相殺による企業債務の軽減、不要な生産設備の閉鎖（自動車・製鉄・造船・鉄道車両製造など）、産業グループ内での企業の整理統合、公益的事業部門での公定価格の策定、などが複合して実施された。これらは外部専門家による企業の内部調査の結果を受けて、清算部で計画され実行された。

　また、電話、船舶、鉄鋼の各部門では個々の部門全体での調整が行われた。すなわち、IRI傘下に、IRIが全額出資する部門別金融持株会社（1933年に電話、36年に海運、37年に鉄鋼）を設け、IRIが保有する当該部門の企業の持株管理や金融操作が行わせるという、国家持株制度のピラミッド構造が形成された[10]。

(5) 保有証券の譲渡（現金化事業）[11]

　こうして再生された企業は、譲り受けを希望する企業・グループが堅実な内容を持ち、当該株式の引き受けや当該企業の経営に必要となる資本を銀行信用に依存していないことが証明されれば、売却され現金化された[12]。大企業の中で、「民営化」された例として、イタルガス（ガス）、エディソン（電力）、バストージ（投資トラスト）があげられる。

　IRIの設立当初、現金化事業は、簿価（債権の買取価額）に比べ欠損を生む

という予想から、簿価の一割弱の引当金が計上された。しかし、実際、この引当金が取り崩されることはなかったばかりか、現金化事業は利益をもたらした。譲渡された証券の譲渡価額から簿価を差し引いて得られる譲渡益は、将来の現金化の偶発的損失の補填に用いるために積み立てられた。

　企業譲渡や債権回収による現金化は、とりわけ1934-35年に集中して行われ、38年までに、45億6000万リラの入金をもたらした。IRI は利用可能になった資金を、直接・間接に、発券銀行の救済債権の回収にあて、同行の負担を軽減した。

II　銀行部門の再生と金融再編

1　銀行部門の再生方針

　1933年を通して、大銀行は預金の減少と債権の不良化に苦しみ、政府に更なる救援を求めた。IRI は、銀行が抱える問題と、最も公益にかなった銀行再生方法を考究し提案する任務を負い、同年12月、首相に「銀行再生問題研究」を提出した。

　翌3月、IRI の公的介入による3大銀行の再生操作が実施された。その内容は、各銀行が保有する、短期信用業務関連以外の企業向け債権を、株式にせよ信用にせよ、良不良を問わず全額 IRI が買い取るというものであった。その目的は、第1に、債務者企業を3行から切り離し、3行を短期信用業務に専念させる。第2に、3行の財務内容を改善し、収支、預貸、貸借のバランスを回復する。第3に、発券銀行の資産の部から不良債権[13]を取り除き、銀行券流通の裏付けを健全化する。第4に、第1次大戦後、国家が実施した銀行への公的介入の総額を明らかにし、国家予算で適切な償却を行う、ことにあった。

　さらに翌1935年には、IRI はイタリア海運信用銀行とサンスピリト銀行という2つの銀行にも介入した。海運信用銀行はサンスピリト銀行を支配していたが、それ自身も、かつてイタリア最大の船舶艤装グループで現在は清算中の企

業によって支配されていた。また、同行は、全国レベル・地域レベルのいずれの信用市場でも不可欠な役割を果たしていなかった。これに対し、サンスピリト銀行は、ローマ市とローマのあるラツィオ州で、古い伝統を持つ地方銀行として重要な活動を展開してきた。

以上の状況を考慮して、IRIは、海運信用銀行については清算を決定し、その株式を買い取った。そして、同行を清算する中で、同行からサンスピリト銀行を買い取って直接支配下に置き、資産内容と組織を強化して活動を続けさせた。海運信用銀行の支店は、それぞれの預金ともども3大銀行に移譲され、ローマ市の支店はサンスピリト銀行に与えられた。資産はIRIによって管理され現金化された。

この2行への介入は、銀行による銀行支配を有害とみなし、そうした相互依存関係を解消するという、IRIの金融再編の指針を反映している。また、地域や信用機構全体における銀行の位置づけが、存廃を判断する1つの鍵を握ったことがわかる。

これらの銀行介入を経て、1935年末には、銀行部門の再建はほぼ達成されたと評価された。

2 IRIによる銀行再生事業の採算性

さて、3大銀行からの債権買取において、IRIの債務となる買取対価は、実際の評価額ではなかった。それは、銀行の資産価値を、預金や他の負債、および資本金とその20％相当の準備金の合計額に釣り合わせるという方法で算定された。これにより、3行の資本金は再建された。IRIは買い取った資産の買取価額を簿価として記帳したが、個々の勘定について、株式は1933年末の相場を参照し、非上場株式や信用については内実を評価して、買取額と評価額との差額を「資産減価損引当金」として計上した。買取によるIRIの対3大銀行債務は、96億9400万リラに達した。

一方で、1935年の2銀行に対する操作は、IRIにわずかな融資も要求されないように考案された。実際、海運信用銀行の清算の結果、IRIは優に2億リラ

の入金を得た。この収入から、介入した諸銀行への支払いと清算された銀行・企業の株式取得のための支出を控除しても、6100万リラ余りの剰余金を得た[14]。IRIによる再生事業は、通常、このように、採算性を重視して行われた。

3 再生後の3大銀行の経営

さて、3大銀行の再生に視点を戻し、1934年のIRIの介入が3行に与えた効果を検証しよう。IRIが銀行から買い取った企業向け債権が、いかに多様な産業部門の多数の企業への利害関与を体現していたかはIで述べたが、これらの営業基盤を奪われたことは、預金の激減となって銀行経営に大きな影響を与えた。

それでも、クレディト・イタリアーノとローマ銀行は、数年前から既に商業銀行化にむけた内部再編を実行し、組織の精錬、コスト削減に着手してきたため、1934年の介入後の経営も比較的満足できる内容であった[15]。

しかし、イタリア商業銀行は、大顧客向けの大型事業や国債投資への偏重、会計や統計処理のずさんさ、行員の教育不足、本支店間の調整の拙さ、経営組織の非効率な膨張などの問題を抱え、大幅な費用削減と困難を極める組織再編を断行してさえ、数年内の収支均衡は不可能だと予想された。

IRIの介入後、同行は、巨額の貸付が消えた穴を埋め合わせうる収益源を求めて、短期信用（手形割引や当座貸越）を拡大する方針を取り、それは実際、1934年初頭から18ヵ月の間に3割という著しい増大を記録した。

しかしながら、IRIによる金融再編を経て、それまで3大銀行が専有してきた産業部門に対する金融サービスは、市場競争に戻りつつあり[16]、国内最大の銀行であるイタリア商業銀行であっても熾烈な競争に直面し、短期貸付市場では後塵を拝した[17]。これに加え、新たな顧客は、しばしば、支払不能という最大のリスクを呈し、結果的に、巨額の貸付残高に対して得られる利益は大きくはなかった。

さらに、1934年を通して、同行の預金・当座預金残高は20億リラも激減し、うち10億リラが個人預金の減少であった。この原因として、同行は、預金者に

よる銀行券や銀行小切手の退蔵、経済状況を反映した貯蓄能力の減退、銀行利子の上限を定めたカルテルに属さない銀行による、高利率の提示などのサービス競争、企業株式や社債投資に対する個人の関心の回復、比較的高い利率の国債や利付き郵便債券との競合、などを挙げている[18]。

以上のように、IRIの介入後も、イタリア商業銀行は短期貸付業務においても預金収集においても厳しい競争にさらされ、手元資金に事欠く状態が依然として続いたのである。

4 IRIによる3大銀行への債務返済方針と銀行コントロール

このような銀行の窮状は、IRIによる再生操作の効果に疑問を抱かせるものである。銀行は、IRIに企業向け債権を譲渡することによって、必要な資金を手にいれたのではなかったのか。その答えは、1934年のIRIによる介入を取り決めた各銀行との協約の中に見出される。すなわち、ここでは、IRIによる債権買取代価（対銀行債務）の支払方法・時期について、20年内にIRIが適宜決定する権限を認めた。また、銀行は、発券銀行への債務の返済や、不測の預金取付への対処など実際の資金需要が生じた場合にのみ、IRIに一時的な担保貸付を要請できるが、その原因が消滅すればすぐに返済せねばならない、と定められた。

IRIは、対銀行債務を長期化し徐々に返済する方針であった。その理由は以下のとおりである。第1に、IRIは返済資金を、買取債権の売却や債券発行などを通して調達すると決めたため、市場の状況を判断する必要があった。第2に、金本位制維持のための最重要課題であった銀行券流通量の削減のために、IRIが得た資金を、発券銀行の救済債権回収にあてることが最優先された。第3に、3大銀行の信用の拡張と収縮をIRIが慎重にコントロールするメカニズムとして考案された。

IRIは次のように説明する。「この債務返済メカニズムによって、3行は完全にIRIに従属し、その経営陣は、IRIに資金要請せねばならなくなるようなリスクを犯すまいと、期待通り、信用操作を縮減するような精神状態に置かれ

ている」[19]。また、この返済メカニズムは、IRIが銀行債務に対し年利4％の利子を支払うことで、3行に毎年一定の手元資金を与えるという意図も持っていた。

　IRIは、「資金移動（movimento fondi）」勘定を設けて、3行との間の資金の入出金を管理し、年度末に、銀行への債務の利払いを通して、銀行に手元資金を供給した。IRIは、このメカニズムについて、「IRIは3銀行の手形交換所」のように機能したと記している[20]。

　この3大銀行コントロールは、1935年を通してうまく機能し、3行の与信活動を制御したとされる。しかし、イタリア商業銀行は、発券銀行に対して多額の負債を抱え、経営資金にも事欠いた。そのため、同行は、IRIからの借入金[21]を大幅に増加させ、さらに、発券銀行において多額の粗悪なポートフォリオを割り引くことで資金調達した。また、35年末には、クレディト・イタリアーノも預金取付に対処するために発券銀行で資金を引き出した。

　こうした発券銀行と大銀行の再接近の動きは、IRIの3大銀行管理の機能を無意味にした。そればかりか、発券銀行の資産内容の改善の為にIRIが進めてきた、救済債権回収活動や金融再編にも逆行するものであった。よって、IRIは、発券銀行の救済債権の最終的な整理と、金融監督システムの構築を急ぐ必要に駆られたのである。

Ⅲ　発券銀行・国庫・IRI間の銀行救済勘定の整理

1　銀行救済勘定の償却──国家予算計上案の頓挫

　1920年代以降のイタリアにおける銀行救済は、発券銀行がIRIのような公的救済機関に、介入に必要な資金を融資して実施する方式をとった。このため、発券銀行の救済融資の回収は、公的機関からの債務の返済を意味した。

　発券銀行による救済融資は、推計約110億リラで、そのうち、国家による積立や予算割当で償却されていない50億リラ余がIRIの対発券銀行債務であった。

これについて、「研究」では、今後20年間、4億5000万リラの国家補助金をIRIに与えることで償却すべきだと提言された[22]。

この提案に沿って、翌1934年10月に、IRI総裁ベネドゥーチェと蔵相ユング（Guido Jung）は、上記の年賦金を大蔵省予算に計上することで合意した。そして、首相ムッソリーニの賛成を得て、35年初頭、IRI総裁と蔵相に整理協定を結ぶ権限を与える暫定勅令が出された。

しかしながら、年賦金割当てのための根拠法の制定を待つ中、蔵相ユングは人種的理由から更迭され、その後、協定締結は、IRIの再三の催促にもかかわらず「先延ばし」されてしまう。

発券銀行に対する債務が早期に整理されなかったことは、IRIにとって大きな誤算であった。当該機関がその前身から引き継いだ対発券銀行債務は、国債を担保としていたが[23]、この証券につき、発券銀行は自由に売却する権利を持つ一方で、利息や、相場の変動で生じた利益・損失はIRIに帰属した。このため、発券銀行が当該証券を換金しない限り、評価損が生じれば、IRIは発券銀行に対し損失分を補填する義務を負い、その経営は相場変動のリスクに曝され続けた。また、IRIは、当該証券にかかる通貨流通税を負担しつづけねばならなかった。

2　大蔵省・発券銀行・IRIの協調の失調と、3大銀行管理メカニズムの阻害

さらに、1935年半ばの公定歩合引上げ[24]は、IRIと傘下の銀行の、公定歩合連動型の利付き債務の支払利息を、予想外に増大させた。IRIの対発券銀行債務の利子率は、1933年末の2％から35年末には3.5％に引き上げられた。これにより、IRIにとって「一番巨額の費用は支払利息」となった[25]。また、イタリア商業銀行の対発券銀行債務25億リラの利率も、3.5％から5％に引き上げられた。これは、IRIが同行への債務に対して支払う利率4％を上回り、IRIの利払いで銀行の運転資金需要を補うというメカニズムは、必然的に破綻した[26]。

金融市場の不安定な状態を懸念した政府は、1935年10月、IRIと発券銀行間

の新たな協約を用意した。それは、IRI 傘下の銀行の預金取付の際には発券銀行が信用を供与する代わりに、IRI は銀行の借入金の担保として同額の国家助成金を発券銀行に提供する、という内容であった。この協約のメカニズムをIRI は、助成金の利用可能性を最低限に減らすものと批判した[27]。

上記の協約では、その履行を可能にするために、IRI に与えられてきた年2億リラの国家助成金を、20年間延長すると決定された。つまり、名目は違えど、IRI は、救済勘定の整理のために割当が予定されていた助成金の一部を確保したのである。今回認められた助成金を用いて、年利4.5％の債券を発行すると、約26億リラを市場で調達できる計算となる。この見通しに立ち、IRI は、償却すべき銀行救済勘定の総額63億リラに達するためには、あと37億リラの整理方法を考えねばならないと主張した。

これについて、政府は、大蔵省予算への計上ではなく、IRI に利子率5％の不償還国債を割当てるという案を提示した。この案に対し IRI は、もし、3大銀行に国債で返済すれば、資金繰りに窮している銀行は、喜んでそれを担保借入れや売却、レポ取引に用いるであろう。それを禁止する手立てはない。そうなれば、IRI が形成した3大銀行の信用制御・収支均衡メカニズムは潰え、不可避的に、国家は、もっとも有効な、銀行と通貨量のコントロール手段を捨てることになる、と批判した。

さらに、大衆が、IRI による再建後明瞭になった3大銀行の財務諸表を見て、銀行が大量の国債を保有し、国債の相場の変動が銀行に甚大な影響を与えることに気づけば、預金者の銀行への信頼は揺らぐと警告した。そして、大蔵省の提案する国債割当てと IRI の提案する年賦金割当ての費用便益を比較し、棚上げになったままの年賦金（国家予算計上）方式を再度主張したのである[28]。

3　金融監督システム構築の必要性の認識

上述の IRI の議論は、発券銀行による銀行や通貨量のコントロールはまったく機能していない、という現状認識を反映している。実際、発券銀行であるイタリア銀行は、大銀行の切迫した資金要請に対し、割引や担保貸付の形態で多

額の信用を供与した。それは、経営不振の企業の証券や金融手形などに対しても行われ、外見は正常な短期信用だが、内実は銀行からの回収が絶望的な、事実上の救済融資であった。よって、結局は、IRI＝国家によってイタリア銀行に払い戻されねばならない債務となった。

　さらに不合理なことに、イタリア銀行は、これらの債権は正常で、銀行によって元利とも返済されるべきであると主張した。このため、IRIの債務として長期化し、割り引かれた手形等をIRIが引き継いで全体的な整理を容易にすることもできなかった。

　こうしたイタリア銀行の態度を、IRIは、「民間組織であるイタリア銀行による、自行の利益を守るという考えや、再割引を通した銀行統制機能の欠如は、銀行の冒険［信用拡張］という嘆かわしい現象を可能にしている。イタリア銀行はこの現象を、予防も取り締まりもせず、銀行の危機にはいつも、自行の利益を守るために国家にすがり、あらゆる重荷を国家に肩代わりさせた」[29]と批判した。

　つまり、金融危機の原因は、一般信用銀行の兼営主義だけでなく、発券銀行による場当たり的な融資にも求められた。また、発券銀行による銀行監督が機能してこなかった理由は、発券銀行が私企業であるからだと考えられた。この認識が基礎となり、IRIによる金融改革には、イタリア銀行を株式会社の形態から、私人が利害関与しない公法機関にするという発券銀行改革も、盛り込まれることになった。

　一方、1934年にIRIが3大銀行に介入した際に、3行は短期信用業務に専念することを約したが、銀行が兼営業務に逆戻りする可能性は大いにあった。その証左として、第2次大戦後のイタリアで発券銀行総裁や大統領を務めることになる経済学者エイナウディ（Einaudi）は、35年に、英エコノミスト誌上で、次のように記している。「イタリアの金融界で物議を醸している問題は、銀行は兼営であることを許されるか、それとも厳密な業務の分離が強いられるか、というものだ。金融界の外では、どの銀行も所定の地域、産業部門、短期商業金融か長期金融かに限定されねばならない、という考えが盛り上がりつつある

ようだが、熟練した銀行家たちは、そうした厳格な原則に懐疑的である。銀行家にとって、この問題は極めて実務的な思慮を要する問題である。いくつかの銀行は無分別な長期投資の結果、救済されねばならなかったが、短期・中期・長期信用を慎重かつ適宜ミックスすることなしには、銀行は繁栄できないと、誰もが考えている」[30]。

よって、IRIによる金融再編を徹底するためには、より恒常的で有効な銀行監督体制が必要とされた。こうして、発券銀行および大銀行を、民間の利害から隔絶することが、金融機構の安定性の維持に必要と考えられ、1936年銀行法に体現される金融改革に結実していったのである。その内容については、Ⅳで述べる。

4 発券銀行・国庫・IRI間の銀行救済勘定の整理[31]

さて、Ⅲの冒頭で見たように、発券銀行における救済債権は、IRIにおいて、一部、有担保・変動利付借入金の形態をとった。このため、担保価値や利率の変動は、IRIの収支に大きな影響を与え、生じた損失は結局、国家の負担となった。

よって、IRIは、国家予算割当てを通じて、発券銀行とIRIとの債権債務関係を早急に整理するよう求めた。これは、1935年1月の暫定勅令が6月に法制された後、実現が先延ばしになっていたが、36年末日、ついに最終合意に至ったのである。

IRIが回収すべき発券銀行の救済債権は、IRIにおいて63億5800万リラの債務を形成した。その内訳は、(1) IRI以前の公的救済：31億3000万リラ、(2) 3大銀行からIRIが買い取った再割引債務23億4000万リラ、(3) イタリア商業銀行からIRIが買い取った、5％不償還国債額面8億リラを担保とした借入金7億8800万リラとその他1億リラである。これに対し、(4) IRIは設立後4年間の活動で発券銀行に対し、16億5000万リラ[32]を返済した。

よって、(4)を控除した債務残高（1936年1月1日現在）47億800万リラが、発券銀行とIRIの間の協約で整理された。まず、(5) IRIから発券銀行に対し、

5％不償還国債、額面16億3000万リラが移転される。これは発券銀行において1971年末日まで預託される。また、(6)当該国債の利息の一部（年間4600万リラ）は発券銀行においてIRIのために、3.5％の利付き勘定に積み立てられる。これは、IRIの債務消滅まで拘束され、30億7800万リラを形成する。(5)と(6)により、IRIの債務は30年後の1971年末に完済される。また、30年間にわたり、IRIは発券銀行に対し債務の0.75％の利子を支払う。これにも、(5)の国債の利息が利用された。

一方、国庫とIRIの間の協約では、IRIに認められていた年間2億8500万リラの助成金が、1972年まで延長された。同時に、それまでIRIに譲渡されていた通貨流通税の3/4と、発券銀行の利益の一部の割当てが終了した。(4)の国債の移転は取り消し不能であることから、移転によりIRIの債務は消滅したとみなされ、その貸借対照表の負債の部から対発券銀行債務は除去された。

発券銀行との協約に伴い、イタリア商業銀行の債務も整理された。同行とIRIの署名の手形約3億リラがIRIに返還され、残余の約5億リラについてはIRIの保有株式を担保とした借入金とされた。

以上の操作を通して、1920年代以降、発券銀行と国庫に負担をかけ、IRIの活動を縛ってきた銀行救済勘定は整理された。これにより、IRIは、買取債権の現金化を急ぐ必要もなくなり、新たな事業方針をとることができるようになったのである。

Ⅳ 国家による信用と産業の管理体制の確立

1 1936年銀行法の制定

1933年から36年にIRIによって計画実行された金融改革は、「公衆から貯蓄を集め、信用を供与することは公益的機能である」という前提を貫徹し、信用部門を堅固で効率的な監督の下に置くことを目標とした[33]。このような金融再編の方針の背景には、零細で全国に散らばる預金の保護者は国家しかいない、

という認識が存在する。また、35年10月のエチオピア侵攻の結果11月に国際連盟の制裁を受け、外国信用が途絶する中で、資金の有効な配分のための国家統制が必要とされた事実も確認できる。

　1935年初旬から、蔵相の呼びかけで、大蔵省、発券銀行、IRI、協調組合省、農業信用金庫・ナポリ銀行の代表らが集められ、銀行問題について個人的な意見が交換された。ここでは、省庁間の意見対立を超えて、①預金銀行は商業信用業務に限定する、②統一した監督機構が必要である、③銀行間の相互依存を解消する、④中長期信用機関の活動を充実させる、⑤預金銀行は数が過剰であり整理削減すべきである、という点で、意見が一致した[34]。

　こうした意見聴取を経て、IRIは1935年11月と36年１月に、銀行監督組織と金融改革案に関する報告書を作成した。さらに２月には、金融改革に関する検討書を完成し、36年３月12日、「信用機能綱領」（通称「1936年銀行法」）が暫定勅令として公布された。

　その中では、第１に、商業信用と産業信用の営業の分離により、銀行と産業の利害関与の解消が定められた。また、IRIが株式の約９割を保有する３大銀行について、株式保有を維持し、国家が管理する方針が確認された。３行は、全国規模の大銀行として「国益銀行」と称され、公法銀行のカテゴリに組み込まれた。公法銀行の株式はすべて記名式とされ、イタリア国民・企業の記名でないものは、払い戻されることが決められた。

　預金収集機関に対する監督は強化され、銀行取締役および本支店経営者の責任意識を高めるために、銀行株式、国債、賞与の積立による保証金形成が義務化された。また、金融会社の理事や経営職を国家公務員や半官半民の機関の職員が兼務することが禁止された。

　第２に、中長期信用部門でも、組織の重複を排除し、一公社への機能の集中と効率化が行われた。これに伴い、IRI金融部は廃止された。

　第３に、全ての金融機関に対する監督が統一され、その権限が強化された。それ以前には、監督権限は、銀行カテゴリ別に多様な省庁に分散しており、その方針は統一されていなかった。1936年銀行法により、「貯蓄保護と信用営業

の監督局」が設けられ、あらゆるカテゴリに属する全ての金融機関の監督権限を委ねられた。当該組織は、首相が議長を務め、蔵相、農相、協調組合相、発券銀行総裁が参加する閣僚委員会の下に置かれた。

監督局は、銀行の預貸率や利子率、手数料、自己資本比率、財務諸表作成基準などを定め、個々の銀行経営について指導や、行政訴訟手続き、支店の閉鎖などを指図する権限を持つ。また、その調査権限が強化され、銀行は取締役会議事録、財務諸表、与信リストなどのデータを提出する責務を負った。

第4に、監督局の指揮をイタリア銀行総裁に委ねるにあたり、イタリア銀行の組織改革も行われた。それ以前には、同行は、監督される銀行と競合して信用業を営む株式銀行であったが、直接的な割引操作を禁じられた。また、「公法機関 (Istituto di credito di diritto pubblico)」に改編され、個人株主には株式が払い戻された。同行の管理職には、公法機関や信用協調組合の官吏が直接指名されて就任した。公定歩合の決定権は蔵相に委ねられたが、イタリア銀行の自律性と政府からの独立性は拡大された[35]。

以上のように1936年の銀行法は、信用部門の枠組みを再編し、統一した監督組織と規範を与えることで、「巨大な経済部門である信用部門における国家の完全な支配を確保する」[36]ものであった。これは、金融危機の再発を避けるための決定的かつ急進的な改革と位置づけられた。

2　IRIの恒久機関化

1936年銀行法の公布から11日後、総統ムッソリーニは、国防とアウタルキー関連の産業部門を国家が管理し、必要に応じて新規投資するという国家介入を宣言した。その背景として、36-37年のイタリアでは、通貨・関税・徴税の条件の不安定性から経営リスクが増し、民間資本による投資が冷え込んだこと、また、最新技術の導入に必要な大量の資本は大銀行にしか融通できなかったが、銀行による長期投資は禁じられていたことがある。

「大恐慌期の先進諸国では、投資不足の結果、失業問題が深刻化し、その対応策として投資への政府の介入が行われた。(これをケインズは「投資の社会

化」と呼んだ)。ケインズが考えたのは、財政金融政策による間接的な国家介入であったが、イタリアでは、直接的な政府介入による「投資の社会化」政策が強調されることになった」[37]。国家による経済介入は、イタリアではまず国営企業、次いで準国営企業を通して行われたが、これらの介入手段は国家財政の膨張を避けられない上に、世論においても、国家が与える保護や特恵に対する反感や、収支の帳尻合わせへの不信感が存在した。

これに対し、IRIの設立から4年間に実践された企業管理は、新たな国家介入方式の可能性を提示していた。すなわち、IRIは、管理下に入った企業に対して、企業内部や部門全体での計画的再編や再生を進める一方で、個々の企業は株式会社形態を保ち、財務諸表作成、株主への利益配当、納税等について厳格な経営計画を立てて経営された。IRI傘下企業は課税や行政指導の面で何の優遇も受けず、他の民間企業と区別なく市場で競合した。つまりIRIによる企業管理は、市場経済原理に基づいた健全経営と、国家による調整の両立として高く評価された[38]。

また、IRIは産業部門に必要な資金を、市場で調達する方針を定め、財政投融資を含め金融機関にも投資可能な国家保証付債券を発行した。IRI債は大衆と信用機関の双方によって速やかに吸収されたが、さらに株式転換社債を導入することで、大衆を株式投資に誘導する実験が行われた。この試みは、民間イニシアティブの不足を補うために、貯蓄者にも金融機関にも損失を与えずに貯蓄を産業設備投資に動員するシステムの創出を目指すものであった。

こうした、IRIによる企業管理や市場での資金調達の経験を生かすことは、国家による経済介入に資すると考えられた[39]。また、IRIが銀行救済を通して取得した、造船、海運、電力、化学、鉄鋼などの重要産業の大量の株式を通して、国家による産業コントロールを維持することが、時宜にかなっていると認識された。以上の理由から、IRIの持株管理は、売却から保有・拡充へと方針が変更され、さらに1937年6月24日、当該機関を恒久化する暫定勅令が公布された。

3 恒久機関としての IRI の組織[40]

恒久化によって IRI の組織は改編された。既に I で見たように、IRI は銀行からの買取債権の現金化事業で、当初計上した損失引当金6億9000万リラを用いなかったばかりか、1億3000万リラの利益を得ていた。また、傘下企業の経営は再生作業を経て好転し、企業価値は IRI の簿価を上回り含み益が生じていた。この剰余価値から1億8000万リラを引き出し、上記の2つの数値と合算した10億リラが、利用可能資金と見なされ、恒久機関 IRI の資本金を形成した。

IRI には新たに、国家の経済政策に則り、統一した基準で持株を恒久的に運営する任務が与えられた。これを受けて、それまで進められてきた持株の売却事業は、国家の直接保有が必要ないと考えられた部門でのみ進められることになった。

また、上記の資本金額を上限として、国防やアウタルキー関連産業で持株を新規に引き受けることが認められた。経済アウタルキーと国内資源の有効利用の実現という目的の達成にふさわしい操作——融資、20年満期以上の記名・無記名債券の発行など——については、自由かつ迅速に手腕を奮う権限が与えられた（定款4条）。

IRI の理事会には、産業・信用部門で政策執行を要する諸省庁の官吏[41]が多数参加することになった。また、新たに、執行委員会と専門諮問委員会が組織された。後者は、IRI が今後採用すべき、産業部門での行動指針や、傘下企業の再編、傘下企業における生産プロセスの改変などの最重要課題について意思決定する委員会で、ファシスト産業家連合・労働者連合の双方の代表が参加した。これに加え、適宜、取り組むべき問題に関連した産業部門の専門家や、傘下企業の技術者・経営者が召集された。理事会や諮問委員会の構成は、IRI が、他の国家組織、民間企業、労使と連携することで、国家の経済政策目標の実現に向けて、大きく複雑な問題に取り組むことを可能にすると考えられた。

さらに、IRI の経常利益の10％は技術者訓練に用いられることが定められた。この技術者養成は、IRI 傘下企業のみならず広く全国の技術者から公募され、

将来の経営を担う産業キャリア育成を目指すものであった。

4　IRI による企業管理体制[42]

　このように、恒久機関化により、IRI の運営組織における政府や外部利害の干渉は強められたようにも見える。では、傘下企業の管理はどのように行われたのか。

　Ⅰの2節(3)でもふれたように、IRI は傘下企業について株式会社形態を維持し、企業経営に直接携わるのではなく大株主として経営に参加した。この方式は、①企業への介入コストを最小化し、②企業経営者に経営責任を十分に自覚させ、③将来の企業の民営化の可能性に備え、④官僚的な意思決定システムを企業に課さないことで、企業経営における柔軟性・敏捷性を確保する、という利点を持つと考えられた。

　IRI は傘下企業に対し、監査および、企業経営者との個人的接触を任務とした。すなわち、前者を通じて企業の経済的効率性を測定し、後者を通して企業の動向を知り、企業が直面する問題について助言した。しかし、経営執行の意思決定は絶対的に企業経営者の責任に委ねるという方針から、IRI は企業に何ら通達を発せず、企業からも IRI に生産に関する統計データが提出されたことはなかった。企業はこれらのデータを、他の民間企業同様に、管轄の協調組合組織に送り、それは国家的監督組織に提出されて、企業に対する指導につながった。

　以上のような内容をベースとして、IRI による企業管理体制は敷かれたが、部門全体の再編や管理を要した産業部門については、IRI と企業との間に IRI の持株を管理する金融持株会社を設け、企業の調整や資金調達・融資に当たらせた。

　この方式は、転換社債を発行して貯蓄を産業投資に動員し、個人株主の育成を目指すものであった。と同時に、株式への転換権を株式全体の50％未満に制限することで、国家によるコントロールを堅持するシステムでもあった。その根底には、企業を大産業資本や銀行資本の独裁に再び陥らせないという原則の

貫徹がある。

他方、民間イニシアティヴが不十分な生産部門においては、IRI は、アウタルキー計画の目標達成のために、民間の産業グループと合同で企業を設立・運営した。このように、IRI は、多様な介入方式を柔軟な発想で考案し、実施したのである。

おわりに

以上見てきたように、IRI は、大不況下のイタリアで、産業活動の再編・再生と、発券銀行の銀行救済債権の回収に従事する暫定機関として設立された。IRI に期待された任務は、①あらゆる企業の危機克服を長期融資によって支援し、深刻な失業問題に対し雇用創出を目指す、②銀行券流通の半分に相当した発券銀行による銀行救済融資を回収し、通貨流通を健全化し削減する、③一般信用銀行に資産流動性を回復させるとともに、短期信用業務に復帰・専従させる、というもので、企業再生と金融再編とを目指すものであった。

これらの課題について、IRI は、3 大銀行から大量の企業向け債権・持株を買い取り、債務者企業の再生・清算操作を計画・実施した。企業は大銀行による支配から解放され、その産業を熟知する経営者の手に戻された。1936年までに、再建すべき企業の経営はほぼ安定した。また、買取資産の現金化により IRI は、38年までに45億6000万リラの入金を得た。

IRI の収益は、まず発券銀行の救済債権回収に向けられ、1936年までに16億リラ余が払い込まれた。一方、3 大銀行から買い取った債権の代価の支払いについては長期化された。IRI は3行に対し当該債務の利息を支払い、適宜、銀行の要請に応じて貸付を行うことで、3行の信用拡大を管理するメカニズムを形成した。

IRI による銀行部門の再生は、預金銀行を短期信用業務に戻し、銀行と銀行、銀行と産業の依存関係を解消することで、金融危機の再発を防ぐという方針で進められ、1935年末にはほぼ完了した。

発券銀行における銀行救済債権は、IRI において有担保変動利付き債務を形成した。当初の計画では、この勘定は、大蔵省予算に計上され、早期に整理されるはずであった。しかし、1935年を通してその実施が先延ばしされ、加えて、公定歩合の引き上げなどの不測の事態により、IRI やイタリア商業銀行の費用支出は増大し、その経営は深刻な影響を受けた。

　こうして資金繰りに窮した大銀行に対し、発券銀行や大蔵省は再び事実上の救済操作を行った。これにより、IRI が進めてきた大銀行の体質改善——3大銀行を商業銀行化し、国庫や発券銀行に負担をかけず経営再建する方針——は、その遂行が脅かされた。よって、1935年後半から IRI によって草案が起草された1936年銀行法では、より厳格で金融システム全体に及ぶ監督体制が準備された。同法では、発券銀行から民間利害を排除し、3大銀行を国有化することにより、従前の、銀行の経営破綻を国家財政で補填するという慣習が構造的に治療された。

　また、IRI の対発券銀行債務は、大蔵省予算に計上することで、1936年末に整理された。

　銀行法制定に続く1937年に IRI は恒久機関化された。これは、アウタルキー政策の施行において、その持株を通して国家の産業介入を維持することが適宜と考えられたことによる。言い換えれば、IRI が構想し形成してきた企業管理体制が、国家介入の第3の道として有効性を認められたことから、当該機関は国家持株会社として恒久化された。

　IRI の経営原則は、国民負担を最小化しつつ、国家の経済統制と企業の効率的な経営を両立させるというものであった。IRI と傘下企業の経営は、厳格な経営計画と収支計算で律された。IRI による企業再生は黒字のうちに成功した。また、3大銀行についても兼営業務から短期信用業務への転換は容易ではなかったが、1938年末までに短期貸付は幅広い層に供与され倍増した。預金も再び増加に転じた。34-36年の3年間見送られた利益配当は、37年には4％と相対的に控えめながら再開された。IRI は3行に対する債務のうち30億リラを、40年までに返済し、残り70億リラについて年間3億リラ弱の利子を支払った[43]。

これを銀行は、収集した預金への利払いに充てた。

　企業や銀行の好調はIRIに配当収入を与え、その収支を均衡させた。国家は銀行救済勘定の整理のために、IRIに年間2億8500万リラの助成金を1971年まで割り当てたが、IRIの利益のうち、65％は国庫に納付されるため、IRIの経営の成功は財政負担の軽減にもつながった。

　このように、IRIによって形成された企業・銀行の統治体制は、1930年代の危機への急場凌ぎの対応の結果ではなかった。それは、IRI以前の、民間の失敗を国家が信用創造で補填するという公的救済の伝統を終わらせ、国家・企業・銀行の利害の混同を解消し、銀行と産業の相互依存や従属関係を再生しないことを目指して形成されたものであった。

　紙幅の都合上、ここでは論じることができなかったが、この体制を通してIRIは、大資本による独占に対抗し、1990年にイタリアで独占禁止法が制定されるまで事実上の独占抑止策として機能した。また、民間投資の不足を、債券発行による貯蓄の動員によって補完し、経済計画の立案や人材育成機関としても機能した。

　IRIによる国家持株制度は戦後も維持され、1936年銀行法とともにその後半世紀以上イタリアの経済システムを規定してきた。このことは、イタリアにおいて、財政負担や信用創造を最小限に抑えつつ、限られた資源や資本を国家経済政策の大綱の中で有効に分配し、かつ市場競争を維持するためには、IRIが形成した国家介入システムが必要とされたことを示している。

　そのシステムは、イタリアの高度成長や南部問題の克服に牽引車として機能したが、1970年代には赤字体質に転じ、80年代には、その後ヨーロッパ委員会委員長となったIRI総裁プローディ（Romano Prodi）による不良債権処理と合理化を経て、ついには2000年に解体された。そうした数多くのドラマについては、今後改めて検討したい。

1）　このテーマについてはトニオロ、G.（浅井良夫、C.モルテーニ訳）『イタリア・ファシズム経済』（名古屋大学出版会、1993年）がある。また、拙稿「戦間期イタ

第3章 戦後イタリア経済の基盤構築　89

リアにおける金融再編と IRI 成立」『土地制度史学』第162号（1999年）も参照されたい。
2） 発券銀行は、1932年末までに、主要銀行に対して総額73億8200万リラを供与した。当時の同行の「貸付・割引」債権は約86億リラ、銀行券流通量は約136億リラであった。
3） Archivio Storico Elettronico IRI（以下、ASEI）-nera-Istituti bancari（以下、IB）-s2.7-f1.1- "Studio sui problemi del risanamento bancario", 1933/12/05（「銀行再生問題研究」）p. 61.
4） ASEI-nera-IRI-Pratiche generali（以下、PG）Relazioni e notizie IRI（以下、RN）-Fascicolo I°, 1933-1943（以下、f. I°）s2.4-f1.1, p60- "Le funzioni e l'attività dell'IRI", 1940/1/24.
5） ASEI-nera, Sezione smobilizzo industrizle（以下、ssi）. S2.3-f2-p4- "Relazione del Direttore Generale sul rendiconto e sul progetto di bilancio al 31 dicembre 1934-XIII", 1935/03/22（「1934年度会計報告書」）p2.
6） ASEI-ssi- "Relazione del Direttore Generale sul progetto di bilancio al 31 dicembre 1935-XIV e sul rendiconto dell'annata", 1936/3/15（「1935年度会計報告書」）p. 3.
7） cf. Piluso,Giandomenico "Un centauro metá pubblico e metá privato. La Bastogi da Alberto Beneduce a Mediobanca 1926-1969", *Annali della Fondazione Luigi Einaudi,* vol. XXVI（1992）pp. 347-393.
8） 前掲「銀行再生問題研究」59-63頁。
9） ASEI-nera-IB, s2.7-f1-p12- "Relazione riservata sugli schemi di provvedimenti intesi ad attuare la riforma bancaria e, in genere, creditizia", 1936/1/3 ; Ministero dell'Industria e del Commercio, *L'Istituto per la Ricostruzione Industriale* -I. R. I. -, vol. III, Unione Tipografico（1956）Allegato 3.
10） 部門別金融持株会社を設けての企業再生については、拙稿「大不況期イタリアにおける産業救済──IRI（産業復興公社）による SIP（ピエモンテ水力発電会社）グループの解体を中心に」『土地制度史学』第172号（2001年7月）を参照されたい。
11） 現金化事業についての記述は、主に、清算部理事会議事録、各年度の会計報告書、ASEI-nera, IRI-PG-RN-f. I°-S2.4-f1.1-p42 "IRI. Riassunto della relazione del Consiglio sul bilancio al 31. 12. 1936-XV. Note sui compiti future dell'IRI", 1937/5/19 ; s2.4-f1.1-p60- "Le funzioni e l'attività dell'IRI", 1940/1/24. に基づく。
12） 銀行の融資に依存していないことは、IRI によって展開されたあらゆる譲渡交渉

13) 銀行が資金を得るために、発券銀行で割り引いた債務者企業の手形は、ほとんどが実際には無価値になっていた。ASEI-nera-PG-Finanza IRI（以下、FI）s2.4-f2-p10 "Studio sul regolamento della situazione debitoria dell'IRI con particolare riguardo ai rapporti con la BI", 1934/7/5, p. 5.
14) 前掲「1935年度会計報告書」11-12頁。
15) ASEI-nera-IB-s2.7-f1-p5- "Studio per la sistemazione della Banca Commerciale Italiana", 1934/3/5, p. 33.
16) ASEI-nera-IB-s2.7-f1-p9- "La situazione delle grandi banche italiane di credito ordinario a due anni dal loro risanamento", 1936/4/3, p. 3.
17) ibid. p. 15 ; ASEI-nera-IB-Banca Commerciale italiana-s2.7-f3-p17- "Relazione del prof. Ippolito sulle variazioni finanziarie per il periodo 1 gennaio 1934-30 giugno 1935", 1936/2, p. 37.
18) ibid., p. 55.
19) ASEI-nera-PG-FI-s2.4-f2-p35- "Il metodo da adottare per la copertura degli impegni che lo stato ha assunto nei riguardi delle banche a seguito del risanamento bancario", 1935/12, pp. 4-5.
20) 前掲「1935年度会計報告書」14頁。
21) 1934年末時点で担保貸付総額4億9000万リラ。前掲「1934年度会計報告書」。
22) この総額90億リラの助成金は、利率4.5％の債券の発行によって58億リラ余を市場で収集する。こうした資本市場への介入手段を通して、「国家は、価格決定メカニズムと信用貨幣に影響を与え、信用拡大をコントロールする手段を確保しうる」とIRIは指摘した。前掲「銀行再生問題研究」77-78頁。
23) IRIが保有する約6億7700万リラの大量の国債は、IRIの前身である清算公社が準備金を投資して取得し、対発券銀行債務の返済を保証するために発券銀行に移管したものであった。
24) イタリアは、1933年7月に「金ブロック」に参加したが、同年末から金準備は減少に転じ、34年5月以降の外国市場での債券購入禁止などの外為管理措置の効果なく減少し続けた。34年12月8日には事実上の兌換停止、35年5月には銀行券流通と他の一覧性債務の合計額に対し最低40％の金準備保有の義務が一時停止された。金準備の減少に合わせ通貨量を削減するため、33年12月に3％まで引き下げられていた公定歩合は、34年末には4％、さらに35年8月には4.5％、9月には5％に引き上げられた。
25) 前掲「1935年度会計報告書」34頁。

26) "La situazione delle grandi banche", op. cit., 1936/4/3, pp. 9-10.
27) 前掲「1935年度会計報告書」13頁。
28) "Il metodo da adottare", op. cit., 1935/2.
29) ASEI-nera-IB-s2.7-f1-p10 "Osservazioni sulle partecipazioni industriali dell'IRI e sull'organizzazione di un controllo bancario nazionale", 1935/11/18.
30) *Economist* (March 30, 1935).
31) Archivio centrale dello Stato (ACS), Archivio storico dell'Iri (AsIri), nera-ssi, "Verbali Consiglio di Amministrazione, N. 29-adunanza dell'12 febbraio 1937-XI" pp. 3-13 ; Ministero dell'Industria e del Commercio, *op. cit.*, pp. 9-22.
32) 設立直後から、国家助成金を用いて、CREDIOPでIRI特殊シリーズ債を発行し、市場で10億リラを調達し発券銀行に返済した。さらに、同年半ばには、レポ取引や買取債権の売却を通して約8億リラを収集し、うち6億をイタリア商業銀行から発券銀行への債務返済に充てさせた。"Studio sul regolamento," op. cit., pp. 5-6.
33) ASEI-nera. PG-RN-f. I°: S2.4-f1.1-p30.6- "Senato del Regno. Dall'esposizione finanziaria di S. E. il Ministro per le Finanze Thaon Di Revel-23 maggio 1936-XIV". 「公益性の原則」は1936年銀行法の第1条に規定された。
34) ASEI-nera-IB-Varie-Riforma del credito-s2.7-f1.24-p2- "Verbale della riunione del 12 aprile 1935 tra Beneduce, Bianchini, Azzolini, Frignani", 1935/5/24. 銀行数は1927年から36年の間に、一般信用銀行が427から246行、庶民銀行が662から447行、貯蓄銀行が141から92行へと減少した。Salvatore La Francesca, *Storia del sistema bancario italiano* (Il Mulino, 2004) p. 189.
35) Ciocca e Toniolo a cura di, *Storia economica d'Italia*, 2 Annali (Laterza, 1999) p. 299.
36) ASEI-nera, PG-RN-f. I°-S2.4-f1.1-p42- "IRI. Riassunto della relazione del Consiglio sul bilancio al 31. 12. 1936-XV. Note sui compiti future dell'IRI", 1937/5/19, p. 6.
37) 浅井良夫「5章 金融システム」馬場康夫、岡沢憲芙編『イタリアの経済』(早稲田大学出版部、1999年) 92頁。
38) ACS, AsIri-nera, cas. 47, "La posizione dell'I. R. I. nel problema industriale italiano", p. 8.
39) "Osservazioni sulle partecipazioni industriali dell'IRI", op. cit..
40) ASEI-nera-IRI-Documenti e notizie riguardanti l' IRI fino al 1942-32.4-f1.1 p. 30. 11- "Senato del Regno. Conversione in legge R. Decreto Legge 24 giugno 1937. CV, n. 905-Relazione della Commissione di Finanza (Relatore Sen. Broglia). Atti parla-

mentari-sessione 1934-38. Documento n. 2184 A, presentato il 28/3/1938-XVI". および IRI の1937年定款に基づく。
41) 大蔵省国有財産局長・国庫局長、会計監査院長、協調組合省産業局長、為替管理局次官、軍需生産委員会代表ら。
42) ASEI-nera-IRI-PG-RN-f. I° : s2.4-f1.1-p. 60- "Le funzioni e l'attività dell'IRI", 1940/1/24.
43) 1934-36年に17億1200万、37-42年に43億3100万、協約期間が切れる53年末付けで36億5100万が返済された。Ministero dell'Industria e del Commercio, *op. cit.*, p. 10.

第4章　ヨーロッパ統合構想の展開とフランス経済学（1920-40年代）

廣田　功

はじめに

　ヨーロッパ統合の歴史は、危機と再出発の繰り返しであった[1]。1980年代に本格的に始まる統合史研究の課題は、何よりも単線的な発展史観に基づいて神話化された歴史像を打破することであった[2]。その結果、統合史研究は新しい方法や問題関心をとり入れ、変化に富んだ複雑な歴史過程を描く歴史像を提示しつつある。本稿は、20-40年代のヨーロッパ統合に関するフランス・エコノミストの言説を検討することを課題とする[3]。この課題は、統合史研究の現状に照らせば、以下の3つの点にかかわっている。

　第1に、最近、J. モネやR. シューマンに代表されるエリート（「ヨーロッパ統合の創始者」）に影響を与えた「第2サークル」に属する社会的アクターの役割が論じられている[4]。エコノミストは、企業家、官僚、知識人等と並んで、このアクターの1つであるが[5]、統合構想に対する彼らの具体的影響の解明はなお不十分である[6]。

　第2に、統合の方法や形態に関して、市場・自由競争を基盤とする「自由主義的方法（voie libérale）」と、国家や経済界のコントロールによる「契約的方法（voie contractuelle）」という複数の道が存在したことが指摘されている[7]。また統合空間の範囲については、当初の「全ヨーロッパ」の構想が近隣諸国間の「地域同盟」の構想に変化したことが、知られている[8]。しかしエコノミス

トがこの変化にどうかかわっていたかが明らかではなく、その結果、変化の意味も十分明らかにされていない。

第3に、統合史上における1930年代の位置が再検討されつつある[9]。国民国家とヨーロッパ統合を対立的に見る「連邦主義」の影響で、この時代は、排外的ナショナリズムの影響によって統合の動きが衰退した、と一般に理解されてきた。しかしミルワードが言うように[10]、ヨーロッパ統合の本質が「国民国家の救済」であったとすれば、ナショナリズムの激化によって国際協調の気運が消滅したことを根拠に、30年代を統合の衰退期とのみ規定することは一面的すぎよう。また20年代の経済的自由主義から30年代の管理経済へと時代の基調は「大転換」[11]を示すが、管理経済の流行が統合構想に与えた影響を明確にする必要がある。

I　1920年代のヨーロッパ統合運動とエコノミスト

1　ヨーロッパ関税同盟構想とエコノミスト

第1次大戦を契機に表面化したヨーロッパの「衰退」を克服するために、1920年代半ば、ヨーロッパ統一を訴えるさまざまな構想や運動が現れた。エコノミストは、それらに経済的性格を与える役割を持った。23年、クーデンホーフ゠カレルギーによって結成された「パン・ヨーロッパ」運動は[12]、ヨーロッパ衰退の根本原因をナショナリズムとその帰結である「経済の分散」に求めたが、経済的統一より政治的統一（「ヨーロッパ合衆国」の設立）を優先した点に特徴があった。しかし26年10月にウィーンで開催された第1回「パン・ヨーロッパ大会」を契機に、フランスの労働組合系エコノミストのF. ドゥレジ（F. Delaisi）が運動に参加し、フランス委員会事務局長に就任したことは、運動全体の「経済的転換」を進めた[13]。ドゥレジはこの大会に「ヨーロッパ経済同盟」と題する報告書を提出し、それは運動全体の経済綱領となり[14]、その後、経済問題が運動の主要な関心の的となった。彼の報告は、25年に出版された著作の

基本的主張を繰り返し[15]、ヨーロッパの平和の前提として、ヨーロッパ諸国民の相互依存に基づいて経済的平和を実現することを説き、その方法として、通貨の安定・統一、最恵国条項を伴う通商条約体制への復帰、関税障壁の段階的廃止と自由貿易の確立を提案した。彼によれば、ナショナリズムを志向する政治と、国家の枠を超えて相互依存を強める経済との間の矛盾が、ヨーロッパ問題の根本であり、「経済の一神教」が国民国家を基盤とする「主権の多神教」と交代することが問題解決の基本線であった。

ドゥレジにとって、経済同盟は経済的繁栄を保障する手段でもあった。関税障壁によって分断されたヨーロッパ市場は、国境を越えた大きな販路を必要とする大量生産に適合的ではない。したがって広大な国内市場の統一を基盤に大量生産を確立しつつあったアメリカに倣い、その経済力を生み出した生産方法や企業経営の方法を導入し、ヨーロッパの産業・経済を合理化することが、経済同盟のもう1つの目的となる[16]。ヨーロッパ経済同盟は、アメリカ的生産体制を導入するために、関税障壁で分断された市場を自由貿易が行われる「大市場」に変え、経済発展を実現する手段であった。

このようにドゥレジは、元来「政治的ヨーロッパ」を志向したパン・ヨーロッパ（汎ヨーロッパ）運動に自由貿易運動としての性格を与えたが、「ヨーロッパ関税同盟（Union Douaniere Européenne．UDE）」の運動は、この性格をより前面に打ち出した。UDEは、1925年3月、欧米の10名の著名人が発表した「ヨーロッパの人々へのアピール」とともに発足した。アピールは、自由貿易実現の枠組みとして関税同盟を結成することを提案した。フランス委員会は、27年1月、パン・ヨーロッパ運動の委員会とほぼ同時に設立され、指導部には元公共事業相のル・トロケ（Y. Le Trocquer）、貿易諮問会議名誉顧問のコケ（L. Coquet）と並んで経済学者のトゥリシ（H. Truchy）が名を連ねた。またドゥレジは、設立当初、一時事務局長を努めた[17]。UDEの設立には、トゥリシ、ドゥレジ以外にもエコノミストが協力した。連帯主義・協同組合主義の経済学者として知られるジッド（Ch. Gide）は、前述のアピールに名を連ね、UDEフランス委員会の設立総会の議長を努めた。マルシャル（J. Marchal）は、フラ

ンス委員会の活動を支持するために関税同盟に関する著書を出版した[18]。

　UDE 運動の著名な理論家であるトゥリシによれば、19世紀の「ドイツ関税同盟」など、関税同盟の歴史的先例に比べて UDE は、「ヨーロッパ全体を包摂することを目標とする普遍主義的構想」を特徴としていた。UDE の提唱者にとって、「ヨーロッパのすべての国家を単一の関税同盟に連合させることは直ちに実現可能であった」[19]。しかし単一の関税同盟の根拠は、どこにあるのか。第1の根拠は、19世紀半ばから自由貿易正当化の根拠として使われてきた古典派経済学の国際分業論である。しかしこの理論は、第1次大戦後のヨーロッパの現実に合致するだろうか。この点で、ドゥレジの「2つのヨーロッパ」論が、UDE の単一の関税同盟案に根拠を提供したことに注目すべきである。

　ドゥレジはパン・ヨーロッパ運動の活動に重点を移し、UDE 指導部を離れたが、UDE の理論家として影響を持ち続けた。1929年に出版された彼の著作の意図は[20]、20年代後半に国際連盟を中心に取組まれた自由貿易運動が、「各国にあらゆる産業を発展させようとする（保護主義）政策によって、ものごとの自然の流れに沿った国際分業の実現を阻害されている」[21]という状況に直面して、ヨーロッパ域内における自由貿易の現実的根拠を示すことにあった。ドゥレジは、27年以後、経済同盟の必要を訴えるために行ったヨーロッパ大陸各地への旅行を通じて、「工業化されたヨーロッパ」と「農業的ヨーロッパ」という非常に異質な2つのヨーロッパの存在を発見した。工業的ヨーロッパは工業製品の「過剰生産と販路の不足」に悩み、農業的ヨーロッパは経済発展に必要なインフラと資本の不足に悩んでいる。彼は、両者の間の原料・食糧と工業製品の交換を「自然的な補完関係」と捉え、そこに工業的ヨーロッパが第1次大戦まで追求した植民地拡張の道を放棄し、「ヨーロッパへ回帰」する可能性を見出した。ドゥレジは、東西ヨーロッパ間の農工分業を基礎に域内自由貿易が双方に利益をもたらすことを説いて、自由貿易を通じた全ヨーロッパの経済的統一の根拠を示そうとしたのである。UDE に結集した他のエコノミストも、このような伝統的自由貿易の国際分業論を展開した[22]。トゥリシ、クルタン（R. Courtin）、リスト（Ch. Rist）など「自由主義学派」のエコノミストは、自由貿

易を通じたヨーロッパ域内の国際分業と「専門化」に関税同盟の意義を見いだした。

しかし古典的な分業・専門化に東西ヨーロッパの統一の根拠を見た UDE の構想は、1920年代末から30年代初頭にかけて、とくに東ヨーロッパからの反対に直面した。後に UDE の歴史を回顧したトゥリシによれば、「関税同盟が遭遇した反対は経済領域における自由主義の方式につきまとう不評から説明され」[23]、この不評は、大陸ヨーロッパ諸国の経済発展の不均等性に起因したという。この状態の下では、「関税同盟は農業国の工業化を不可能に陥れ」、「国内に工業発展に適合的な諸要素を有する国民は保護を拒否することを受け入れることはできない」[24]。20年代半ば、ドゥレジとととともに、東西ヨーロッパ間の農工分業に基づいた自由貿易に経済的統一＝関税同盟の根拠を見出した UDE は、30年代に入ると工業化と保護主義に対する東ヨーロッパの期待に直面して全ヨーロッパを対象とした単一の関税同盟構想を放棄することを余儀なくされた。この構想に代わって、UDE は30年６月のパリ大会においては、「地域関税同盟」の構想を目指す方針を公式に採択した[25]。

UDE の方針転換は、1920年代後半の自由貿易運動が挫折したことと連動していた。29年秋の国際連盟経済委員会においては、自由貿易を主張するイギリスや北欧諸国の「自由主義的ヨーロッパ」の立場、東南欧農業国の「保護主義的ヨーロッパ」の立場、さらに後者に合流し、自由貿易が一部の国の経済発展を阻害し、ヨーロッパの経済発展の不均衡・不調和を拡大することを懸念し、東南欧諸国への例外的保護措置の承認と地域的解決を提案する仏伊の立場が対立した。31年春、経済委員会は、自由主義的な「２つのヨーロッパ」の構想の破綻を確認し、加盟国の国民経済的利害を重視した地域同盟の構想を承認した[26]。

2　地域同盟と国民経済学派の関税同盟論

UDE の関税同盟論は、経済的ナショナリズムの影響の下に挫折し、ヨーロッパ全体の関税同盟から近隣諸国間の地域関税同盟の追求に転換した。自由主

義学派にとって運動の挫折は、「強力な保護主義的通商政策という現実」に起因した[27]。彼らにとって問題は、経済的ナショナリズムの側にあり、運動が依拠する理論の側にはなかった。

しかし経済的ナショナリズムを肯定的に捉える関税同盟論者がいた。彼らは、垂直的な農工間分業に基づく19世紀的な自由貿易論が、西欧諸国を含むヨーロッパ経済全体の構造に合致していないことを強調した。A. ドゥマンジョン（A. Demangeon）は、経済地理学の観点から、農工分業論の誤りを指摘した[28]。工業的ヨーロッパと農業的ヨーロッパの間の補完的生産に基づいた統一構想が想定するほど、ヨーロッパ経済の「現実は単純ではない」。西ヨーロッパ工業国は同時に進んだ農業国であり、「ある国に工場、別の国に農場を帰属させようとする国際分業の採用に利益は見出されない」。国民経済の構造的差異から、保護貿易国と自由貿易国とが対立している現状では自由貿易は拒否され、単一の内部市場を実現する関税同盟は空想となる。「2つのヨーロッパ」を対置することは非現実的であり、現実には、大半の国が「専門化された経済」を拒否し、農業経済と工業経済を同時に追求する「多様な経済」に向かっている。したがって全ヨーロッパを包摂する経済的統一の条件は未成熟であり、地域同盟から段階的に進む道が唯一の現実的方法となる。

L. ブロカール（L. Brocard）を代表とする「国民経済学派」の関税同盟論者も、関税同盟の目的を国際分業論に基づく自由貿易に解消するUDEの立場を批判した[29]。彼によれば、「関税同盟の概念が依拠している諸国民の国際分業、より正確にいえば経済的専門化は、経験的データとも国民的組織の研究に適用される科学的分析とも合致しない」[30]。分業の発展によって、成長の見込みのない産業が消滅することによって、産業の再配分効果は期待できるが、関税同盟から期待される市場拡大の効果は限定される。関税引下げにもかかわらず、諸国民の間で距離の障害、法制度の多様性、技術・心理・原語の違い、伝統的対立などが残るからである。「同盟がもたらし得るすべての利益を実現しようと望むならば、流通だけでなく生産・輸送に関する協定、カルテルや連合などあらゆる種類の協調活動、さらに政治的協定によって、同盟を延長することが

必要である」[31]。関税引下げと並んで、多様な活動部門から成り立つ諸国民経済間の「相互浸透」と「利益連帯」を発展させることがより重要である。

関税同盟が長所となるのは、経済発展段階や距離が近く、「相互浸透」と「利益連帯」が発展している場合である。逆に、発展段階の格差が大きすぎるとか、類似の産業間の競争力が違いすぎる場合、関税同盟は一部の国の産業衰退をもたらすおそれがある。この場合、関税同盟だけでは危険であり、共同サービス、生産者アンタント、生産・信用・法・人の移動に関する協定、経済的・法的・政治的・知的な相互浸透などあらゆる手段によって協力関係を発展させることが、前提条件となる。このように彼らの関税同盟論は、相互浸透と利益連帯を重視する立場から、さまざまな政策・制度を援用し、関税同盟の限界に対処しようとした。それは今日の用語法に従えば、生産要素の自由な移動の障害を除去する「消極的統合」路線を超えて「積極的統合」路線を追求するものであった[32]。

3　産業アンタントと経済統合

ブロカールは「相互浸透」の発展の方法の1つとして、カルテルを含む産業アンタント（企業間協定）に言及したが、経済統合の目標である大市場形成の方法として、アンタントは早くから提案されていた。ルシュール（L. Loucheur）は、1925年9月、国際経済会議に関する準備委員会において、大市場形成の方法として、「国際産業アンタント」の結成を提案した[33]。それは過度の競争に対する生産者の不安を和らげて関税引下げを容易にするだけでなく、生産の組織化を可能にすると考えられた。「仏独情報資料委員会」の活動に支持され、26年以後、鉄鋼、カリなどの産業にカルテルが結成されたことによって、この方法は部分的に実現された。

それでは統合論者は、アンタントをどのように見ていただろうか。UDE のエコノミストは、自由貿易への寄与を理由に支持した。その結果、自由貿易実現の方法として、当初関税引下げだけを掲げていた UDE は、1927年初頭以後、関税引下げとアンタントを「相互補完的方法」と位置づけ、ル・トロケを委員

長とする「商工業アンタント」に関する委員会を設置した。トゥリシは、製品の配分、競争の緩和によって関税に関する譲歩が容易になることを挙げて、消費者利益と国家主権侵害の危険を防ぎながらアンタントを活用することを説いた[34]。関税引き下げ協定に関する政府間交渉が膠着状態を示すにつれて、その後、UDEの活動は次第にアンタントの締結に向けられた。

　自由主義学派が自由貿易の観点からアンタントを検討したのに対して、国民経済学派は、産業合理化と諸国民の連帯という観点を付け加えた。J. マルシャルによれば、設備利用と作業分担の改善、資源の合理的利用、生産の科学的管理、生産力の調整、集中の促進、生産と消費の調和、景気変動の緩和、生産性上昇・生産コストの低下、消費者価格の低下がアンタントの利点であった。もとよりアンタントが「事実上の独占」に変質する危険とそれをコントロールする必要は、看過されていなかった[35]。またブロカールは、アンタントが販路の分割や価格の決定だけでなく、技術協力、信用や原料確保など生産条件改善のための共同の努力、国民経済を混乱させる外的な影響の調節、原価の引下げ、生産の調節などによって、国民経済の発展に資することを強調した。さらにそれは、「ヨーロッパ諸国民の和解と国際経済の発展に大きな利点をもたらす」。その意義は、対立する利害の調停、国際協力の組織化、共同利害の調整、具体的には原料と販路の合理的組織化を通じたヨーロッパ経済の組織化にあった。彼も国民経済的利益に反する外部からの影響や競争メカニズムの麻痺やなど、アンタントの欠陥を指摘するが、「慎重に発展させることを条件として長所が短所に勝る」と結論した[36]。ヨーロッパ経済統合にとって自由貿易だけでは不十分であり、アンタントは諸国民間の連帯、協力、相互浸透を発展させる「手段の先頭に来る」と考えられたからである[37]。

　彼らのアンタント論は、設備改良、生産の集中・組織化、生産性向上を訴えた点で、産業近代化の手段の1つとしてアンタントを奨励した第1次大戦期のクレマンテル（E. Clémentel）の産業再編構想[38]、さらにそれを継承してアンタントを媒介とするヨーロッパ統合に経済の合理化・近代化を託したルシュールの構想に繋がる。したがってアンタント論は、ヨーロッパ統合がフランス経

済近代化の1つの手段であることを示している。貿易自由化が国際競争の刺激によって保護主義的なフランス産業の効率化と競争力向上に寄与する限りでは、自由主義的関税同盟論も一種の近代化論であるが、国民経済学派は自由貿易の効果に加えて、生産の合理化・組織化を積極的な近代化政策として位置づけたのである。

II　1930年代から戦時期のヨーロッパ統合構想とエコノミスト

1　国民経済学派の「新しい保護主義」

　大恐慌の影響をうけて、1932年にイギリスが保護主義に転換して以来、世界は保護貿易の時代に入った。自由主義学派にとって、地域関税同盟は、「経済的自由主義、さらにヨーロッパ精神によって動かされていることを条件としてのみ進歩であり得る」[39]が、保護貿易は国内市場への退却と市場の分断を強め、現実と理想の乖離を進めた。

　しかし国民経済学派は、時代を異なる観点から捉えた。1932年3－4月号の『政治経済学』誌の保護主義に関する特集号の中で、ブロカールは「産業保護主義の新しい基盤」と題する論文を書き、自由貿易主義と保護主義を対立的に捉える自由主義学派を批判し、偏狭な経済ナショナリズムに基づいた「侵略的保護主義」に代えて、「組織的・和解的保護主義」の必要を説いた[40]。彼によれば、後進国の工業化と先進国における新産業の発展によって、垂直的な国際分業を通じた専門化ではなく、多様な産業から構成される「複合経済」化が時代の流れとなった。さらに第1次大戦と大恐慌を契機に国家介入が進展し、「管理経済」・「組織経済」への動きが強まったことも、保護主義の強化に作用した。国民（ナシオン）は政治的有機体であると同時に、「生産力の連帯」を基盤とした経済的有機体である。この連帯は国際経済より国民経済において強力であるから、国民経済内部の連帯を強化するために保護主義が要求される。この結果、「侵略的保護主義」の傾向が生じるが、それに対抗して自由貿易主義者が強調する

ように、国境を越えた相互依存・相互浸透が「国際的連帯」と国際協調を生みだす。しかし問題は国民的連帯の方が国際的連帯より強いという現実であり、この事実を無視した国際分業は現実的ではない。こうしてブロカールは、近隣関係、貿易の重要性、共通の伝統によって緊密に結びつき連帯する国々の間で関税同盟を結成し、「国際協調を基礎に持った拡大された保護主義」の方向に保護主義を修正することを訴えた。彼の場合、地域同盟は国際連帯・国際協調と国民的連帯・保護主義の二面性によって特徴づけられ、その保護主義的性格を一面的に批判されるものではなかった[41]。

A. マルシャル（A. Marchal）は、国民経済の「複合経済」体質を土台として、国民経済と国際経済の間の共存関係を指摘した点にブロカールの最大の功績を認めた。「複合経済」は、アウタルキーのように国民生活に必要なすべての活動を人為的に作り出すことをめざすものではない。それは「完全な経済」ではなく、貿易や国際経済との関係を排除しない。したがって国際経済の発展の必要について、自由主義学派との間に意見の相違はない。違いは、国民経済学派にとって、とりわけ国際経済の中には存在しない国家が連帯・協力を実現する強力な要素として存在するために、国民的連帯・協力がより根本的と考えられた点にある[42]。

国民経済学派の構想は、保護貿易主義と自由貿易主義を排他的に捉える自由主義学派の立場を超え新たな関税同盟の可能性を示した。通説では、1930年代は経済ナショナリズムが支配した結果、国際協力の気運が遠のき、ヨーロッパ統合の進展が阻害された時代であった。しかしこの構想に着目するならば、統合史の観点から30年代は以下の重要な意義を持つ、と評価される。

第1に、ヨーロッパ統合は、保護主義の可能性を内包する地域関税同盟の形態をとることによって、国民経済発展政策の一環として戦後のフランス経済再建政策と結びつく可能性を持った。自由主義学派にとって、ヨーロッパ統合は、「ヨーロッパ全体の利益を自覚したヨーロッパ精神」[43]の上に成立するべきであるが、国民経済学派の場合、国民経済的利益が統合構想の起点であったからである。実際、第2次大戦後のフランスの統合政策は、経済近代化を基本的目標

とした国民経済再建政策の一環となるであろう[44]。

　第2に、この構想は国民連帯の発展における国民国家の役割に倣って、国際連帯の発展における「国際国家」形成の必要に言及した。ヨーロッパ合衆国の建設という政治的統一を目標に掲げて始まった両大戦間の統合構想は、20年代後半の経済統合優先への転換を経て、ふたたび政治的次元の重要性を回復したのである。しかしこれは経済統合の深化に対応する政治的次元であり、当初のように、経済統合から分離した政治的次元ではない。この意味で、経済統合の条件を発展させるための国際連帯の見地から「国際国家」の問題を提起した国民経済学派の構想は、国家主権の委譲という「超国家性」の問題に関連して、第2次大戦後のヨーロッパ石炭鉄鉱共同体（ECSC）構想との連続性を示していると言えよう。

2　「自由主義的ヨーロッパ」から「管理されたヨーロッパ」へ

　1930年代、保護主義への転換と並んで、「自己調整的」市場経済の崩壊と国家の経済的介入による「管理経済」の出現が見られた。前述のように、ブロカールは国家介入の強化に新しい保護主義の根拠を見出したが、この変化は、統合構想にどんな影響を及ぼしたであろうか。

　この点に関連して注目すべき事実は、1930年に地域同盟路線に転換したUDEが、34年9月、規約を改正して「ヨーロッパ関税・経済同盟（UEDE）」と名称を改めたことである。この改称は関税問題だけでなく、経済問題一般に取り組む意思を表明したものと言われるが[45]、この事実はどのように理解すべきであろうか。関税同盟が国境を超えた「モノ」の自由移動を目標とするのに対して、経済同盟は自由移動の目標を「ヒト」と「カネ」に拡大し、さらに経済社会政策全体におよぶ共通政策をめざす。ブロカールが指摘したように、不況対策の実施とともに国家介入が強まり、管理経済の時代が始まったこととが、この変化に影響を及ぼしたことは十分想像できよう。言い換えれば、30年代の管理経済は、関税同盟から共同市場へと統合構想を発展させたと見ることができる。

国内における管理経済の確立は、次第に統合構想を管理経済論の方向に向かわせた。1920年代にも、ルシュールのように、国際連盟経済委員会を国際的な管理経済の機関として活用しようとする考えは見られた。しかし国際連盟は、社会問題以上に経済問題に対して自由主義的立場を堅持し、とくに「生産問題」への取組みを拒否し続けた[46]。これに対して、30年代における管理経済の流行は、国際的な管理経済に関して新しい状況を生み出した。一国レベルの管理経済の流行は、ヨーロッパ・レベルの管理経済を期待する統合論者にとって、有利な条件を提供すると思われた。「世界がもがいている経済的無秩序の中で、唯一の規則が支配している。それは強者の支配である。そこから2つの必要が生じる。国民の中では、無制限の競争というもっとひどい危険を是正するために、不愉快かつ危険であるとしても、国家の介入に訴える必要である。諸国民の間の関係においては、誤った平等のドグマの形式的尊重に拘束されない国際的な協調とコントロールの必要である。もはや管理経済の功罪を論じる時ではない。経済の管理は、好むと好まざるとにかかわらず、どこでも絶対に必要な事実となった。われわれはそれから逃れることはできない」。経済史家で国民経済学派に近いH. オゼール（H. Hauser）は、「国内的、国際的に管理経済が不可避となったこと」を説くと同時に、「超国家的国際経済管理」に対する国家主権の抵抗を克服し、経済的無秩序が戦争に帰結する道を回避するために、国家主権の一部の放棄が必要であると説いた[47]。

　1930年代の管理経済論の流行は、ヨーロッパ・レベルの管理経済への期待を生み出し、その結果、統合構想の主流は、20年代の「自由主義的ヨーロッパ」から「管理されたヨーロッパ」に変化した。この過程は、さらに超国家機関による経済管理の必要から、UEDEの統合論者の中に連邦主義への新たな志向を生み出した。それはブロカールやオゼールが、国際国家や「超国家」の役割を指摘したことに対応している。G. リュー（G. Riou）は、この時代にヨーロッパ連邦の建設をめざした人物の典型であった。34年、彼は関税と並んで、通貨、軍事、船舶、外交の統一を伴う「ヨーロッパ国家」の形成をめざし「ヨーロッパ合衆国のための同盟」を結成した。コケは関税、通貨、銀行、税制、交通、

社会制度の統一を目標としたヨーロッパ連合を提案した[48]。

しかしUEDEがヨーロッパ管理経済や連邦国家への志向を強めると、それへの反動として、1920年代の自由貿易運動の原点への回帰を求める運動が強まった。20年代から存在していた「経済関税行動委員会（CAED）」は、30年代末、ヨーロッパ自由貿易の確立を目標に掲げて運動を強めた[49]。こうして30年代後半の統合論者は、ヨーロッパ管理経済を説く管理経済論者、自由貿易の確立を掲げる「自由主義的ヨーロッパ」論者、ヨーロッパ合衆国の建設をめざす「連邦主義的ヨーロッパ」論者の3グループに分化した。

1930年代末に戦争の危機が迫り、戦争回避の手段として仏独和解を説く声が強まると、エンジニア・エコノミストの一部は、仏独和解による「経済的平和」の実現をヨーロッパの平和の前提と見なし、仏独和解の基礎として産業アンタントの締結を訴えた[50]。雑誌『ヌーヴォー・カイエ』はこの潮流の前衛となり、ミュンヘン会談における「政治的宥和」に対応して「経済的宥和」を説いた[51]。この場合も、管理経済論がヨーロッパ経済に引き継がれ、彼らの「経済思想の説明はヨーロッパにおいて完成された」[52]。30年代の管理経済の流行は、ヨーロッパ統合構想の管理経済論としての性格を強めたのである。しかし40年の対独戦敗戦とドイツによる占領、それに続くヴィシー体制の登場は、統合構想を取り巻く状況をふたたび変化させた。

3　第2次大戦期のヨーロッパ統合構想とエコノミスト

ナチスが掲げる「ヨーロッパ新秩序」と「大経済空間」の構想は、ヴィシー体制の下でヨーロッパ統合論者の立場に変化をもたらした。一部の統合論者は、ナチスのヨーロッパ支配を「管理されたヨーロッパ」実現の好機と捉えた。この傾向は、早くから管理経済論を唱えていた労働組合系のエコノミストの場合とくに強い。ドゥレジは、1942年刊の『ヨーロッパの革命』において、第2次大戦をアングロサクソン的自由主義経済と国民社会主義経済＝管理経済という「2つの対立する体制、2つの形式、2つのイデオロギーの対立」と見なし、ドイツの経験が「ドイツの計画からヨーロッパの計画に移る」ことを展望し、

そこに大陸全体の再生の可能性を託した。彼は、ナチスの生存圏構想が公共土木事業計画によって運河・道路網を建設し、ヨーロッパの「補完的な2つの地域」の結合を基盤として「ヨーロッパへの回帰」を可能にすると考えた[53]。ナチスによる「管理されたヨーロッパ」の展望は、彼を20年代半ばの「2つのヨーロッパ」の構想へ回帰させたのである。

　1930年代半ば、ドゥレジとともに「CGT（労働総同盟）プラン」の作成に協力した銀行問題の専門家A.ドーファン・ムーニエ（A. Dauphin-Meunier）は、職業（「組織委員会」）と国家の協力というヴィシー体制の管理経済に「フランス改造」の希望を託し、さらにナチスの新ヨーロッパ秩序に「ヨーロッパ形成」の可能性を見た。彼は、ブロカールの理論に依拠して「管理経済を国民的枠組みの中における複合経済システムを確立するもの」と捉え、「管理経済と複合経済に向かう普遍的な傾向がヨーロッパ人として考え、感じ、生きる傾向を伴った」結果、「フランスの管理経済はヨーロッパの変化に依存する」と考える[54]。彼は、またドイツの生存圏構想を「自給自足的、大陸的・半大陸的な大経済空間」の構想と捉え、この空間内部における貿易の発展に「国際貿易の新しいシステム」を見出す[55]。それではこの大経済空間の中でフランスの位置はどうなるか。彼は、先ず、「経済システムとしてのヨーロッパ・アウタルキーは、仏独カップルの恒久的協力を含む」と見なすが、同時に、経済力、軍事的成功、人口数などから、「ドイツがヨーロッパの組織化において決定的役割を果たす」ことを否定しない。「フランスはドイツの優越を恐れる必要はない。フランス農業はヨーロッパに販路を見出すことができる。その高級品は、フランスに確かな最高の地位を保証する。その軽金属工業は豊富なボーキサイト鉱脈によって可能となり、大きな発展を約束される」[56]。結局、彼はナチスの広域経済圏の中で、フランスが農業と奢侈品ならびに軽工業部門に専門化することを提案する。従属的な専門化を受け入れる彼の指摘は、国民的資源の最高度の活用をめざすブロカール等の複合経済論と矛盾するが、この矛盾はドイツの支配にヨーロッパ管理経済とヨーロッパ統一の可能性を託した者に共通していた。

　同様の矛盾は戦時中UEDEの指導者となるリューにも当てはまる。1941年、

UEDE 会長に就任したリューは、ヒトラーの新秩序構想の中に、第1次大戦期のクレマンテルの構想を受け継いだ地域主義的な統合構想を見出した[57]。この構想によるヨーロッパ経済の再編の中で、彼は経済の専門化が働くことを認め、「農業のフランスと重化学工業のドイツ」というヒトラーの専門化構想に接近し、「高級品、食品、品質」をフランスの専門化の特質と見なした。

「戦時中、最も練られたヨーロッパ統合構想を普及させる人々はヴィシー派の中に見出された」[58]が、戦時中の対独協力は、戦後彼らの影響力を減殺する。同時に、彼らがナチスの新秩序におけるフランスの位置を高級品と農産物に置いたこともその影響力を弱める一因となった[59]。戦後のフランス再建政策は、経済近代化を重点課題として進められるが、彼らが描くフランス経済の専門化の方向は、この方向に逆行するからである。

管理経済論と仏独中軸に基づいてナチス新秩序に統合の夢を託したヨーロッパ統合論者に対して、CAEDに結集した人々は別の統合構想を抱いていた。彼らは、戦時下においても自由貿易を支持し続け、ナチスのアウタルキー構想にフランスの農業国化の危険を感じとっていた。ナチスの新ヨーロッパ秩序に対する距離は、戦後、CAEDを有利な立場に置き、J. リュエフ（J. Rueff）、クルタン、L. ボダン（L. Baudin）、M. アレ（M. Allais）、E. ジスカール・デスタン（E. Giscard d'Estaing）らの著名な自由主義エコノミストを結集して、CAEDはヨーロッパ統合運動の1つの柱となる[60]。

一方、ヨーロッパ統合論者は、レジスタンス勢力の中にも存在した。しかしレジスタンス運動の中では、「国際問題に対するフランスの態度を明確にすることは時期尚早に思われ」、国内経済問題に比較して、ヨーロッパ統合問題をめぐる議論は少なかった。それは2つの理由による。まず、アメリカなど外国の戦後の世界経済に関する重要なイニシャティブをとると考えられていたことである。さらに、戦後復興期には各国の関心は一国的性格が強く、したがって共同組織の結成をめざす計画はしばらく実現され得ない、と考えられたことである。しかしそれでもヨーロッパ統合プランの検討は続けられた。

レジスタンス綱領の策定に重要な役割を果たす「一般研究委員会（CGE）」

の経済綱領策定の責任者となったクルタンは、「戦後経済政策報告」の中で統合に関する基本的立場を表明した[61]。クルタンにとって、以下の3つの点から、「市場拡大とその帰結である専門化」は、自明のことであった。まず、「販路拡大による価格引下げの利点は、自動車や機械などの一部産業の拡張が買い手の人数の不足によって妨げられているヨーロッパではとくに重要であろう」。さらに市場拡大は、「市場の分散」に伴う混乱を回避することによって景気変動を緩和する。最後に、それは戦後復興を可能にする国際決済を保証する。

次いで、クルタンは、このような解決策に対して、原材料が豊かな国、優れた設備を有する国、国民が勤勉な国の競争にフランスは対抗できないという不安に根ざす「伝統的な反対」を検討する。復興期については、戦争によって疲弊したフランスは競争に対抗できないので、この不安は正当であるが、正常な時期にはこの種の不安は妥当しない。しかし、同時に、市場拡大の利点が経済的社会的なリスクを過小評価させてはならない、と考える。

経済的リスクは、過度に専門化を進め、少数の市場に経済全体を依存させることであるが、フランスのように「複合経済」を維持する国には、このリスクは理論上のものにすぎない。社会的なリスクは、地域間あるいは産業間の不均衡が拡大する可能性である。このリスクに対処するために、「打撃を受ける生産者が破局しないで移動や活動の変更を行えるように、変化は漸進的に実現されるべきである」。また「生産性だけを考慮して社会的均衡を犠牲にすること」、逆に、「余りにも人為的に状況を固定し、結果として民衆の生活水準の向上を阻害すること」をともに回避するために、非効率部門の保護を避けながら社会的に重要な部門を保護すること、工業分散政策によって農村を維持することが追求される[62]。

このように社会的リスクへの配慮や一定の保護主義政策を容認し、CAEDに比べて自由貿易に対して慎重な立場を示したクルタンにとって、市場拡大の具体的なイメージはどのようなものか。彼は、地域（西欧）、大陸（全ヨーロッパ）、大陸間（ユーロ・アフリカ）、大西洋（西欧とアメリカ）、全世界という考えられる解決策の中で、「感情的、政治的にヨーロッパ的より大西洋的である

と感じているフランスにとって、大陸ならびに大陸間の解決は受け入れられないように見え」、また「世界連邦が現実的となるには連合は緊密すぎる利害の共有を前提する」ので、残る可能性として地域的解決と大西洋的解決を挙げる。しかし「前者は狭すぎ、市場の十分な拡張を可能にしないように見え」、「後者はフランスに小さすぎる場所しか残さないという不便を持っている」と考えられた。結局、世界状況の展開を見極めながら、具体的な形を決定することが可能となるように、「混合組織」を構想することが、彼の提案となる。西欧諸国（フランス、ベネルクス、スイス）を統合する「経済的単位が、すべての大西洋諸国が参加し、同様の政治的経済的原則に動かされるすべての国民に開かれたより大きい連合に加盟しなければならない」、と述べるように、この「混合組織」は、大西洋同盟の中に形成される西欧地域同盟であった。クルタンにとって、この二重の連合組織は、保護主義の廃止、「反トラスト法」の実施、「通貨同盟」の結成に支えられる[63]。

クルタンに代表されるレジスタンスの統合構想は、ナチス広域経済の中で農業・奢侈品への専門化を受け入れるヴィシー多数派の管理経済の構想、自由貿易と垂直的な国際分業・専門化をめざすCAEDの自由主義のいずれとも異なっている。それは「複合経済」を志向し、自由貿易を基本としながらも、そこに孕まれる経済的社会的リスクへの対策として保護主義や均衡維持のための政策を提案する点で、産業アンタントに関する違いを除けば、ブロカールやマルシャルの立場に接近していた。

この報告は、レジスタンスの中で、Ch. リストのような自由主義経済学者から「行き過ぎた管理経済論」との批判を浴びたが、逆に多数派からは「構造改革」視点の不十分さを批判された[64]。その結果、レジスタンス勢力の統一綱領となる全国抵抗評議会（CNR）綱領（1944年3月）は、国有化と経済計画を柱とする国内の「構造改革」政策に力点を置いた。一方、43年、アルジェの「全国解放戦線（FNL）」の内部において、J. モネ等によってベネルクスとの同盟を軸とするヨーロッパ経済同盟の構想が提案された。それは連合国が戦後、自由多角的な国際経済秩序を構想していることを察知し、時間と空間の両面で

「段階的」自由化を行うことを提案した。この自由化構想の中で、ヨーロッパ経済同盟は、段階的自由化のための「限定された空間」に対応していた[65]。しかしこの統合構想は、エコノミスト不在のもとで提案された[66]。したがってクルタンの統合構想は、レジスタンス内部で戦後の政策構想を練っていた政治指導者たちの戦後構想に直接影響を与えた訳ではない。それは、また30年代の統合構想を基礎としながらも、大西洋主義への傾斜が示すように、アメリカの強い影響など、第2次大戦期の新しい要素を反映していた。

Ⅲ　戦後再建期のヨーロッパ統合政策とエコノミスト

1　2つの自由主義的統合論

　第2次大戦直後、エコノミストの主たる関心は国内問題に向けられ、自由主義者と管理経済論者の間で論争が繰り広げられた。もっとも自由主義者も、戦間期の経験を経て一定の国家介の必要を認めており、基本的問題は国家介入の程度であった。レジスタンスへの積極的参加が少なかったために企業家の権威が失墜していたことや、生産力構造の抜本的再編をめざす経済近代化が最大の関心となったことによって、戦後、管理経済論は世論の支持を受け、国有化と経済計画を梃子とする近代化政策が実施された[67]。

　国内経済政策とは逆に、統合のイニシャティブは、まず自由主義者に握られた。それはドイツの敗北によって統合思想が世論にマイナスのイメージを与えたこと、ロンドンに拠点を置く各国亡命政府の間でナチスの新秩序構想に対抗して自由主義的統合が模索されていたことに因る[68]。この動きの中で、イギリスとの同盟を中軸に、対米協調＝大西洋主義と連携し、貿易制限撤廃・経済自由化を中心とする「国際的な反管理経済」が提唱された。この方向は、レジスタンス運動を引き継いだ「ヨーロッパ運動」に影響を与えた。アレは、「ヨーロッパ運動」の中心を担う連邦主義者の団体「ラ・フェデラシオン」の理論的支柱となり、ヨーロッパ連邦の結成を基盤として、「権威的計画の放棄」と「国

際分業の発展」によるヨーロッパ経済の生産性の飛躍的上昇と「生活水準のアメリカへの接近」が実現されると説いた[69]。ヨーロッパ統合は、管理経済の行き過ぎを是正する手段であった。

ドイツの敗北はアウタルキーと閉鎖経済に対する批判を強め、この風潮に支えられ国際分業論者は国民経済と閉鎖状態を同一視し、国民経済学派の統合論を批判した。自由主義者は、戦前のブロック経済に対する反省を梃子として、国際分業論の観点から経済同盟の利益を説き、ヨーロッパ経済同盟の枠内で「比較優位」の立場からヨーロッパ経済の専門化が発展することのメリットを強調した。

この立場には2つの立場が存在した。1つは、CAEDのように、全ヨーロッパにおいて即時全面的な自由貿易をめざす立場であり、相互補完的な経済の間の関税同盟ほど利益が大きいと考えた。これに対して、クルタンは関税同盟の段階的拡大を主張するとともに、補完的経済間の同盟を長期的に見て完全な誤りと指摘し、CAEDの立場と一線を画した。彼によれば、「農業活動と工業活動の相対的生産性が異なる複合経済の間」で実現される同盟が、「構造の革命的変化」という「より多くのしかもより大きな犠牲」を課すが故に有益であった[70]。彼にとって、自由貿易がもたらす競争は生産性上昇、合理化、専門化にとって必要であり、この点から補完的関係ではなく競争的関係の下で経済統合を行うことが有益であった。専門化を統合の効果として指摘しながら、彼は農工分業型の垂直分業に基づく専門化ではなく、産業内分業に基づく水平的専門化を想定していたのである。

さらにクルタンは、CAEDのように、市場の自動調節機構だけで均衡が達成されるとは考えない。国家の活発な介入が行われ、労働組合による賃上げ圧力が強まり、組織された生産者が生産制限的な行動をとる状況の下では、「通貨・経済・社会政策が各加盟国の占有物にとどまるならば、経済同盟は分離主義に侵食される。したがって経済政策全体が調整され、連邦機関に委ねられなければならない」[71]。最適部門への専門化という構造改革が実現されるためには、政府・議員がそれに附随する摩擦や反対に対する「伝統的責任を放棄し」、連

邦組織が「国益」を克服することが必要となる。このようにクルタンは、アレと同じく、経済同盟が国家主権の委譲を伴う連邦的な政治同盟に発展する必要を説いた。

第2次大戦中、自由競争の弊害を緩和する観点から保護主義の必要性を説いていたクルタンは、このように1948年になると、複合経済を根拠とした保護主義に批判的となった。「アウタルキーの幻想を原則的に否認しながらも、各国民は、隣国を当てにする必要がないような経済を発展させることを要求されている。いたるところで、輸出増加と輸入減少によって、人々はできるだけ複合経済を形成することを目指している。その結果、われわれは再度完全な重商主義に浸りこんだ。さらに数年、いや数ヵ月この方向を続けるならば、修正が極度に困難な構造の中に置かれるであろう」。この頃、ヨーロッパ統合は戦後数年間の停滞を脱しつつあった。彼は、保護主義が強まる前に、ヨーロッパを自由主義という「新しい型に流し込む」必要を痛感していた。さらに、かつて段階的な経済同盟を主張していたクルタンは、49年に全ヨーロッパの統合を支持するにいたる[72]。

2　管理経済論者の経済統合論

クルタンがこの頃自由主義的統合へ駆り立てられた理由は、経済近代化計画（モネ・プラン）がマーシャル援助を受けて軌道に乗り、それに伴って戦後の一時期影を潜めていた管理経済的統合論がふたたび動き出したことへの警戒であった。この動きには2つの立場があった。1つは、戦前の国民経済学派の構想を継承した「複合発展論」の統合構想であり、もう1つは、社会主義者の統合構想である。

第1の立場は、A. スミスの「交換価値論」に基づく自由貿易論とF. リストの「生産力論」に基づく保護貿易論の「総合」を掲げ、自由主義とディリジスム、自由貿易・自由競争と保護貿易・規制を二分することを拒否した「複合発展」論である。その代表格であるA. マルシャルによれば[73]、自由貿易＝国際分業論の誤りは、「地域や国家においてさまざまな活動形態を結びつける連

帯の絆を無視し」、あらゆる保護を「事物の自然の流れに逆行する人為的な状態を不可避的に作り出す」とみなす点にある。これに対して、「複合発展」論は、「空間と時間の両面で現れる連帯の思想」に基づいている。それは、まず国民(ナシオン)の枠内における資源の多様性を重視する「空間の連帯」理論であり、比較優位の生産に専門化することを説く「交換価値論」と対立する。「生産力論」は国民的連帯と保護主義を説く点で進歩であるが、工業保護主義に限定される点で時代遅れである。これに対して、「複合発展」論は、精神的な活動を含めて、国民的繁栄に寄与するあらゆる種類の活動の連帯を説き、「生産力論」のように工業保護関税に限定せず、「国家介入主義の原則を正当化する」。「いかなる形態の活動も他の活動と協力するがゆえに無視されえないので、国家の援助は、関税保護の形態だけでなく規制の形態も正当化する」からである。

　さらに「複合発展」論は、時間的な連帯を説く。自由貿易論は、人間の欲求や資源が時間とともに変化することを無視し、現在だけを見た「静態理論」である。一方、保護貿易論は、有機体としての国民の進化を説く「動態理論」であるが、将来のために現在を犠牲にする点で欠陥を持つ。これに対して、「複合発展」論は、「現在と将来の連帯の思想」である。現在何かを失うことは、将来、国民に不利な影響を及ぼす可能性があるが、現在コストがかかるものを獲得することは、将来、国民に有利に働く可能性がある。しかし将来のために現在を犠牲にするべきではなく、関税保護には限界が画されねばならない。「空間の連帯」は「全般的な保護主義」を正当化するが、「時間の連帯」は保護主義に限界を画する。当該産業が保護の下で発展するにつれて、国際競争力を持つようにコスト引下げが可能となる場合のみ、保護は有効である。政府が選挙目当てに将来発展の可能性のない活動を保護することは正当化されないが、将来の発展の可能性があれば、現在「比較優位」がない地域や産業を存続させる国家介入（保護関税・規制政策）は正当化されるべきであった。

　戦前、リヨン大学教授であった A. フィリップは、社会主義者の立場から管理経済論的統合を主張した。彼は、ヨーロッパ諸国の完全な復興の条件として「単一の大市場」の創出を挙げるが、「単一のヨーロッパ大市場の創出は、経済

的自由主義と自由競争の方法によって達成することはできない」と考え、「自由な商品の移動を妨げている関税・輸入割当の廃止だけで十分と言う自由主義経済の保守的支持者」を批判した。彼によれば、自由貿易に伴う「適応危機」への対処、各国の復興計画・輸出入計画・投資計画の調整のような経済的統一、加盟国間の専門化交渉に関与する産業アンタントの監督、西欧経済全体の発展に影響するルール資源を始めとする電力・鉄鋼・石炭・交通など基本産業のヨーロッパ共同の管理は、「ヨーロッパ公的機関」の形成を必要とする[74]。

　「ヨーロッパ運動」に属するエコノミスト、経営者、サンディカリストなどが結集して1949年4月に開催された「ウェストミンスター経済会議」において、フィリップは「基礎産業委員会」の議長として、対立する2つの立場の合意に努力した[75]。彼によれば、「関税障壁の削減・撤廃を提案する決議、すなわち非常に明白に自由主義的な方向の決議の審議だけを行うことを要求する」クルタン、アレ、リュエフらの立場は、「自由貿易の実現を目的とし、ヨーロッパ人である前に根本的に自由主義者である」。他方、管理経済論者は、「ヨーロッパの問題を何よりもヨーロッパ機関の創設とみなす人々」であった。後者の基本的関心は、自由主義者のように、「国民的制度を破壊すること」だけでなく、「ポジティブな制度によってヨーロッパの経済生活を発展させる共同計画を確立すること」にあった。

　「基礎産業委員会」における最大の争点は、「投資の調整、生産計画、市場の研究、標準化と専門化、研究の調整」など、産業の「組織化のための共同努力」を行う方法に関するものであった。1つの立場は、調整の努力を職業組織＝アンタント（ただし公開性と公的機関による監督を条件とする）に委ねた。もう1つは、調整を公的機関に委ねる立場であった。結局、委員会は、「国家的傾向と職業的傾向の間の均衡」という立場から、「ヨーロッパ公的機関」、産業レベルの諮問機関（労使・消費者・一般利益代表から構成される）、アンタントによる3重の構造を決議案として採択し、総会に提案した。クルタン・アレ・リュエフは、総会で委員会の提案を批判し、修正案を提案した。それによれば、経済統合は、「産業の専門化と立地の変化」という「根本的変化」をもたらす

限りで有益であった。したがって、「国家と職業団体のいずれによっても、必要な調整を挫折させるような措置がとられるべきではなく、とくに価格と市場分割のアンタントは厳格に禁止されるべきである」。彼らは、このような調整を「間接的な国民的保護主義」と捉え、「単一ヨーロッパの形成に無縁な」決議を総会が採択しないことを要求したのである。

　フィリップの説得によって修正案は撤回され、結局、「アンタントの容認は基礎産業に限定する」ことを明確にして、ほぼ原案通り採択された。この撤回は、「私は社会主義者であるが、全くヨーロッパがないよりも自由主義的ヨーロッパを選ぶ。逆に、自由主義者は全くヨーロッパが存在しないよりも社会主義的ヨーロッパを選ぶだろう」、とフィリップが指摘したように、統合を軌道に乗せたいとの共通の願いによる現実的対応の帰結である。この経緯は、1950年5月のシューマン宣言によって統合の制度化が始まる時点でも、「自由主義的道」と「契約的道」、「自由貿易のヨーロッパ」と「管理されたヨーロッパ」の間の対立が続いていたことを物語っている。しかし、それは同時に、現実の統合政策が、統合に対する強い意思を基礎に、対立的な意見の妥協として形成される可能性を示唆していた。

Ⅳ　おわりに

　著名な国際経済学者 J. ヴェイエは、ECSC 設立後に発表した論文の中で、「新しい経済協力の方法」という観点から、シューマン・プランの意義を評価した[76]。それによれば、当時 OEEC とヨーロッパ決済同盟（EPU）の枠内で取組まれていた貿易自由化は、「世界貿易の発展に新たな障害を設けない」という「消極的命令の長所」を持ち、それゆえ「計画主義的性格を排除した断固とした自由主義的政策」と「地域的レベル」の取組みを否定する「国際主義」と「普遍主義」を特徴とし、「自由貿易の古い教えに威信を保証する単なる自由化政策」であった。ヴェイエは、「地域同盟」を掲げるシューマン・プランが、経済統合を否定する「一国的ディリジスムの重なり合い」と「ディリジス

ム撃退の希望」を抱く自由主義的な「伝統的関税同盟」をともに拒否し、統合に生産性上昇を可能にする技術革新、構造変化、「創造的破壊」を期待しながら、同時に、それに附随する「急激な排除」や「否定的側面」を回避するために、国際協力の建設的で活発な政策を実現すること、とくに「投資政策の調整」によって参加国の技術革新と発展のリズムを調和させ、「釣り合いのとれた成長という思想」を追求することを評価した。ECSCの意義は、自由と保護・規制、自由競争と管理経済といった二分法を超える新しい国際協力の可能性を提示した点に求められたのである。

ECSCについては、カルテル原則禁止や石炭鉄鋼資源の自由な移動に着目して自由競争的性格を指摘する評価と「最高機関」による規制的活動に着目して管理経済的性格を指摘する評価が対立している[77]。この評価の対立が示すように、ECSCは複合的性格を持っていた。その理由は、政治的に見れば、フィリップが指摘した妥協にあろう[78]。同時に、戦間期の国民経済学派の統合論から第2次大戦後の複合発展論にいたる統合理論が、「総合」的性格を持っていたことを看過してはならないであろう[79]。最後に、冒頭に指摘した課題について、本稿の検討から導かれる結論を述べよう。

第1に、1920年代半ばの経済統合路線優先、30年代における地域経済同盟と「管理されたヨーロッパ」の構想、ECSCに繋がる複合発展論が示すように、ヨーロッパ統合構想の展開過程において、エコノミストの言説はしばしば独自性を示した。政治的指導者が、これらの言説からどの程度影響を受けたかは不明であるが、モネの側近としてシューマン・プランやスパーク報告（56年4月）の作成に関与したエンジニア・エコノミスト、P. ユリのECSCとEEC（経済共同体）に対する評価が、複合経済＝発展論の系譜に属するエコノミストの言説に酷似していることは、現実の政策への影響を窺わせる[80]。

第2に、統合の方法に関して、エコノミストの間でも「自由主義的道」と「契約的道」という2つの立場が見られた。両者の力関係は、時代の状況に影響されて変化した。また、自由主義的統合論者が前者に、管理経済論的統合論者が後者に、それぞれ重点を置いていた点に有意味な違いが認められるとしても、

両者の関係は必ずしも排他的ではなかった。

　第3に、エコノミストの言説を検討することは、統合史上における1930年代の位置づけの再検討を促す。とくにナショナリズムと保護主義に関する部分的な肯定的評価や管理経済論的統合論は、第2次大戦後の統合の制度化を支える構想と政策の形成に影響を与えたと考えられる。第2次大戦後に再建された世界経済秩序は、一般に、両大戦間、とりわけ30年代の世界経済秩序の裏返しと考えられている。30年代の統合構想の検討は、この通説的歴史像に重ね合わせてヨーロッパ統合を把握することの陥穽を示しているように見える。

1）　ロベール・フランク（廣田功訳）『欧州統合史のダイナミズム──フランスとパートナー国』（日本経済評論社、2003年）第2章参照。
2）　たとえば、A. S. Milward, *The European Rescue of Nation-State* (London, 1992).
3）　ここで言うエコノミストの中には、大学・研究所の経済学者だけでなく、いわゆる「エンジニア・エコノミスト」や経済評論家を含めている。
4）　G. Bossuat (dir.), *Inventer l'Europe, histoire nouvelle des groupes d'influence et des acteurs de l'unité européenne* (Peter Lang, 2003) ; M. Dumoulin (dir.), *Réseaux économiques et construction européenne* (Peter Lang, 2004).
5）　企業家の役割については、フリダンソン，パトリック（廣田愛理訳）「ヨーロッパ統合におけるフランス──政治家のヨーロッパか企業のヨーロッパか（1920-90年）」木畑洋一編『ヨーロッパ統合と国際関係』（日本経済評論社、2005年）所収参照。
6）　フランスのエコノミストの言説と役割については、O. Dard, "Les économists des années 20 aux début de la construction européenne", G. Bossuat (dir.), *op. cit.*, pp. 143-155. がある。
7）　E. Bussière, "L'intégration économique de l'Europe au XXᵉ siècle : processus et acteurs", *Entreprises et Histoire*, N° 33 (2003) pp. 12-24.
8）　この点については、拙稿「両大戦間期フランスにおける経済統合構想」秋元英一、廣田功、藤井隆至編『市場と地域──歴史の観点から』（日本経済評論社、1993年）参照。
9）　L. Badel, *Un milieu libéral et européen, le grand commerce français, 1925-1948* (Paris, 2002).
10）　A. S. Milward, *op. cit.*.

11) カール・ポラニー（吉沢英成訳）『大転換』（東洋経済新報社、1975年）。
12) パン・ヨーロッパ運動については、J. Cristu, *L'Union Douanière Européenne, ses conditions et ses difficultés* (Paris, 1928) ; J. -L. Chabot, *Aux origines intellectuelles de l'Union européenne, L'idée d'Europe unie de 1919 à 1939* (Grenoble, 2005) ; Y. Muet, *Le débat européen dans l'entre-deux-guerres* (Paris, 1997) ; L. Jilek, "Pan-Europe dans les années 20 : la recéption du projet en Europe centrale et occidentale", *Relations Internationales*, No. 72 (hiver, 1992). 参照。
13) L. Morselli, *Francis Delaisi et l'Europe*, Mémoire de Maitrîse (Université de Paris 1, 2001) p. 67.
14) J. -L. Chabot, *op. cit.*, p. 80.
15) F. Delaisi, *Les contradictions du monde moderne* (Paris, 1925).
16) このようなアメリカ論と欧米比較論は、1920年代に広く浸透し、ヨーロッパ主義者の経済構想の背景となっていた。この点については、前掲拙稿および拙稿「両大戦間期フランス資本主義とアメリカニズムへの対応」『土地制度史学』143号（1994年）参照。
17) UDE については、H. Truchy, "L'Union douanière européenne", Académie de Droit International, *Récuil des cours*, 1934, II (Paris, 1934) ; E. Milhaud, "L'organisation économique de la paix", Académie de Droit International, *Récuil des cours*, 1926, V (Paris, 1926) ; J. -L. Chabot, *op. cit.*, pp. 78-84. 参照。
18) J. Marchal, *Union douanière et organisation économique* (Paris, 1929).
19) H. Truchy (1934) *op. cit.*, p. 584.
20) F. Delaisi, *Les deux Europes* (Paris, 1929).
21) H. Truchy, "La coopération européenne et la politique douanière", *Revue Politique et Parlementaire*, Tome CXLI, No. 421 (10 decembre 1929) p. 384.
22) H. Truchy (1929) *op. cit.* ; Do., "Vers l'entente douanière des pays", *Revue Economique Internationale* (novembre 1927) ; R. Courtin, "Essai sur l'organisation et l'activité économique de la Société des Nations", *Revue d'Economie Politique* (septembre-octobre 1929).
23) H. Truchy (1934) *op. cit.*, p. 601.
24) *Ibid.*, p. 602.
25) *Ibid.*, p. 603 ; L. Badel (2002) *op. cit.*, p. 188.
26) 以上の経過については、S. Schirmann, *Crise, coopération économique et financière entre Etats européens 1929-1933* (Paris, 2000) pp. 31-66 ; L. Badel, "Trêve douanière, libéralisme et conjoncture (septembre 1929-mars 1930)", *Relations In-*

ternationalles, N° 82 (1995) pp. 141-161 ; E. Bussière, "L'organisation économique de la Société des Nations et la naissance du régionalisme en Europe", *Relations Internationalles*, N° 75 (1993) pp. 301-313.
27) H. Truchy (1934) *op. cit.*, p. 601.
28) A. Demangeon, "Les conditions géographiques d'une union européenne. Fédération europénne ou entente régionale ?", *Annales d'Histoire Economique et Sociale*, No. 17 (1932).
29) J. Marchal, *op. cit.* ; L. Brocard, *Principes d' économie nationale et internationale*, 2 vols. (Paris, 1929-30).
30) L. Brocard, *op. cit.*, Tome I, p. 137.
31) *Ibid.*, pp. 138-139.
32) この用語法については、J. Gillingham, *European Integration 1950-2003, Superstate or New Market Economy* (Cambridge, 2003). 参照。
33) ルシュールの統合構想については、前掲拙稿「両大戦間期フランス資本主義」参照。
34) H. Truchy (1929) *op. cit.*, pp. 395-396 ; Y. Le Trocquet, "L'Union douanière européenne", Comité National d'Etudes Sociales et Politiques (séance du 27 janvier 1930).
35) J. Marchal, *op. cit.*, pp. 139-143.
36) L. Brocard, *op. cit.*, Tome I, pp. 292-299.
37) *Ibid.*, p. 175.
38) この点については、拙著『現代フランスの史的形成──両大戦間の経済と社会』（東京大学出版会、1994年）76-78頁、189頁参照。
39) H. Truchy (1934) *op. cit.*, p. 625.
40) L. Brocard, "Les nouveaux fondements du protectionisme industriel", *Revue d' Economie Politique*, Vol. 47, N° 2 (1932) pp. 380-402.
41) 同じ特集号の中で、農業経済学者のオージェ・ラリベ（M. Augé-Laribé）も保護主義を弁護した。彼はフランス経済の「農工均衡」の構造を理由に、自由貿易主義者の専門化論を拒否し、「国際貿易の問題は、少しずつ、まずほとんど似た習性と状況をもっている近隣諸国の間で解決されねばならない」、と説いた。M. Auge-Laribe, "Nouveaux fondements du protectionisme agricole", *Revue d'Economie Politique*, Vol. 47, N° 2 (1932) pp. 363-379.
42) A. Marchal, "Lucien Brocard et l'économie nationale", *Revue d'Economie Politique*, Vol. 51, N° 4 (1937) pp. 1235-1262.

43) H. Truchy (1934) op. cit., p. 625.
44) この点については拙稿「フランスの近代化政策とヨーロッパ統合」廣田功・森建資編『戦後再建期のヨーロッパ経済』（日本経済評論社、1998年）；ロベール・フランク前掲訳書、第3章（フランス経済近代化政策とヨーロッパ統合）参照。
45) L. Badel (2002) op. cit., pp. 188-189.
46) R. Courtin, "Essai sur l'organisation et l'activité économique de la Société des Nations", Revue d'Economie Politique, Vol. 43, No. 5 (septembre-octobre 1929).
47) H. Hauser, "La concurrence internationale et le problème de l'économie dirigée", Revue Economique Internationale (avril, 1937).
48) L. Badel (2002) op. cit., pp. 189-192.
49) Ibid., pp. 178-183, 283-288, 311.
50) S. Shirmann, Les relations économiques et financières franco-allemandes 1932-1939 (Paris, 1995) pp. 214-215, 225-236.
51) Nouveaux Cahiers (1er 15 novembre 1938).
52) G. Brun, Technocrates et technocratie en France 1914-1945 (Paris, 1985) p. 116.
53) F. Delaisi, La rèvolution europènne (Paris, 1942).
54) A. Dauphin-Meunier, Produire pour l'homme (Paris, 1941) p. 348.
55) Ibid., pp. 405-410.
56) Ibid., p. 413.
57) クレマンテルの地域主義については、拙稿「第1次大戦期フランスのレジョナリスム」遠藤輝明編『地域と国家——フランス・レジョナリスムの研究』（日本経済評論社、1992年）所収、参照。
58) L. Badel (2002) op. cit., p. 321.
59) フランクは、第2次大戦とヨーロッパ統合構想の関連について、大戦の惨禍がナショナリズムに対する反省を媒介として統合構想に有利に作用したことを一面的に強調する神話を批判し、ナチスとの結びつきのゆえにヨーロッパ統合構想が汚され、戦後直後統合構想が不人気であったことを指摘している。A. Fleury, R. Frank (dir.), Le rôle des guerres dans la mémoire des européens (Peter Lang, 1997).
60) これらの自由主義エコノミストは、戦後、CAEDと緊密な関係を持ち、自由貿易の推進をめざす「ヨーロッパ経済協力同盟（LECE）」の活動に協力した。
61) R. Courtin, Rapport sur la politique économique d'après-guerre (Algers, 1944).
62) Ibid., pp. 45-47.
63) Ibid., pp. 48-49.
64) M. Margairaz, op. cit., p. 733.

65) *Ibid.*, pp.752-755 ; G. Bossuat, *La France, l'aide américaine et la construction européenne 1944-1954*, 2 vols.（Paris, 1992）pp. 74-76.
66) O. Dard, *op. cit.*, p. 151.
67) この点に関する文献は多いが、さしあたり、R. F. Kuisel, *Capitalism and State in Modern France*（Cambridge U.P., 1981）; M. Margairaz, *op. cit.*, 参照。
68) M. Dumoulin（dir.）, *Plans des temps de guerre pour Europe d'après-guerre*（Bruxelles, 1995）.
69) M. Allais, *Aspects économiques de la Fédération européenne*（Paris, 1947）.
70) R. Courtin, "Le problème de l'union économique européenne", *Revue d'Economie Politique*（Tome LV Ⅲ, 1948）pp. 367-393.
71) *Ibid.*, p. 386.
72) R. Courtin, "Une Union économique de l'Ouest est-elle possible ?", *L'Année Politique et économique*, Vol. 21（1948）; Do., "French Views on European Union", *International Affairs*, Vol. XXV（1949）.
73) A. Marchal, "La notion d'économie complexe", *Revue d'histoire économique et sociale*, Années No. 2（1940-47）; A. Marchal, *L'économie solidaire*（Paris, 1960）（赤羽裕、水上萬理夫訳『統合ヨーロッパへの道』〔岩波書店、1969年〕）. をも参照。
74) A. Philip, "L'unification économique de l'Europe", *Cahiers du Nouveau Monde*, Vol. 5, No. 3（mars 1949）.
75) 以下、ウェストミンスター経済会議の討議内容については、Archives des Comminautés européennes, Florence, *Mouvement Européen*, No. 1130. による。
76) J. Weiller, "Les objectifs économiques d'une coopération durable", *Economie appliquée*（oct. -dec. 1953）.
77) 前者の評価については、石山幸彦「シューマン・プランとフランス鉄鋼業（1950-1952年）」『土地制度史学』第140号（1993年）; M. Kipping, *La France et les origines de l'Union européenne*（Paris, 2002）. 後者については、J. Gillingham, *op. cit.*, 参照。
78) G. ボシュアは、フランスの統合政策における自由貿易派と保護貿易派の妥協を指摘している。G. Bossuat, *L'Europe des Français, 1943-1959*（Paris, 1996）.
79) ミルワードは、戦後の通商政策の特徴を自由主義と保護主義の「特殊な混合」である「新重商主義」と規定し、ヨーロッパ統合をそれに基づいた新しい国際通商関係と捉えている。A. S. Milward, *op. cit.*, p. 130, 222.
80) P. Uri, "La prospérité par l'union", *La Politique Etrangère*, Vol. 77（printemps, 1952）; Do., "Harmonisation des politiques et fonctionnement du marché", *Revue Economique*（Mars, 1958）.

第Ⅱ部　戦後復興期から高度経済成長期へ

第5章　1949年のポンド切り下げと英欧関係の転換

工藤　芽衣

はじめに

　カイザー（W. Kaiser）は、戦後イギリスの政策決定者の間で「3つの円環」と呼ばれる政策理念が支持されていたことが、イギリスの「ヨーロッパ統合」への積極的関与を妨げてきたと言う[1]。「3つの円環」とは、英連邦、アメリカ、ヨーロッパを世界の重要地域であるとしながらも、中でも英連邦がイギリスにとって最重要で、ヨーロッパは英連邦やアメリカに次ぐ重要性しかないとするものである。これは、カイザーのみのならず、イギリスの対ヨーロッパ政策に対する通説でもある[2]。この議論に従うと、英米関係やスターリング圏維持がヨーロッパへの関与と相容れなかったために、第1次EEC加盟申請を行うまでイギリスは「ヨーロッパ統合」の過程に関与しなかったことになるであろう。しかし、英欧関係のこうした認識は一面的なものでしかない。なぜなら、戦後ヨーロッパ経済の復興過程の下でのイギリスの経済的役割を考察するならば、イギリスによる貿易決済の自由化が、ヨーロッパ復興のカギとしての意味もあったことが明らかとなるからである。また、イギリスがヨーロッパの地域的経済圏構築には消極的でありながらも、英米関係の結果として、「ヨーロッパ統合」に関与せざるをえなかったことも理解されることになるであろう。

　戦後ヨーロッパにとってイギリスは次の点から重要であった。第1に、ヨーロッパ諸国にとり、スターリング圏は戦後のドル不足下においてドルを節約し

ながら復興に必要な原料を購入できる効率的な物資調達源だった。第2に、世界的なドル不足の中で各国はドルを節約しながら戦後復興に必要な物資を調達しなければならなかったが、ポンドはドルに次ぐ国際通貨としてヨーロッパ諸国が幅広く利用していた。ポンドが交換性を回復した場合には、ポンドと引き換えにドルを獲得することも可能だった。一方、このことは、ドルを十分持たないイギリスにとっては、時期尚早な交換性回復によってイギリス経済が破綻する危険性を伴っていた。そしてこの危険性は、ポンドの交換性回復による自由多角化への復帰を戦後目標としていたイギリスが、1952年まではポンドの交換性回復に積極的になれなかった理由であった。

　第3に、イギリスはヨーロッパの中で唯一ドイツに対する対抗勢力になりえた。それ故に、フランス政府とアメリカ政府は、1940年代後期には「ヨーロッパ統合」にイギリスが関与することを望んだ。例えば、ボシュア（G. Bossuat）によると、戦後間もない頃は、フランス政府はイギリスとの密接な関係を維持した形で、将来のヨーロッパ経済同盟につながるようなヨーロッパ経済計画を構想していた[3]。また、ホーガン（M. J. Hogan）などの研究によると、アメリカ政府は当初「ヨーロッパ統合」の主導権をイギリスに期待していたというのである[4]。

　しかし、1949年がフランス政府やアメリカ政府の対ヨーロッパ政策の転換点ともいうべき年となった。49年、OEEC長期復興計画作成における英仏協力が挫折した後、フランス政府はブルム＝バーンズ協定以来存在していたもう一方の政策路線である独仏協力の実現に向けた歩みを速めることになるからである[5]。また、49年のポンド切り下げにより、アメリカ政府は「ヨーロッパ統合」の主導権をイギリスに期待しなくなり、以後フランス主導のヨーロッパ復興政策を支持するようになるが、一方では、ヨーロッパ復興におけるスターリング圏の重要性を認識し、その意味で英米関係の重要性が強調され、イギリス政府も英米関係の強化を迫られることになるのである[6]。

　この1949年のポンド切り下げについて、外交史の分野ではヤング（J. Yong）が説明を行っている。ヤングは、英欧協力に熱心であった当時の英外相ベヴィ

ン (E. Bevin) の存在にもかかわらず、結局はイギリスは欧州と距離を置き、英米関係を選択したということを説明する過程において、1949年のポンド切り下げを契機とした英米関係の強化と、英欧協力の挫折を指摘している[7]。

　このような議論は一見、1949年を転換点としてイギリスとヨーロッパの関係はネガティブな変化を遂げたことを意味しているように見える。しかし、49年のポンド切り下げが単なる英米接近と英欧関係の分裂ではなかったことに着目することが重要である。スターリング圏の存在を多角化実現の障害であるとして批判し、金融援助を通じてその解体を迫っていたアメリカ政府は、49年のポンド危機によって単純にスターリング圏の保護を擁護するようになったのではない。今度はヨーロッパの戦後復興におけるスターリング圏の重要性を強調することで、スターリング圏をヨーロッパ復興のために利用させ、それによって多角化を実現しようとしたに過ぎない。そのためにニュートン (S. Newton) は49年を契機とした英米関係の強化が、英米の対等なパートナーの確立ではなく、イギリスのアメリカへの従属であったと評価している[8]。

　英欧関係に関する以上の先行研究を手がかりとしながら、本稿では、第2次大戦後のイギリスの戦後復興過程における英米関係の変化と、それによる英欧関係に変化についての考察を行う。具体的には、1947年交換性回復の失敗、49年ポンド切り下げを通じた、アメリカ政府のスターリング圏認識の変化と、その帰結としてのイギリスによるEPU加盟までの過程を考察する。

I　1947年ポンド交換性回復の失敗

　はじめに、第2次大戦後の戦後復興過程において、イギリスが貿易決済の自由多角化を実行するにあたり、如何なる障害が存在していたのかを考察し、ポンド残高がその障害であったことを指摘する。さらに、1945年の英米金融協定の条件として受諾した47年のポンド交換性回復の実現が、ポンド残高保有国からのドル引き出しによって挫折した過程を跡付ける。

1 貿易決済の自由多角化実現の障害

　第2次大戦後、アメリカによるイギリスへの自由多角化への移行要求は、主に通貨の側面を通じて行われた。1947年7月のポンドの交換性回復要求、49年9月のポンド切り下げ要求である。しかし、イギリス政府が通貨面でのアメリカの要求に応えるには困難があった。なぜならば、イギリスは巨額のポンド残高を抱え、また国内の完全雇用政策を維持しながら対外的自由化を図らなければならなかったからである。

　まず、ポンド残高問題である。第2次大戦中、全資源を戦争に集中させることを目的として、イギリスでは輸出削減努力が行われ、またインド、エジプトに対し膨大な軍事出費が行われたが、その結果としてポンド残高と呼ばれる巨額の債務を蓄積することになった。のみならず、第2次大戦中、イギリスは諸外国との間に「特別勘定」を設けていたが、そこで生じた支払い不足もポンド残高の蓄積に加担していた。その結果、1946年末には海外で保有されているポンド残高は総額37億ポンドであり、そのうちスターリング圏諸国が24億1700万ポンド、その他諸国が12億8400万ポンドを保有していた[9]。これに対しイギリスの保有する金・外貨準備はポンド残高に比して非常に少なく、48年には金・ドル準備高はポンド残高の7分の1程度に過ぎなかった（表5-1および、図5-1）。これらのポンド残高には、オランダ、ノルウェー、ポルトガル、ベルギー、フランス、スイス、スウェーデンとの戦時の通貨協定から生じたものもあった。戦時の通貨協定では、2国間の決済はすべてポンドで行われていたため、ヨーロッパにもポンド残高が蓄積していたのであった[10]。このポンド残高の存在により、イギリスが時期尚早にポンドの交換性を回復しても、それを維持することが出来ないであろうと予想されていたのである。このことは、47年のポンド交換性回復失敗の過程で露呈することになる。

　第2に、国内政策と対外均衡の問題である。この問題は、既にブレトンウッズの英米交渉時から明らかになっていた。ブレトンウッズ協定作成の意図には、1930年代の世界恐慌、各国経済の保護主義化が世界経済の崩壊を招いたという

表5-1 1945年末のポンド残高

(単位:100万ポンド)

スターリング圏	ドル圏	その他西半球	OEEC諸国	その他	合計
2397	34	163	351	622	3567

出所:HMSO, Economic Trend (May 1958).
出典:内田勝敏『国際通貨ポンドの研究』(東洋経済新報社、1976年) 40頁。

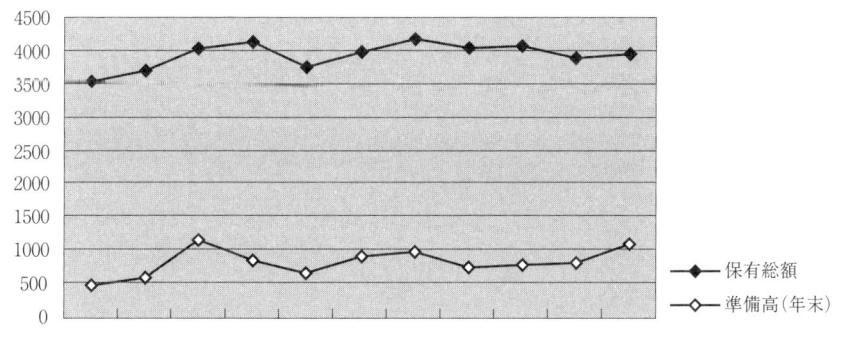

図5-1 1948〜1958年のポンド残高、金外貨準備高の推移

(単位:100万ポンド)

出所:Central Statistical Office, *Annual Abstract of Statistics*.

認識の下、戦後世界は貿易決済において自由多角的な体制を構築しなければならないという認識があった[11]。しかし、ブレトンウッズ交渉のイギリス側代表を務めたケインズ (J. M. Keyns) は、戦後の国際経済の自由多角化の必要性を認めながらも、それを完全雇用を初めとする国内の福祉国家政策の追求と両立可能とするためには、アメリカによる国際収支赤字国への支援が必要であることを主張していた[12]。そこで彼は、アメリカ代表との交渉において、アメリカ政府が債務国への流動性提供を通じて債権国としての義務を果たすことを提案した他、清算同盟 (International Clearing Union:ICU) 案を提案した。ケインズの提案による清算同盟は、バンコール (Bancor) と呼ばれる国際通貨を持ち、国際収支不均衡に陥った諸国に対し、バンコールを提供することが想定されていた。また、為替については各国の自由裁量によって平価を決定することとされた。もしもこれらの手段がなければ、債務国は国際収支均衡のために国内経

済でデフレ政策をとることによって対処することを余儀なくされるのであったが、このことは、戦後の福祉国家、完全雇用を国民に約束したイギリス政府にとっては、避けたい選択肢であった。

これに対しアメリカ代表ホワイト（H. D. White）による案は、為替レートを厳格に管理し、国際安定化基金（International Stabilization Fund : ISF）の設立を主張していた。結局ブレトンウッズ協定は、アメリカ側のホワイト案を基礎とした上で、イギリス側との妥協を図った形となり、国際通貨基金（International Monetary Fund : IMF）の設立、固定相場制の採用、通貨・為替の自由化が謳われた。ただし、為替レート変更に際しての規則の緩和、希少通貨条項、また過渡期条項として第14条では、戦後復興期には各国が制限的手段を取ることが許容されることとされた[13]。

これらを背景としながら、イギリス労働党アトリー政権は戦後貿易決済の自由化の実現というアメリカ政府の要求に対処していくことになる。

2　1947年ポンド交換性回復の失敗

第2次大戦後、イギリスの戦後復興に必要な物資を供給できるのは、アメリカやスターリング圏のみであり、イギリスはアメリカからの物資購入に必要なドルを求めていた。そのようななか、1945年8月21日、アメリカのトルーマン政権は武器貸与法を通じての対ヨーロッパ援助を停止することを発表した。このことは、戦後起こりうるドル不足への対応を急迫したものとした。その上、対米赤字から生ずるドル不足の問題は、単にイギリスのドル獲得能力という問題だけでなく、第2次大戦が終結する頃には戦前の貿易パターンが一変していたという事実にも関連していた。戦前は、イギリスの対ドル圏赤字はスターリング圏の対ドル黒字によって相殺されていたが、第2次大戦後にはスターリング圏の対ドル収支も赤字に転換したために、スターリング圏を通じてイギリスの対ドル圏赤字を決済することは不可能となっていた[14]。このような戦前と比較した貿易関係の変化によっても、イギリスはドル資金の供与を必要としたのであった[15]。

第5章　1949年のポンド切り下げと英欧関係の転換　131

　そこでイギリス政府は、アメリカ政府からの援助を求めた。イギリス政府では、イギリスのドル不足を埋め合わせるためには、戦前の50％から70％程度輸出を増加させることが必要であるとされ、ケインズの分析によると、イギリスは次の3年間の間50億から60億ドルの国際収支赤字を出すことが予測され、その分のドル援助を求めた。しかし、これに対しアメリカ側は、イギリスの見積もりよりも低い予測値を出し、当初イギリスが望む額よりも低い援助額を提示していた[16]。英米金融協定は1945年12月6日に調印され、46年7月15日に発効したが、最終的に協定では年2％の利子付で37億5000万ドルが貸与されることになり、カナダからも12億ドルが提供されることになった。

　英米金融協定は条件付であった。その条件とは、第9条による対米輸入数量制限の削減、協定発効から1年以内に経常勘定でのポンドの交換性回復を実行するという第8条、ポンド残高の処理を行うこと、であった[17]。これらの条件をイギリス政府に突きつけることにより、アメリカ政府はイギリスを自由多角的な世界経済へと移行させようと試みたのであった[18]。しかも、交換性回復の要求は、IMF過渡期条項で定められた期間よりも短期間の1年以内に行われるべきこととされたのであった[19]。

　交渉時、イギリス側の代表を務めたケインズは、ポンド残高交渉についてスターリング圏諸国と合理的解決が行われれば大きな問題はないと判断していたが、イングランド銀行においては、時期尚早な交換性回復や、円滑なポンド残高交渉の遂行に不安があった[20]。なぜならば、世界にドル不足が蔓延し、かつ巨額のポンド残高が存在する状況においては、ポンドが交換性を回復すれば各国がドル獲得のためにポンドを売却するであろうことは明らかであったが、イギリスの外貨準備はポンド残高に比して不十分であり、巨額のポンド残高からドルへの交換要求にイギリスは応えることができないことが明らかだったからであった。

　スターリング圏諸国とのポンド残高削減交渉において削減に合意したのは、オーストラリアとニュージーランドのみであった。スターリング圏諸国以外の国ともポンド残高削減交渉が行われたが、それらも十分な内容とはならなかっ

た[21]。とりわけ、西ヨーロッパ諸国との交渉においては、ポンド保有者がポンドの交換性回復時にドルへの交換を控えるかどうかは、各国の裁量に委ねられることになった。

1947年7月15日、英米金融協定に従いポンドが交換性を回復すると、予測された通り、大量のドル引き出しが行われ、47年8月20日には再び交換性を停止しなければならないという事態に陥った。その間、スターリング圏諸国、西ヨーロッパ諸国、ラテン・アメリカ諸国からのドル引き出しが行われ、年末までに合計41億ドルが引き出された[22]。

交換性回復の失敗の後、1947年10月には、為替管理法（Exchange Control Act）が成立した。これはスターリング圏の管理を強化するもので、勘定の分割、ドル・プール制の強化が行われた[23]。このようなスターリング圏の管理強化は、アメリカ政府の要求する貿易決済の自由無差別多角化への動きには反するものであったが、西欧諸国の復興ためにはまずイギリスの復興が重要であることから、アメリカ政府はスターリング圏の存在を容認することになったのであった[24]。

II　1949年のポンド危機

1947年のポンド交換性停止後、アメリカ政府は、ヨーロッパ諸国の貿易決済の自由多角化への第1歩として、ポンド切り下げをイギリス政府に要求する。この要求に追い討ちをかけるように49年初頭から出現したイギリスの国際収支赤字の悪化は、ポンド切り下げ問題を差し迫ったものにすることになる。しかし、ポンド切り下げは安易に実行できるのもではなかった。なぜならば、闇雲にポンドを切り下げることは、アメリカ市場におけるイギリス産業の競争力を高め、国際収支赤字減少に貢献する一方で、国内の価格構造へ圧力を掛け、また他国の切り下げ競争を引き起こす可能性があったからであった。

しかし、蔵相クリップスは、ポンド切り下げの問題を、自由多角的世界経済を表す「ワン・ワールド（one world economy）」か、あるいはスターリング

圏とのアウタルキー政策に徹する「2つの世界 (two world economy)」の選択か、という観点から提示し、結局は「ワン・ワールド」実現に向けた行動と見なされるポンド切り下げを選択することによって、アメリカ政府の自由多角化への要求に応えることになるのである。しかし、同時に、イギリス政府はイギリスとスターリング圏によるドル圏からの輸入規制をアメリカ側に認めさせるのである。この過程を見てゆきたい。

1 イギリス政府における議論

1947年のポンドの交換性回復停止後、48年にはマーシャル援助の開始や輸出の成長によってイギリスの経常収支は安定に向かっていた。そのような中で第2次大戦後先延ばしにされていたポンド切り下げの議論が英大蔵省で再開していた。また、49年には、再びイギリスの国際収支状況が悪化し始めていた。それだけに留まらず、48年秋以降、アメリカ経済が減速していたことはスターリング圏収支の悪化とドル流出に拍車をかけていた。これらのことはポンド切り下げの問題をより差し迫ったものとし、イギリス政府だけではなく、シティ等イギリスの世論の関心もポンド切り下げに向けられた[25]。さらに、アメリカ議会やIMFもポンド切り下げが望ましいことを表明していた[26]。

1949年6月11日、英内閣経済政策委員会において蔵相クリップス (Stafford Cripps) は、ドル流出の現状を説明した。それによると、イギリスのドル赤字は49年4月には1億4900万ドル、5月には2億3000万ドルであり、このままの割合でドル流出が継続するのであれば、四半期としての赤字は6億ドルを超えることが予測された[27]。これらのポジション悪化の理由として、ポンド切り下げのうわさが、支払い延期を引き起こしていること、ドル圏への輸出の低下、植民地諸国のドル所得の減少を上げ、中でも切り下げのうわさとアメリカの景気後退の影響が最も重要であると指摘した。さらに、このドル流出は、以後一層悪化することが予測された。

危機の原因としてとりわけアメリカの景気後退を非難していたクリップスは、ドル圏からの輸入削減と共にアメリカ政府に対処策を講ずることを求める必要

性を認識していた。具体的には、アメリカ政府に対しヨーロッパ復興援助額の増加、アメリカ政府による備蓄購入の増加、関税引き下げ、IMFからの引き出しを柔軟化させることを提案する必要があると考えるようになっていた。また、イギリスは最低でも25％はドル支出を削減する必要があり、4億ドルの支出削減を行う必要があることを発表した。

　クリップスが1949年のドル流出への対処策としてポンド切り下げを内閣経済政策委員会に提案したのは、6月28日のことであったが、彼はポンド切り下げに際して、アメリカからの支援が必要であることをここで明らかにした。まず、彼は自由無差別多角的な世界貿易決済が実現された状況を「ワン・ワールド」と呼んだが、その「ワン・ワールド」の実現が、ヨーロッパにおける対米差別の継続によって妨げられていること、アメリカの景気後退がドル獲得を困難にしている現状、そして最も楽観的な予測に基づいても、ヨーロッパが52年までにドル援助からの自立性を達成することは困難であることが明らかになっていることを説明した。その上で彼は自由多角的な世界貿易の実現には、これまで以上のことが必要であるとし、「ポンドとドルの分野において新しいイニシアティブが必要である」とした[28]。クリップスはこのようにポンド切り下げの問題を「ワン・ワールド」実現目標の中に位置づけ、アメリカからの支援を得ようと試みたのであった。

　クリップスはまた、イギリスのとりうる手段がアメリカの支援を伴う「ワン・ワールド」に向けたアメリカとの協力のみであるとは考えていなかった。アメリカからの支援獲得に失敗した場合には、別の選択肢を考えており、それは自由多角的世界経済に対し、ドル圏とスターリング圏へと西側世界を分断する「2つの世界」と呼ばれた。「2つの世界」においては、イギリスはドル圏からの輸入を大幅に削減し、ドル圏以外の諸国との双務協定や貿易管理を行うことが想定された。「2つの世界」は、結局イギリス国民の生活水準を低下させ、ドル圏からの原料輸入不足による生産性の低下と失業を招くため、イギリス自身にとっても望ましい選択肢ではなかったが、「2つの世界」を「ワン・ワールド」政策に対峙させることにより、ポンド切り下げの合理性を主張しよ

うとしたのであった。

　ところで、ポンド切り下げを支持したクリップスの傍らには、切り下げを支持する顧問と、反対の顧問のどちらも存在した。切り下げ支持者は、イギリス製品がアメリカ市場での価格競争で不利であること、アメリカ市場以外に必需品の原料供給源を見出すことが困難であることから、早期のポンド切り下げを主張していた。これに対し切り下げ反対者は、切り下げが国内のコスト・賃金構造に圧力を掛けること、切り下げが根本的な問題の解決とはならないこと、ポンド切り下げに他国通貨も追随することが予測されるため、それらの諸国に対するイギリス産業の競争力は大きく改善されないことを理由にポンド切り下げに反対していた[29]。

　このように論争が継続する中、7月4日には、英外務担当大臣が米国務長官アチソン（D. Acheson）に英米カナダ3ヵ国会談を9月に開催するという提案を行ったことを受けて、アメリカとの会談において何を妥協できるかをクリップスは提示した。クリップスは、「2つの世界」経済が望ましいものではないことを認識しながらも、アメリカの協力がなければ「ワン・ワールド」にも積極的ではなかったため、ドル獲得に関する1947年8月以来の政策を継続すること、ポンド切り下げ、条件付でのポンドの交換性回復を上げた。一方、アメリカ政府の側の行動としては、アメリカの景気変動の世界への影響を緩和させるための手段、残りの世界のドル獲得を可能とするためにアメリカ市場を開放すること、「ワン・ワールド」実現のために金融援助を行うこと、ドル圏と非ドル圏との貿易における何らかの調整が必要であるとされた。とりわけ、「ワン・ワールド」実現に向けた支援に関しては、アメリカ政府は交換性回復を望む諸国に何らかの手段で資金援助を行うこと、その関連でイギリスのポンド残高問題に貢献すること等が挙げられることになった[30]。その後1947年7月13日の英連邦蔵相会議において、ドル圏からの輸入を25％減少させることが合意された後、9月のワシントン会議に臨むことになる。

2 アメリカ政府における議論

　アメリカ政府もポンド切り下げの必要性を主張していた。アメリカ側がポンド切り下げを要求した背景には、貿易決済の世界的な自由無差別多角化への動きの一環として、ヨーロッパ域内での貿易と決済の自由化が必要であると考えていたことがあった。ところが、ヨーロッパ内の貿易決済自由化にとり、ヨーロッパ諸国の為替レートの過大評価は障害であり、為替レートを調整する必要性があった。とりわけ、ポンドを切り下げることによりヨーロッパ他通貨の調整も行われると考えていた。通貨の切り下げにより為替レート調整が行われるのであれば、イギリスを初めとするヨーロッパ製品のドル市場における競争力が改善し、それによりドル獲得もより円滑となり、ドル圏への差別も早期に撤廃することが可能となるのであった[31]。つまり、通貨の切り下げはブレトンウッズへの「復帰」のために必要で、ポンドがその皮切りとなることを要求された[32]。

　9月のワシントン3ヵ国会議が迫ると、在英大使館、財務省代表、米経済協力局（Economic Cooperation Administration : ECA）の間でポンド危機の原因分析が行われた。それをまとめた在英大使館による覚書によると、イギリスとスターリング圏の対ドル圏輸出減少の原因は、アメリカ政府による備蓄購入の減少、アメリカの景気後退、ポンド切り下げのうわさ、スターリング圏の輸出減少等、英内閣経済政策委員会における分析とほぼ同じ原因であった。また、状況が危機的であり、外貨準備の枯渇が継続するならば、1年以内にイギリスの保有する金・ドルがすべて消滅することを懸念した[33]。しかし、状況の急迫性を認識する一方で、7月にクリップスの発表したドル輸入の停止や、翌年からのドル輸入の4億ドル削減が、イギリスとスターリング圏の経済復興の遅れとなり、最終的に他国の復興も遅らせかねないこと、そして1952年までのドル援助からの自立達成が困難となることを懸念した。

　また、アメリカ政府にとりポンド危機は、政治経済的戦略という観点からも無視できないものであった[34]。既に述べたように、危機が継続すればヨーロッ

パ諸国に多角化をもたらすというヨーロッパ復興計画（European Recovery Programme：ERP）の目的が達成されない可能性があったが、その関連で、もしアメリカからの輸入に対し、イギリスが制限的措置を取り、アメリカの農業界や産業界からの反発が起こるならば、ECA はイギリスや OEEC 諸国に対し経済援助のみならず、軍事援助をも継続することが出来なくなる可能性があった。

しかし、アメリカ政府では、イギリスがドル圏への輸出拡大手段としてポンド切り下げの可能性を検討することを予測しながらも、同時にイギリスがポンド切り下げに消極的態度を示すことを予測していた。なぜならば、切り下げはイギリスの対ドル圏輸出を増加させる一方で、「スターリング圏全体からすれば、ドル獲得という点においてその不利益の方が利益を上回」り、また、国内のインフレが悪化する恐れがあったからであった。結局、ポンド切り下げを行ったとしても、ドル不足の根本的原因に対処しなければその効果は一時的に過ぎないとみなされたのであった[35]。

それでも国務省政策企画本部（The State Department Policy Planning Staff）は、ワシントン会議を目前にアメリカ側の姿勢を確立する作業において、イギリスに期待できることがポンド切り下げ、国内のインフレ抑制手段、ドル圏への輸出拡大、ポンド残高の処理、デフレ政策の採用であるとした。また、イギリスが切り下げをワシントン会議で発表する可能性は低いと判断されたことから、ポンド切り下げについては閣僚間の非公式会談で議論することが望ましいとされた。また、イギリス政府がポンド切り下げを発表した場合には、イギリスの行動を支持し、アメリカ側の行動として IMF からの引き出し条件の緩和、ドル圏からの輸入削減政策の黙認、ポンド問題を検討するための継続的な連絡会議の設置、英米の経済同盟や政治連合の可能性を検討することとされた[36]。

ワシントン会議は、英米加 3 ヵ国間で 9 月 7 日から行われ、9 月 12 日には共同声明が発表された。はじめに、イギリスとスターリング圏の金・ドル準備枯渇問題が取り上げられ、スターリング圏諸国の対ドル圏輸出を促進する必要性が確認された。その上で、アメリカとカナダはスターリング圏を含む債務国が

ドルを獲得することを促進しなければならないこととされ、債務国からの財サービス輸入障壁を削減すべきこととされた。その他に、ポンド・ドルの不均衡是正のためのアメリカによる海外投資拡大、カナダによる天然ゴム・錫の備蓄購入の増加、アメリカの関税手続きの簡素化と関税引下げ、ポンド残高問題に関する継続的協議の開催が決定された[37]。また、イギリス側からポンド切り下げについての発表があったが、9月18日までは会談出席者以外には口外しないようにとの約束を取り付けた。

　ポンド切り下げは9月18日に公に発表され、£1 = \$4.03から£1 = \$2.80と30％切り下げられた。ポンド切り下げに追随し、フランなどのヨーロッパ通貨の切り下げが行われた。アメリカ政府は、ポンド切り下げを「単一市場」と世界的多角貿易への決定的ステップであると評価した。しかし、ポンド切り下げは大陸ヨーロッパ諸国にも影響を及ぼす問題であるにもかかわらず、英米間だけで決定されたため、フランス政府はイギリス政府から事前の相談や通告がなかったことに怒りを隠せなかった[38]。フランス政府はこのような方法でのポンド切り下げは、ヨーロッパ協力を後退させると批判した[39]。

　ところで、ポンド切り下げの少し前から、アメリカ政府内ではヨーロッパ政策の再検討が行われていた。国務省政策企画本部のケナン（G. F. Kennan）は、イギリスが大陸ヨーロッパと密接になる必要はなく、アメリカとカナダと密接な関係を築くことができると考え始めていた[40]。また、そのような英米同盟の中ではスターリング圏が保護されるとされた。そしてヨーロッパの政治的主導権はフランスに期待し、イギリスに期待する役割は、大陸に対し軍事的・経済的援助を与えることとされた[41]。

　こうして、ポンド危機を契機としてアメリカ政府では、対ヨーロッパ政策におけるイギリスの役割の再検討がなされた。これにより、アメリカの対ヨーロッパ政策においてイギリスは、政治的主導権と言う形では期待されなくなったものの、ヨーロッパにおける貿易決済の多角化実現のためにスターリング圏を利用させることの有用性が改めて認識されることになった。

III ヨーロッパ決済同盟

1947年のポンド交換性回復の失敗や、49年のポンド切り下げを通じて、ヨーロッパの復興のためにもイギリスとスターリング圏の復興が優先されなければならないこと、また、ポンドがヨーロッパ貿易決済の自由化過程の中心であることをアメリカ政府は再確認した。この後、アメリカ政府はフランス政府の提案する、イギリスやドイツの参加しない「小ヨーロッパ構想」内部での貿易決済自由化よりも、イギリスやスターリング圏諸国を伴う全 OEEC 加盟諸国を対象としたヨーロッパ決済同盟を支持し、50年にはヨーロッパ決済同盟が設立されることになる。

1 2つの決済計画

ヨーロッパで決済を多角化する動きは、1948年10月第1次ヨーロッパ内決済協定、49年10月の第2次ヨーロッパ内決済協定以来動き始めていたが、48年には ECA がより具体的な機構の設立を検討していた[42]。そして48年12月には、OEEC 諸国に対し ECA 案が提示された。その内容は、経常勘定に関するヨーロッパ内決済の自由化、貿易数量制限の撤廃で、それを実現するためのヨーロッパ内での通貨の振替を実現する制度の設立であった。提案された決済同盟では、金と信用による自動決済機能、中央銀行間での加盟国通貨の振替が行われることとされ、それによって ERP 終了後も自由な貿易決済へ漸進的に移行することが可能になるとされた。また、それだけではなく、ECA 案は OEEC 諸国だけでなく、スターリング圏も決済の対象としているという特徴があった[43]。

ところで ECA によるこのようなヨーロッパに限定された地域的決済同盟の提案は、世界貿易決済の自由多角化の動きに反するものとも解釈されるものであり、この点について ECA は米財務省や国務省と対立していた。1950年以降もアメリカ政府での見解は割れることになるが、結局、ヨーロッパ決済同盟による地域的決済機構が「過渡的に」設立されることは、結局は世界規模の多角

化を導くことにつながることから、ヨーロッパ決済同盟が容認されることになるのである[44]。

　ECAによる決済同盟の提案がある一方で、1949年になるとフランス政府において、フランス、ベネルクス諸国、イタリア間でのより限定的な地域における貿易決済計画が浮上していた。この計画はフィネベル（Finebel）と呼ばれた。この構想は、イギリスやドイツを対象としておらず、フランス、ベネルクス諸国、イタリアだけを対象としていたため、「小ヨーロッパ」構想とも呼ばれた。フィネベルは、当該諸国間での資本移動の自由、貿易制限の撤廃、変動相場制を採用することを根幹としたものであった[45]。

　このように、一方ではイギリスの参加を想定しない「小ヨーロッパ」によるフィネベルが、他方ではイギリスを含むOEEC諸国で構成される決済同盟が提案された。決済同盟計画は、フィネベルの設立を必ずしも妨げるものではなかったが、何れが実現されるかは、アメリカ政府の選択に依存することになるのである。

　ECAは、フィネベルに対し積極的な支持を与えるかのような態度を示していたが、アチソンは、「小ヨーロッパ」設立によるヨーロッパの分断を望んではいなかった[46]。アチソンは、イギリスの参加する決済同盟をフィネベルよりも望ましいと考え、またイギリスの決済計画参加に伴う問題を認識しながらも、イギリスが金融上のリスクを伴わずにOEECで議論された原理に基づいて決済同盟に参加する方法があるはずであると考えていた。また、イギリスが参加可能な計画が不可能となった場合にも大陸諸国による貿易決済自由化を進めなければならないとしながらも、万が一、フィネベルに向けて進む場合には、ドイツが参加し、将来的にイギリスが参加可能にならなければならないという姿勢を取った。結局、いずれの制度が設立されるにせよ、イギリスの参加は必須とされたのである。

　フランス政府でもまた、イギリスやドイツの参加しないフィネベルの実現可能性が疑われるようになる。1950年2月7日には、ECAはフィネベルに積極的姿勢を示し、必要があれば金融援助を行うことを申し出ていたが、実際には

アメリカ政府のフィネベルへの支持はそれほど熱意のあるものではないことも次第に明らかになっていたのであった[47]。こうしたことから、2月下旬には、フランス内閣ではドイツもフィネベルに参加させる方向に傾いていたが、既にこの頃には、オランダのスティッカー（D. U. Stikker）と米商務長官ハリマン（W. A. Harriman）はフィネベルについて議論することをしばらく凍結するほうが良いという意見で一致していた[48]。

2 イギリスと決済同盟

2つのヨーロッパ決済計画が存在する中、イギリスも独自のヨーロッパ決済計画を構想していた。それは対ヨーロッパ輸入の自由化と平行して、イギリスの為替管理を緩和すると言う内容で、フィネベルの登場や、ポンド切り下げによってイギリスの立場がOEECで低下していること、遅かれ早かれ、ヨーロッパレベルでの新しいヨーロッパ通貨制度を伴う決済計画が出現することを予測していたことを背景として、イングランド銀行と大蔵省が中心となって考案したものだった[49]。イギリスの為替管理緩和計画は、そのような通貨制度の出現を妨げ、ヨーロッパの通貨的権限をロンドンに維持出来るという利点があったのであった[50]。また、9月のワシントン会議におけるポンド残高問題に関する英米加協議の約束の条件が、イギリスの為替管理緩和努力であることも背景にあった。イギリスによるこの計画は徐々に発展し、スターリング圏制度のヨーロッパへの拡大を含むものになっていたが、イギリスがこの計画を公表しようとした矢先に「決済同盟」案が出現したのだった。

このことを受けて2月11日にイギリスは、ヨーロッパ決済同盟とフィネベルに対する意見を表明した。ヨーロッパ決済同盟については、スターリング圏制度との両立性の問題を指摘し、フィネベル設立については、それによってスターリング圏とスカンジナビア諸国、フィネベルへとヨーロッパが分裂する可能性を指摘した。そして、イギリスはスターリング圏がヨーロッパ決済計画の中で役割を果たせるような提案を行う努力をすることを約束しながらも、イギリスが参加してもしなくても、決済同盟やフィネベルなどの決済協定を行うべ

きであるとも述べた[51]。

　イギリスがヨーロッパ決済同盟に参加することから生ずる問題は、奥田宏司（1979年）によると次のような点にあった。第1に、OEEC諸国よりも重要な貿易相手であるスターリング圏の結束を弱める、第2に、世界貿易総額においてポンド建取引が相当の割合を占めていたのは、既存の2国間協定の存在のためであったが、ヨーロッパ決済同盟によって2国間協定が消滅することはポンドの国際的地位を低下させ、また、イギリスからの金流出が生じる可能性があることであった[52]。また、当時のスティッカーによる分析も、イギリスのヨーロッパ決済同盟加盟への消極性の原因が、同盟内の決済にポンド残高が使用され、イギリスに対する金要求が行われる可能性や、スターリング圏の中心としての役割が失われることにあるとしていた。

　ヨーロッパ決済同盟へスターリング圏を参加させることはイギリスにとり受け容れがたいものであったが、一方で、当初イギリスが構想していたように、むしろヨーロッパ諸国をスターリング圏に加盟させるならば、大陸諸国は、手持ちのポンド残高の利用をイングランド銀行の許可の下で行わなければならなくなるため、そのような提案も実行可能性は高くはなかった。

　交渉が難航する中、妥協案としてベルギーのアンショー（H. Ansiaux）を中心とした専門家委員会の計画が提出された。アンショー案は、決済計画に伴い、既存の2国間協定や2国間信用マージンを撤廃すること、加盟国のポンド残高を凍結し、その解除は管理されること、多角的自動決済、加盟国がそれぞれクウォータをもつこと、赤字国が短期資金を引き出すことが可能であることなどを含んでいた。とりわけ、ポンド残高の凍結と解除は、西欧諸国のみならず、スターリング圏にも適用されるとした。

　アンショー案に対し、イギリス大蔵省とイングランド銀行は強く反対した。イギリスが譲歩できない基本的な点は、既存の2国間協定を維持すること、加盟国の国内経済政策への干渉権限を持つ組織の設立には合意できないこと、英米間で解決されるべきポンド残高問題への干渉を受けることへの反対であった。そして既存の2国間協定の限度を超えた分のみが、決済同盟で解決されるべき

と主張した。また、国際収支問題に直面した場合には、貿易自由化を停止することが許されなければならないとした。

こうしたイギリスの姿勢に対し、アメリカ政府は、イギリスのヨーロッパ決済同盟への加盟の問題は、イギリスが戦後経済的ナショナリズムの道を歩むのか、それとも国際主義を選ぶのかという問題でもあるとして迫ろうとしていた[53]。なぜならば、イギリスは、決済同盟内での金決済をできるだけ減らそうとしていたが、それは、国内経済政策が対外状況によって制限されることを避けようとしていることとも取れた。また、数量制限行使の権限は、大陸の経済状況がイギリスの経済計画に影響を与えることを妨げるための権利でもあった。そして2国間協定維持の主張は、イギリスが2国間交渉を行う余地を残し、大陸に対するイギリスの経済的権限を行使する余地を残すものであった。これらから判断し、ECA は、基本的な問題は「海外貿易依存国であるイギリスが、貿易相手国と共に、対外的変化によって必要とされる国内調整を行うことで主要な貿易相手国と協力する準備があるかどうか」であるとしたのであった。

結局、イギリスの EPU 加盟問題は ECA との妥協によって次のような解決を見た。第1に、既存の2国間協定でポンドを蓄積している国は、払戻しについてイギリスと交渉するか、あるいは同盟内で赤字が生じた場合のみ、同盟内決済に用いることができる。また金決済はなるべく行わないこととされた。第2に、金ドルを喪失した場合の輸入数量制限の行使が許可され、また EPU の操作によってイギリスのドル決済義務が一定限度を超えた場合、ECA はイギリスに対し特別なドル援助を提供することが決定された[54]。

こうして、「小ヨーロッパ」ではなく、ヨーロッパ決済同盟が「ヨーロッパ統合」を支える決済機構として選択された。フィネベルがドイツやイギリスといったヨーロッパ経済の中枢を含まない限られた諸国による構想であったこと、IMF 原理とは異なる変動相場制の採用によって国際収支均衡を図ろうとしたことが、アメリカからの支援を受けることが出来ない大きな理由であった[55]。アメリカ政府が支持するのは、イギリスの加盟を伴う地域的な多角的決済機構なのであった。EPU は、1950年7月に OEEC 諸国間で設立が合意され、9月

図 5-2　1949年第14半期における週毎の外貨流出

外貨準備流出の額（単位：100万ドル）

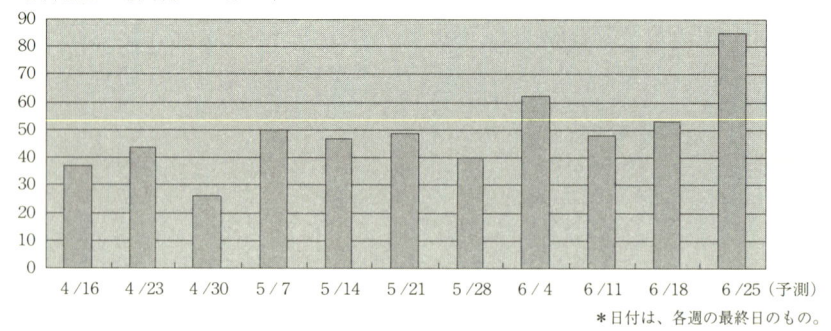

＊日付は、各週の最終日のもの。

出所：CAB134/222 EP (49) 66, 22th June 1949.

19日、西ドイツを含む OEEC 諸国により正式に調印された。

おわりに

　第 2 次大戦後、アメリカ政府は貿易決済の自由多角化を主張し、西欧諸国にその早期実現努力を要求してきたが、とりわけイギリスに対しては、1947年のポンド交換性回復や、49年のポンド切り下げを行うことによって、その実現を要求した。しかし、ポンド交換性回復はすぐに失敗し、また49年のポンド切り下げの代償として、アメリカ政府はイギリスとスターリング圏諸国によるドル輸入制限を初めとする手段を容認せざるを得なかった。しかし、アメリカが当初解体を要求していたスターリング圏の存在を容認するようになったことは、西欧の復興のためにはイギリスとスターリング圏の復興が先決であるという認識の表れでもあった。その後、50年のヨーロッパ決済制度の設立に当たり、イギリスの参加しない「小ヨーロッパ」による決済計画よりも、スターリング圏諸国を伴うイギリスの参加によるヨーロッパ決済同盟を支持し、さらにイギリスの加盟において妥協を行ったのであった。

　このことは、1949年のポンド切り下げにより英米関係は強化され、結果とし

て、イギリスはヨーロッパ決済同盟に参加することになったこと、言い換えれば、英米関係強化の結果としてイギリスは、「ヨーロッパ統合」を決済面から支える機構に関わることになったことを示している。

1) Kaiser, Wolfram, *Using Europe, Abusing the Europeans*（1996, London）Ch. 1.
2) ただし、カイザーはイギリスの第1次EEC加盟申請の動機は、むしろ英米関係強化のためであったと評価しているため、本稿におけるこうした批判は、イギリスが第1次EEC加盟申請以前の評価に対するものである。このような立場をとる文献は他に、Greenwood, Sean, *Britain and European Cooperation Since 1945*（London, 1992）Young, John W., *Britain and European Unity 1945-1999*, 2nd ed（London, 2000）.
3) Bossuat, Gérard, *L'Europe des Français*（Paris, 1996）p. 81.
4) Hogan, M. J., *The Marshall Plan : America, Britain and the Reconstruction of Western Europe 1947-1952*（Cambridge, 1987）pp. 45-46.
5) Bossuat, G., *op. cit.*, p. 111. フランク、ロベール（廣田功訳）『欧州統合史のダイナミズム――フランスとパートナー国』（日本経済評論社、2003年）69頁。独仏和解路線は、1941年ブルムが構想して以来存在していたが、マーシャル援助開始時点では独仏和解への支持と、ドイツに対する敵意の両方が存在していた。ブルム＝バーンズ協定や、後述のフィネベル構想失敗の経験を経て、徐々に独仏和解路線を辿った。廣田功「フランスの近代化政策とヨーロッパ統合」廣田功・森建資『戦後再建期のヨーロッパ経済――復興から統合へ』（日本経済評論社、1998年）133-172頁。
6) Hogan, M. J., *op. cit*, p. 265 ; Newton, Scott, "Britain, the Sterling Area and European Integration, 1945-1950" in *The Journal of Imperial and Commonwealth History*, Vol. XIII, No. 3（1985a）p. 176 ; Newton, S., "The 1949 Sterling Crisis and British Policy towards European Integration" in *Review of International Studies*, Vol. 11, No. 3（1985b）；奥田宏司「EPUの成立とポンド・スターリング――「スターリング地域」のIMF体制への包摂過程」『大分大学経済論集』（31巻1号、1979年）。
7) Young, John W. *op. cit.*, pp. 23-25.
8) Newton, S.（1985a）*op. cit.*, p. 163.
9) ハロッド、R. F.（東京銀行調査部訳）『現代のポンド』（至誠堂、1958年）21-22頁（Harrod, R. F., *The Pound Sterling, 1951-58*〔London, 1958〕）。

10) Cairncross, A., *Years of Recovery : British Economic Policy 1945-51* (London, 1985) p. 123.
11) Dobson, A. P., *Anglo-American Economic Special Relationship* (London, 1998) p. 49.
12) 本間雅美『世界銀行の成立とブレトンウッズ・体制』(同文館、1991年) 38頁。
13) 牧野裕『冷戦の起源とアメリカの覇権』(御茶の水書房、1993年) 59-60頁。「ブレトンウッズ体制」の成立過程については、Gardner, Richard H., *Sterling-Dollar Diplomacy : the origins and prospects of our international order* (New York, 1959) (村野孝・加瀬正一訳『国際通貨体制成立史——英米の抗争と競争 上・下』〔東洋経済新報社、1973年〕)。
14) 内田勝敏『国際通貨ポンドの研究』(東洋経済新報社、1976年) 90-91頁。
15) 田中綾一「1947年のポンド危機とスターリング地域の「3層構造」」『立命館国際研究』(1998年) 101頁。
16) 牧野前掲、107頁。
17) 山口育人「アトリー労働党政権の対外経済政策と植民地」『史林』82巻4号 (1999年) 630頁。
18) 同上論文。
19) 牧野前掲、106頁。
20) Fford, John, *The Bank of England and Public Policy 1941-1958* (London, 1992) p. 86.
21) Dow, J. C. W., *The management of the British Economy 1945-60* (Cambridge, 1964) p. 23.
22) Crafts, N. F. R. and Woodward, N. W. C. (eds.), *The British Economy since 1945* (Oxford, 1991) p. 31.
23) 為替管理法により、スターリング圏に該当する「指定勘定地域 (Scheduled Territories)」、「双務勘定」、「アメリカ勘定」、「振替可能勘定」に分割された。指定勘定地域内ではポンドの振替は自由に行うことができたが、指定勘定から双務地域勘定への決済は、一定の諸国の間だけで許可された。双務勘定諸国間の決済は、イングランド銀行の許可が必要とされた。アメリカ勘定にはポンドの交換性が付与されていた。振替可能勘定は、スターリング圏、アメリカ・カナダ以外の諸国が保有するポンドで、振替可能勘定から指定地域勘定への振替は自由とされたが、その他勘定への振替には許可が必要とされた。Schenk, Catherine R., *Britain and the Sterling Area : From devaluation to convertibility in 1950's* (London, 1994) pp. 8-11 ; 金井雄一「ポンドの衰退とイギリス国民の選択——スターリング

地域（1939年）から EEC 加盟（1973年）まで」秋元英一編『グローバリゼーションと国民経済の選択』（東京大学出版会、2001年）83頁。その他ポンドに関する研究としては、内田勝敏『国際通貨ポンドの研究』（東洋経済新報社、1976年）。
24) 内田勝敏前掲、90頁。
25) Cairncross, A. and Eichengreen, B., *Sterling in Decline* (Oxford, 1983) pp. 112-113.
26) *Ibid.*, p. 117.
27) Public Record Office (PRO) Kew, London, CAB134/222 EPC (49) 61, 11th June 1949, The Dollar Drain.
28) CAB134/222 EPC (49) 72, 28th June 1949, The Dollar Situation.
29) CAB134/222 EPC (49) 72, 28th June 1949, The Dollar Situation.
30) CAB134/222 EPC (49) 73, 4th July 1949, The Dollar Situation.
31) *Foreign Relations of the United States (FRUS) 1949 IV*, May 28, 1949. The Acting Secretary of State to the Embassy in the UK, p. 398.
32) Milward, A. S., *The Reconstruction of Western Europe 1945-51* (London, 1984) p. 287.
33) *FRUS 1949 IV*, August 18 1949. Implications of the Sterling Area Crisis to the UK and the US, p. 806.
34) *FRUS, 1949 IV*, August 13 1949. Paper Prepared in the United States Embassy in the United Kingdom, p. 811.
35) *FRUS, 1949, IV*, August 18 1949. Implications of the Sterling Area Crisis to the UK and the US, p. 806.
36) *FRUS 1949IV*, September 3, 1949. Position Paper for the Discussions with the British and Canadians on Pound-Dollar Problems, Prepared by the Policy Planning Staff, pp. 824-829.
37) *FRUS 1949 IV*, September 12, 1949. The Secretary of State to the Embassy in the United Kingdom, pp. 833-839.
38) *FRUS 1949, IV*, September 23, 1949. The Chargé in the United Kingdom to the Acting Secretary of State, pp. 841-842.
39) *FRUS 1949 IV*, October 12, 1949. [Annex] Memorandum by the Executive Secretary of the Economic Commission for Europe (Rostow) to the Executive Secretary of the Economic Commission for Europe (Myrdal) p. 848.
40) Hogan, *op. cit.*, p. 265., *FRUS 1949 IV*, 12 October, 1949. Memorandum by the Special Aide to the Executive Secretary of the Economic Commission for Europe

(Rostow) to the Executive Secretary of the Economic Commission for Europe (Myrdal) pp. 848-849. 索引。
41) *Ibid.*, p. 268.
42) 第 1 次、第 2 次欧州内決済協定については、Milward, A. S. *op. cit.*,；須藤功「戦後アメリカの対外通貨金融政策と欧州決済同盟の設立」廣田・森編前掲、313-353頁；西倉高明『基軸通貨ドルの形成』(勁草書房、1998年) 第 7 章。また、EPU の設立過程から解散までの過程を、国際金融史の視点から EPU 史料を用いて分析したものとして、Kaplan, J and Schleiminger, G., *The European Payments Union : Financial Diplomacy in the 1950's* (Oxford, 1989). 一次史料分析ではないが1956年までの欧州諸国の決済協定、欧州決済同盟、通貨交換性に関するものとして、Triffin, Robert, *Europe and the Money Muddle : From Bilateralism to Near-convertibility, 1947-1956* (London, 1957). がある。
43) 奥田前掲、23頁。
44) 須藤前掲、344頁。
45) Griffiths, R. T. et Lynch, F. M. B., 'L'échec de la 《Petite Europe》: les négociations Fritalux/Finebel, 1949-1950', *Revue historique*, CCLXXIV/1, p. 163. フィネベルに関しては他に、Bossuat, G., *La France, les État-Unis et la construction européenne 1944-1954* (Paris, 1992) Chapitre XIX.
46) *FRUS, 1950 III* (February 18, 1950). The Acting United States Special Representative in Europe (Katz) to the Secretary of State, p. 631.
47) *FRUS, 1950 III*, February 7, 1950. The United States Special Representative in Europe (Harriman) to the Embassy in the United Kingdom, p. 626.
48) *FRUS 1950 III*, March 1, 1950. Memorandum of Conversation, by the Secretary of State, pp. 634-635.
49) Fford, John, *op. cit.*, p. 194.
50) *Ibid.*, p. 195.
51) *FRUS, 1950 III*, February 11, 1950. The British Secretary of State for Foreign Affaires (Bevin) to the Secretary of State, p. 627.
52) 奥田前掲、30-31頁。
53) *FRUS, 1950 III.*, April 14, 1950. Report by the Economic Cooperation Administration, p. 646.
54) *FRUS, 1950 III.*, May, 11, 1950. The Secretary of State to the British Secretary of State for Foreign Affaires (Bevin) p. 655.
55) Lynch *France and the International Economy : From Vichy to the Treaty of*

Rome（London, 1997）p. 122.

第6章 戦後フランスの農業政策とヨーロッパ統合 (1945-57年)

廣田 愛理

はじめに

　1957年初頭、時の計画庁長官イルシュ (E. Hirsch) が「農業ほど共同市場が大きな重要性を持つようなフランスの経済活動分野はほかに存在しない」[1]と述べたように、フランスがローマ条約交渉において獲得した農業問題に関する条件の重要性は、当時いたるところで強調された。だが、こうした同時代の言説に反し、ヨーロッパ経済共同体 (EEC) 設立期のフランスの統合政策に関する先行研究においては、農業は看過される傾向にある。フランスの共同市場受諾の決断を規定した経済的要因に関する研究がこれまで着目してきた問題は、主に工業部門の近代化、あるいは海外領土と本国の経済関係であった[2]。

　こうした研究状況の背景には、一次史料の制約という要因が考えられる。実際、フランスの統合政策をめぐる政府内の議論に関していえば、ローマ条約交渉期の農業に関する議論は、1950年代前半のヨーロッパ農業共同体構想、あるいはローマ条約交渉期の工業競争力や海外領土をめぐる議論に比べて少なく、さらに、55年5月のメッシナ会議から同年秋までの間には、ほぼ完全な史料の空白が見られる。

　加えて、農業問題に関する数少ない先行研究の関心は、これまでもっぱら1950年代前半の時期に向けられてきた。なぜなら、ノエルが指摘するように、「共同市場への農業の包摂は、ヨーロッパ農業共同体の試みの失敗を挽回する

ための"小ヨーロッパ"による大胆な賭け」と考えられたからである[3]。すなわち、55年5月の「統合再出発」は、過去の農業構想を復活させる機会となったのであり、それゆえ歴史家の関心は、まず、ヨーロッパ農業共同体という共通農業政策の起源に向けられた。

　こうした関心に基づくノエルの研究は、ヨーロッパ農業共同体構想をめぐる政府の政策が、ヨーロッパ・レベルでの協力の枠組みを模索する農業団体の圧力とイニシアチブに強く影響を受けていたことを明らかにした[4]。しかし、彼の研究においては、1950年代半ばに挫折した農業共同体構想がローマ条約という枠組みの中でなぜ復活しえたのか、という点についての明確な答えが提示されていない。これに対して、ローマ条約交渉期もカバーする川島氏の研究によれば、EECへの農業部門包摂を可能にした主たる要因は、農業部門そのものにはなく、外的なものであった。すなわち、農業問題をめぐる各国間の利害調整の難しさは50年代前半と変わらなかったが、部門統合路線に代わって全般的市場統合路線が採用されたことが農業の包摂を可能にし、さらに、国際秩序におけるヨーロッパの役割の強化を求める政治的意思の高まりが交渉における妥協を実現させた[5]。

　国際レベルでの交渉の視点からヨーロッパ統合における農業問題をめぐる議論を考察するこれらの研究は、諸国間の利害対立や保護主義ゆえに、農業問題の解決が一貫して困難であったことを示してはいるが、各国内の農業政策との関連において農業問題のヨーロッパ的解決がいかなる意味を持ったかについては十分に考慮していない。

　この点に関連して、ヨーロッパ統合における国民国家的利害を重視するミルワードの研究は、各国内における農業問題の共通点を探ることにより、国民経済における農業の重要性が低下していく時期に、EECの共通農業政策は国民国家の枠内で維持し得なくなった農業保護を温存させるヨーロッパ的枠組みになったことを指摘する。しかし、彼によれば、一国の視点から見ると、EECにおけるフランスの農業に対する関心は、長期貿易協定の獲得にあり、共通政策の策定にはなかった。つまり、共同市場受入に際して決定的であったのは、あ

くまで工業利害であり、農業利害は付随的なものであった[6]。彼の主張を敷衍するならば、長期貿易協定によって農産物の輸出市場を確保できれば、農業にとって共同市場の枠組みは必要ではなかったことになろう。

こうした先行研究の成果を踏まえた上で、本稿は、終戦直後からEEC設立期までの国内農業政策が、統合政策に関する態度決定にいかなる影響を与えたかについて、フランスの事例に即して検討することを課題とする。その上で、最終的にヨーロッパ・レベルでの農業問題解決の枠組みを提供したEECへの参加というフランス政府の決断が、国内の農業ならびに国民経済全体にとっていかなる意味を持っていたかを明らかにしたい。

I モネ・プランにおける農業政策

1 食糧不足の克服

第2次世界大戦直後、深刻な食糧不足に直面したヨーロッパ諸国の政府にとって、食糧問題の解決は等しく優先課題であった。それゆえ各国は、FAOやGATTなど、世界レベルでの効率的な食料資源配分を目的とした新たな組織の創設や協定の準備に参加した。しかし、食糧問題解決のグローバルな試みは困難であるばかりか、各国政府は保護主義を次第に強化し、国際機関の国内問題への介入を嫌うようになった[7]。

フランス国内においては、戦争による農業労働力と生産手段の不足に対処しつつ食糧供給問題を解決するために、近代的な農業を目指すタンギ＝プリジャン（P. Tanguy-Prigent）農相率いる農業省によって、食糧増産のための農村設備計画が準備され、それが第1次近代化設備プラン（通称モネ・プラン、1947-50年）の農業に関する項目の基礎になった。当初、計画庁のメンバーは、エネルギー供給や輸送手段の復旧を緊急の課題と考え、経済近代化の枠組みにおいては農業部門を重視していなかったが、近代設備による農業の合理化とマルサス主義からの脱却を唱えるルネ・デュモン（R. Dumont）の影響を受け、農業

機械への投資の必要を認めるに至った[8]。かくして農業近代化はモネ・プランの目的の1つに設定され、その前提となる農業機械が最も重要な6つの基礎部門の中に含まれた。そこで予定された機械化への投資額は、農業省案の実に2倍であった[9]。

農業の機械化がモネ・プランの目標に設定された結果、農業の発展は工業近代化との関係を強めた。すなわち、農業には、農産物の規則正しい供給が求められるとともに、工業近代化を支える販路、とりわけ農業機械製造業の販路となることが期待されたのである[10]。かくして、戦後の国民経済再建にあたり、国民の生活水準向上のために食糧を増産する役割を与えられた農業は、経済発展の一翼を担う部門の1つに位置づけられ、農業政策は経済計画全体の中に組み込まれることになった。

モネ・プランは、農産物増産のための生産手段の再建を第1の目的とする一方、農業生産それ自体に関しては、食糧の自給自足を達成し、さらに伝統的な高級品（ワイン、蒸留酒、チーズ、果物、野菜など）の輸出を再び可能にすることを目標に掲げた。ここでの当面の輸出目標は、あくまで戦前の生産水準の回復であった[11]。また、農産物の増産は、食糧難に対する解決策にとどまらず、輸入削減を通じて外貨不足の解決や貿易収支の改善をももたらすと考えられた[12]。しかし、投資計画の対象となった農業機械とは異なり、農業に関するその他の目標は、基礎部門復興後の課題として相対的に軽視されていたことも事実である。

2　マーシャル・プランの影響

戦中のドイツによる農産物の収奪がなくなれば、食糧難と配給制度の終わりが来るだろうという国民の期待とは裏腹に、パンや砂糖の配給は1949年まで続き、闇市も続いた。さらに、終戦直後の3年間は天候に恵まれず、生産手段の不足も加わり、農産物の収穫は芳しくなかった。このような状況下で、とりわけ冷害による47年秋の不作が国民の暴動と重なった結果、政府は農業政策の見直しを余儀なくされる。このため、食糧供給問題解決の緊急性が高まると同時

に政府内での農業省の重要性も高まった。47年末に農相に就任したフリムラン（P. Pflimlin）は、農業機械への投資政策を定めた47年プラン[13]の不足を認識し、機械化の前提となる農地整理や農村のインフラ整備を含む農村設備計画を作成した。かくしてフリムランは、モネを説得し、48年にマーシャル・プランの枠内でモネ・プランが修正される際、これまで後回しにされていた農業部門そのものを重要な投資部門に設定することに成功した[14]。

　修正プランの農業に関する最大の変更点は、マーシャル・プランの終わる1952年に、フランスが国際収支の赤字をカバーするに足る農産物輸出国となることを目的としたことにある。これは国際収支の均衡というアメリカの要請に沿った変更であった。さらに、47年プランで目指された国内需要の充足に加え、修正プランは、「ヨーロッパの食糧需要の充足」という目標を追加した。つまり、ヨーロッパ・レベルで域外からの食糧輸入を減らすことにより、ヨーロッパ全体の外貨不足問題を解決するという大義名分がフランスの輸出に与えられたのである。輸出国になるには生産をヨーロッパ諸国の需要に適応させる必要があった。しかるに、ヨーロッパ諸国全般に見られる国民の所得平準化傾向と外貨不足ゆえに、奢侈品輸出の可能性は制限されると考えられた。そこで、「特産品と重要ではない食料品」の輸出回復を掲げた47年プランと異なり、修正プランでは、小麦・食肉・乳製品といった基本農産物の輸出に転換する必要が考慮された[15]。

　輸出市場として、とりわけヨーロッパ最大の農産物輸入国のイギリスとドイツが想定され、輸出を確実にするために政府間での輸出契約の締結が期待された[16]。だが、イギリスは、ヨーロッパ経済協力機構（OEEC）の枠内でフランスが求める小麦輸入契約に応じる用意はなかった[17]。したがって、マーシャル・プランの時期を境に政府の対独政策がドイツ弱体化路線から仏独和解路線へと転換し、さらに1949年にOEECにおける英仏中軸の統合構想が挫折すると、必然的にフランスの市場獲得の関心は大陸ヨーロッパ、とりわけドイツに向くことになる。

　さらに、プランの目標達成のためには、農業従事者が自発的に近代化の必要

性を認識する「農業の発展に好都合な心理的環境」を作り出すことが重要だと考えられた[18]。若者を中心とする一部の農業従事者の間には、「解放」直後から農業機械への強い関心が見られ[19]、1947年プランにおいても新技術普及の必要性が指摘されたが、修正プランは、とりわけ農業従事者の意識改革の重要性を強調した。このような方針を受けて、マーシャル援助によって最新の農業経営を学ぶために渡米した若い農民は、機械化による生産性の増大という「アメリカン・ドリーム」を徐々に農村に浸透させていった[20]。さらに、50年には、機械化促進のために、トラクター購入に対する払い戻しやエンジン用燃料の減税という形で、国家の援助が与えられた[21]。また、販路を保証しなければ農業従事者の生産努力は得られないとの理由から、政府が基本農産物に関して長期輸出契約を締結する必要が確認された[22]。つまり、輸出市場の獲得には、国際収支の改善と農業従事者に生産のモチベーションを与えるという2つの意義が期待されたのである。

　ボシュアによれば、近代化路線の形成はヨーロッパ統合政策に先行し、マーシャル・プランへの参加と同時にフランス経済がOEECにおけるヨーロッパ建設の枠組みに組み入れられることになったとしても、この枠組みの選択自体は自国経済の発展という野心に基づいており、プランの修正はあくまで当初の近代化の目的に沿った変更であった[23]。この主張は、工業近代化の観点からは正しいが、農業政策は修正プランによって大きく変化したといわざるを得ない。1948年を境に、農業政策の目的は、食糧自給からヨーロッパ域内における農産物輸出国の地位の確立に変化した。この結果、フランス農業は、国内経済のみならずヨーロッパの枠組みとも密接な関係を持つことになったのである。折しも48年、政府は、戦後の深刻な生産手段の欠乏状態を脱し、農業生産は戦前水準を回復したと判断した[24]。

3　ドイツ市場獲得の努力

　農業問題解決のためのグローバルな試みが難航する中で、1949年に入るとヨーロッパ・レベルでの問題解決が試みられた。まず3月には、OEECにおいて農

業部門の機構改革が行われ、より広範囲な権限を持つ食糧・農業委員会が農業技術委員会に代わって設置された。さらに、OEEC が推進する貿易自由化政策は、原料・工業製品のみならず食糧をも対象とした。他方で、同年4月にヨーロッパ運動により開催されたウェストミンスター経済会議では、フランス農業省のセペッド（M. Cépède）の考えを取り入れた農業委員会提案に基づく決議が採択され、ヨーロッパ農業政策の設定とそれを実施する「生産物評議会」の創設が呼びかけられた。同決議によれば、①農産物の生産と配分のためのヨーロッパ農業政策推進の方法の検討、②農業従事者に十分な生活水準を保証するような農産物市場規制の方法の提案、③市場規制に必要な組織設立の提案、という3点が評議会の任務とされた。さらに、こうした農業問題検討の動きを考慮して、ヨーロッパ審議会でも夏の諮問議会の第一会期から農業問題が考慮の対象となった[25]。

　すなわち、ヨーロッパ・レベルでの議論において、すでにこの時期、自由貿易を基礎に農産物貿易の発展を図る方法と、市場規制による保護主義的な農産物市場組織化の方法が対置されていた。だが、いずれの方法も農業問題の解決には容易に漕ぎ着けなかった。一方で、OEEC における農産物の自由化は他部門に遅れをとっていた。とりわけフランスでは、農業界がパーセント方式の自由化に反対し、農産物協定の締結を主張した。他方で、ディリジスト的性格のウェストミンスター決議は、自由貿易支持者の批判を受けた。

　この間、修正プランによって農産物の積極的な輸出を戦略として掲げたフランスは、ヨーロッパにおける市場開拓に乗り出した。近代化に着手したとはいえ、農業の国際競争力が弱い状況下では、農産物輸出政策は政府間の貿易協定に頼らざるを得なかった。かくして、輸出先候補の中で最もアクセスが容易だと考えられたドイツとの2国間貿易の再開は、1949年夏の貿易協定締結によって実現する。さらに、OEEC の自由化路線に沿ってこの協定が見直された結果、50年2月には新たな協定が締結され、12月に更新された[26]。

　この間、フランス農業界も、余剰農産物の輸出を望むフランスと、東部ドイツの分離によって食糧輸入を必要としている西ドイツとの間に補完関係を形成

することが可能と考え、仏独協力による輸出方法の検討に着手するとともに、2国間協定締結のために政府に圧力をかけた。このような生産者の試みが活発化した結果、1950年5月のシューマン宣言に影響を受けた仏独の農業団体代表は、6月にサルトシェーバーデンで開催された国際農業生産者連盟（IFAP）の年次会議の際に、農産物協定の締結を目的とする2国間協力のための共同宣言に署名した。こうして、彼らは、政府による協定が不十分であることを指摘し、主要な農産物市場の共通の組織化の必要性を唱え、まずは小麦とワインの「共同市場」設立の検討に着手した。だが、この構想は、シューマン・プランと同様に「共同市場」という表現を用いており、他国の参加の可能性も含んでいたものの、農業政策の権限の超国家機関への委譲も、関税同盟や単一市場も想定しておらず、生産者利害の擁護のみを目的とした協力の枠組みにすぎなかった。端的には、それはむしろフランスの輸出農業利害に基づいた宣言であったといえよう[27]。

ところで、1949年末に開始したフリタリュクス（仏、伊、ベルギー、オランダ、ルクセンブルク5ヵ国の関税同盟、50年にフィネベルと改称）交渉において、はじめてフランス政府がドイツのヨーロッパ組織への参加を考慮した覚書を提出したことは、対独和解路線への転換を象徴する出来事であった[28]。この時、工業界がドイツの参加に消極的であったのに対し、農業界はむしろ5ヵ国の関税同盟には反対であり、ドイツの参加を望んでいた[29]。したがって、この交渉の挫折は、フランス国内にドイツの参加に関するコンセンサスがまだ存在せず、ドイツの脅威が依然として根強い障害であることを浮き彫りにした出来事ではあったものの[30]、農業界は、この段階では輸出市場獲得の観点から仏独和解路線の積極的な推進派であった。農業界の意図は、自由貿易政策が導入される前に、2国間協定によって農産物輸出の「安全地帯」を確立することにあった[31]。

II　ヨーロッパ農業共同体構想の誕生

1　ヨーロッパ・レベルでの問題解決に向けて

　フランス政府は、仏独協力を望む農業界のイニシアチブに押され、ヨーロッパ農業政策の作成に乗り出した。1950年6月、人民共和派（MRP）によるヨーロッパ農業市場の組織化計画がフリムランによって国民議会に提出され、翌月、農相に復帰した彼は、この計画をもとに政府と農業界の協議のための集会を組織した。かくしてフリムランは、ヨーロッパとフランスの利害に合致した形でフランスが輸出可能な主要農産物市場をヨーロッパ・レベルで組織化する構想を政府に提出し、まずは小麦・砂糖・バター・ワインについての検討に着手することが50年9月に決定された。次いで51年3月、フランス政府は、ヨーロッパ審議会加盟国とオーストリア、スイス、ポルトガルに対し、ヨーロッパ農業市場組織化のための農業会議開催を呼びかけた。すなわちフリムランは、農業界が望む農産物別の農業市場組織化を考慮に入れつつ、農業問題解決の土俵を2国間から6ヵ国を中心とする多国間協力の枠組みへと移動させ、ECSC交渉とリンクさせることを試みた[32]。

　だが、国内における意見対立がフリムラン構想の障害となった。農業共同体を統合の次のステップと考えるモネは6ヵ国に限定したECSC型の農業共同体を考慮していたが、ヨーロッパ審議会担当国務大臣のギ・モレ（G. Mollet）はイギリスの参加を懇願し、蔵相ペッチュ（M. Petsche）はOEEC加盟国による交渉を主張した。また、農業省は、当初、監督権のある超国家機関の設置を望んでいたが、農業界は、超国家機関の監督下に置かれることには反対であった。さらに1951年8月に2国間貿易協定を好むアンティエ（P. Antier、農民政党）が農相になったことは、ECSC型の農業共同体構想の進展を妨げた。11月にアンティエの後任となったロラン（C. Laurens、農民政党）は、輸出市場獲得の利害からアンティエよりはフリムラン構想に好意的であったものの、やは

りECSC型の農業共同体は望んでおらず、ECSCと農業共同体を分けて考慮するために、農業会議開催の召集をECSC条約の批准後に延期するよう努めた[33]。

1951年12月にようやく農業会議開催の検討を再開したフランスは、翌年2月、会議開催のための準備会議への参加を51年3月と同様の国々に呼びかけた。かくして52年3月末、参加を表明した15ヵ国による準備会議が開始されたが、3つの立場の違いが対立した。フランスは、農業保護の考えに基づく諸農産物市場の調和を主張したが、超国家機関をめぐる国内の意見対立を反映し、共同体の機関の権限は制限されたものになることを望んだ。オランダは、自由貿易に基づく農業部門全体の統合と、超国家的な機関の設立を主張した。OEEC型の政府間協力による各国の農業政策の調整を望むイギリスは、超国家機関とヨーロッパ特恵に対する反対ゆえに農業共同体不参加を表明し、共同体との協力関係を模索する旨を伝えた。この結果、53年初頭になってもヨーロッパ農業会議の日程は定まらなかった[34]。

この間、1952年9月にヨーロッパ政治共同体（EPC）構想が持ち上がったことで、農業共同体構想は新たな局面を迎える。EPC構想に関連してオランダ外相ベイエン（J. W. Beyen）が農業を含んだ共同市場設立を提案したことにより、「小ヨーロッパ」による農業共同体を望むマンスホルト（S. Mansholt）は、農業会議開催に先立ちECSC 6ヵ国の共通の立場を定めるための予備会議開催の必要を訴えた。かくして、ベイエンの共同市場案に連動し、超国家機関を持つ「小ヨーロッパ」的農業共同体構想と「大ヨーロッパ」的構想が並存することになった。フランス農相ロランは、何らかのヨーロッパ農業組織が必要であるとの考えから、当初、「小ヨーロッパ」による農業共同体の基盤作成を認め、6ヵ国予備会議に提出する覚書の作成をマンスホルトに一任した。しかし、53年2月末、覚書の仕上げのためにオランダ代表が訪仏した際に、彼は「小ヨーロッパ」構想を拒否し、「大ヨーロッパ」の枠組みにおける農産物協定システムの確立を提案した。このフランスの態度変化ゆえに、3月半ばに開催された6ヵ国の予備会議は不毛に終わった[35]。

予備会議の2日後には、ヨーロッパ農業会議が開始されたが、仏蘭の対立は

イギリスを中心とする超国家的な農業共同体反対派諸国に有利に働いた。さらに、フランスも超国家機関への主権の委譲を拒否する態度を明確にした。意見対立が続く中、1954年に入ると、もはや各国の間には農業問題に関してヨーロッパ・レベルで協力するという意思は薄れていた。結局、7月の会期中に、農産物市場組織化の検討作業をヨーロッパの経済協力促進の役割を担うOEECに移管するというイギリス案が勝利を収め、ヨーロッパ農業共同体構想は放棄された。さらに、OEECでは55年まで議論が続けられたものの、ヨーロッパ農業の組織化に対する具体的な検討を行うことはできなかった[36]。

2　ヨーロッパ農業共同体構想の後退

ノエルとボシュアによれば、ヨーロッパ農業共同体構想の挫折は、6ヵ国の決意の不在、とりわけフランス政府の意思の欠如に起因する。この意思の欠如は、政府内の一部に「小ヨーロッパ」と超国家機関に対する不信感が存在したためであり、さらに同時期のフランスにおけるヨーロッパ防衛共同体（EDC）構想の危機が6ヵ国の連帯を弱めた[37]。

また、農業共同体構想検討の過程で農業界代表が農相に就任したことにより、農工間の所得格差是正を求める農業界の声を反映し、農業政策の関心がもっぱら農産物原価の問題に向けられていったことも[38]、構想挫折の一因といえよう。

しかし、フランスの農業共同体構想放棄の決定的契機は、とりわけ1953年2月初旬の省間会議にある。そこでは、ヨーロッパ・システムの中に海外領土を統合させるべきか否かが問題となった。フランス連合内の関係を考慮すれば、当初、連合全体が農業共同体の加盟国となるべきだと考えられたが、内務省は超国家機関の設置によって農業国アルジェリアにおけるフランスの権限が侵食されることを懸念した。さらに、海外領土省は、共同市場設立の問題はヨーロッパの政治・経済統合と密接にかかわる問題であり、農業の枠組みのみで解決できないことを指摘した。同省によれば、このような統合は、フランスが自国の海外領土に与えている保障や権利を他国にも要求することを前提とした。したがって、単なる農産物取引協定であれば、海外領土の参加も可能であり、本

国と海外領土の関係を損なうことがないと判断された。すなわち、EPC構想の出現により、農業共同体構想が全般的な共同市場設立構想と関連する問題となったため、「海外領土の問題は先決問題」になったのである[39]。こうした理由から、フランスの立場は、政治・経済統合に組み込まれる恐れのある「小ヨーロッパ」的な農業共同体構想に背を向け、国家の主権を害しない、農産物取引協定締結の枠組みを求める結果となった。

そして、ヨーロッパ・レベルでの農業問題解決が滞る中で、輸出市場獲得の努力は、再び2国間という枠組みにおいてが追求されることになる。農業界はヨーロッパ農業連盟（CEA）において仏独協力の強化を試み、政府の側では、1954年10月のマンデス・フランスとアデナウアーのセル＝サン＝クルー会談が2国間協力の再開を画した。この会談を機に、両国の貿易関係発展の一環として長期貿易協定の交渉が行われ、従来の短期協定に代わる3年半の協定が55年夏に締結された[40]。

しかし、貿易協定の交渉は両国の利害対立により困難であった。なにより、本交渉が農産物のみを対象としているわけではないことが問題であった。フランスは、当然のごとく、主として安定した農産物市場の確保を望んだのに対し、ドイツは、見返りに工業製品の輸出を望んだ。フランスがドイツの工業製品に対する市場開放に躊躇したことは、とくに交渉の障害となった。この時期、フランス工業をドイツ工業との競争に晒すことなく2国間協定の道を追求することは、もはや限界にあった。結局、フランスの重要な農産物輸出先であるドイツは、ヨーロッパ・レベルでは、農相リュプケ（H. Lübke）の発言が示すように、「ヨーロッパ農業の統合は経済全体を含む統合プロセスによってしか進歩し得ない」との立場を明確にし[41]、仏独2国間では、工業製品の輸出市場拡大を求めた。すなわち、1950年代半ばには、農産物輸出市場の拡大というフランスの目標は、農業という限定された枠組みの中では達成不可能になっていた。

他方で、仏独貿易協定は、フランス農業の輸出余力が不十分な時期に締結されたため、収穫が不安定な小麦の輸出契約の履行を困難にさせた[42]。さらに、第2次プラン最初の2年間（1954-55年）、農産物の輸出は輸入を著しく上回っ

たが、輸出は国家の援助に支えられており、この輸出超過は、「人為的な」輸出増加に支えられた「仮面をつけた」農業発展の結果であった[43]。

3 第2次プランの選択

ヨーロッパ農業共同体構想が検討されていた間、国内では、1951年末から第2次プラン（54-57年）の策定が開始された。終戦直後の食糧不足時には、農産物価格の高騰によって農業従事者の所得は戦前より上昇したが、48年に農業生産が戦前の水準を回復した結果、農産物価格の上昇にブレーキがかかった。この年を境に、農工間の価格格差は次第に拡大し、農業従事者所得は相対的に減少傾向を示していた。さらに、第1次プランの農業近代化の費用は、大部分が農業従事者の自助努力によって賄われたため、機械化による生産性の向上が農業従事者の利益になると鼓舞した政府の訴えに反して、近代化のためにより多くの工業製品の購入を迫られる状況が所得減少に追い討ちをかけた。また、計画庁も認識していたように、近代化の促進は、地域格差の問題を生じさせた。近代化プランの下で国家援助の恩恵に浴し、機械化と生産性の向上をよりよく実現したのは、パリ盆地の大規模穀物生産者のような先進地域の富裕農民であった[44]。

こうした中、豊作による1953年の農産物価格の下落が農工間格差や地域格差に起因する農民の不満を噴出させた。彼らの不満は政府と大農利害を擁護する農業団体指導者に向けられた。夏には、南仏を皮切りにブドウ栽培者がワイン価格の暴落に対する不満を表明し、次いで、秋には中央山塊を中心に畜産農家の暴動が生じた[45]。農業省は、一方で、このような農業界の混乱に直面しながらも、他方で、農業共同体構想の挫折にヨーロッパ諸国の保護主義の強化を感じとり、輸出市場の確保は困難だと考えるようになっていた。それゆえ、近代化プラン・レベルの投資の続行が、過剰生産と価格の崩壊をもたらすことを懸念した。だが、農業省の消極姿勢を反映した予算案は、拡大政策を農業界全体の生活水準向上の唯一の方法と考える計画庁の前に退けられた[46]。

計画庁によれば、生産性向上のための投資を削減して国内自給のみを目指す

政策は、マルサス主義を蔓延させ、結果的に多くの農民を窮地に追い込み、離農を加速させ、国民全体の生活水準の低下を招くものであった。だが、逆に、農業人口を大幅に減らすことで生産性の上昇を図りながら生産高は余り増加させないという政策は、工業の発展が離農者を吸収するのに十分ではないとの理由から不可能と考えられた。事実、1952年から53年にかけて、工業の不振がフランス経済の問題となっていた[47]。それゆえ、拡大政策のみがフランス農業に残された唯一の道であると判断された。なぜなら、拡大による農産物価格の低下は、農業の国際競争力を高め、農民と一般消費者の購買力を高め、国民全体の生活水準を上げるからであった。さらに、「農民全体が進歩へと向かう農業」こそが地域格差の解消をもたらすと考えられた[48]。加えて、製造業の重要な国内市場である農村の購買力の改善は、工業の発展にとっても重要であった[49]。

　かくして、政府は農業拡大路線を維持しつつ、農業従事者に価格を保障するための保護制度を固めた。1954年末には、これまで耕種作物部門に関して存在していた全国穀物局（ONIC）と同様に、景気に応じて国が購入・貯蔵などの市場規制を行う介入組織を畜産・食肉部門および酪農に関して設けた[50]。また、1953年9月のデクレにより、農業市場を支えるため、国家と生産者双方の出資による相互保証基金の設立が決定された[51]。

　以上のように、「人為的」手段に頼るという矛盾を抱えながらも政府が農産物輸出政策の推進に躍起になったのは、離農促進の選択肢を採れない状況で、農民が要求する妥当な所得を保障し、彼らを過剰生産と価格崩壊の不安から解放し、農業拡大に対する彼らの同意を得るために、輸出が唯一の方法であったからである。問題は、農業共同体構想が挫折し、2国間協定締結が困難な状況下において、いかに輸出市場を確保するかであった。

　農業共同体構想の放棄が決定された後も、計画庁では、「ヨーロッパ共同体の展望のもとに、フランス農業は、もはや革新のための大きな努力をしないわけにはいかない。遅かれ早かれ、フランス農業よりも良く装備され、したがって、より能率的な他の農業経済との競争に直面することになるだろう」と考えられていた。そして、第2次プランの目的が達成されてはじめて、「フランス

農業は統一されたヨーロッパに対する食糧供給に大きく貢献するという新たな運命に向き合うことが可能となるだろう」と[52]。したがって、この時期には、工業と同様、農業についても、近代化が貿易自由化に先行する必要性が認識されていた。

III 共同市場構想と第3次プラン

1 共同市場構想に対するフランスの反応と国内農業問題

　1955年5月のメッシナ会議を機に、ECSC 6ヵ国のヨーロッパ統合構想が再び始動した。メッシナ決議に従い、交渉の準備を担うスパーク委員会は、7月からブリュッセルにおいて作業を開始したが、当初、フランスは、全般的な共同市場提案を受け入れる用意はなく、原子力部門の統合を支持する態度で作業に参加した。だが、フランスの意に反して、スパーク委員会の作業が共同市場の問題に力点を置くようになると、フランス代表は、自国の要求を無視して議論が進められるのを避けるため、10月半ばに共同市場に関する覚書を提出した。これは、共同市場に関して、工業の競争条件の格差を除去するための社会的負担の調和の必要に注意を喚起することを意図していた[53]。農業問題については、スパーク委員会で工業ほど詳細な検討がなされていなかったため、覚書は、「第一段階から農産物に関する何らかの措置が採られることなしに、共同市場は創設されえない」ことと、農産物に関する貿易障壁の削減措置は「諸市場組織化のための共通政策を伴うべきである」という原則を指摘するにとどまった[54]。

　1956年1月に入り、スパークのイニシアチブで農業問題を議論するための特別委員会が開催されると、農産物の保護は撤廃せずに例外的な制度を適用するという合意が6ヵ国代表の間で得られた。しかし、「伝統的に自由主義的なオランダの考えと、市場の組織化というフランスの政策の間に明らかな歩みよりは見られなかった」。また、委員会は農産物ごとに問題を検討するというフランス案を採用したが、農産物全体に関する全般的な規則を望むオランダとの対

立は残ったままであった55)。

　1956年4月にスパーク報告が6ヵ国政府に提出されたことを受け、フランス政府内では55年10月の覚書をもとに政府間交渉に向けた準備が行われた。ここにおいて海外領土の処遇と並んで、共同市場への農業の包摂に伴う組織化が重大な問題として認識された56)。農業問題検討の基礎となった農業問題閣外相セペッドの提案は、国内の農業政策が自由化の被害を受けないよう、各国の市場の組織化に代わる農業市場の共通の組織化が必要であることを主張した57)。しかし同時に、農業市場の統合に対する反対もあった。一部の者は、挫折した農業共同体交渉を想起し、農業共同市場創設の困難を懸念した。また、経済問題閣外省の高級官僚は、スパーク報告において農業政策の定義が欠如していることを批判し、政府が農業部門への介入方法を失うことを危惧した58)。

　1956年5月末のヴェニス会議で、フランス政府は交渉に参加する意思を見せたが、それはまだ共同市場受諾の意思を意味していたわけではない。政府内では、主として、工業が重い社会的負担のために対等に競争できないという不安から、依然として共同市場反対の意見が支配的であった59)。したがって、56年6月に開始された条約準備のためのブリュッセル政府間会議において、フランス代表は「時間稼ぎ」の態度をとり続けた60)。さらに、ヴェニス会議でフランスが共同市場への海外領土の参加を求めたことは、6ヵ国の協議を一層複雑にする要素となった。しかし、先に見たとおり、フランスにとって海外領土問題の解決が農業問題の解決に先行すべきことは明らかであった。

　以上のように、この頃まで共同市場をめぐる国内の議論においては農業問題に力点が置かれていなかったものの、それは内政上の大きな社会問題となっていた。1953年の暴動以降の政府の政策努力にもかかわらず、農工間格差は拡大を続け、所得の平等を求める農民の声はピークに達していた。さらに、56年1月の総選挙によって社会党政権が成立すると、これまで政府に比較的協力的であった農民団体は態度を一転し、実力行使によって政府に圧力をかける道を選んだ。加えて、天候不良による収穫の減少が農民の行動に拍車をかけた61)。こうした状況下における第3次プラン（58-61年）の作成過程では、農業所得の

改善と農村の生活水準向上を考慮することが以前にも増して重要な課題となった。しかし同時に、第2次プランのもとで追求された「人為的な」輸出増加政策は国家財政の負担となっていた。それゆえ、農産物輸出は、依然として農業政策成功の不可欠な条件とみなされていたが、輸出援助の必要度が低く採算性の高い農産物や、輸入依存度が高い農産物の増産に転換する必要があると考えられた。すなわち、一般的には、一部の農作物の過度な生産から畜産に転換することが考慮された[62]。

さらに、計画庁の関心は収穫高の増加から生産性の上昇にシフトした。フランスの農業人口の割合は減少傾向にあったが、食糧輸入国はもとより、食糧輸出国に比較しても依然高かったため、計画庁では、農業人口の維持を原則とした第2次プランとは反対に、農業人口の減少を加速させ、合理化によって農業従事者1人当たりの収入を上昇させる必要があると考えられた[63]。

これに対して、農業省や農業界は工業による離農者吸収の可能性に対する不安を表明した。全国農業経営者組合連盟（FNSEA）は、「工業の表明する（労働力）需要の根拠は取るに足らず、農地を去らねばならない人々が確実に妥当な職を得られるかについては全く明確にされていない」と述べ、離農促進という計画庁の方針を批判した。また、貧困による離農が防止され、離農者が妥当な職住を確保する可能性を与えられ、家族経営数が最大限維持されることを主張した[64]。さらに、第1・2次プラン同様、設備と技術の発展は生産性の改善の前提と考えられていたが、農業界は高い工業製品価格が原価を圧迫し、農産物輸出の障害となっていることを嘆いていた。農業界は、農民の犠牲の上に、一方的に農産物価格の引下げが追求されることに反対であった[65]。すなわち、ここには工業近代化の成功を農業近代化の成功の必要条件とみなす構図が存在していた。

こうした農業界の不安を考慮し、計画庁長官イルシュは、1957年1月の講演において、第3次プランの「農産物の20％増産目標は、現在よりも少ない農業従事者数で実現されるであろう。これは農業従事者数を減らしたいという希望によるものではなく、我々は時代の趨勢に直面しており、それを認めねばなら

ない」と述べるとともに、農業従事者子弟に非農業職を提供する必要を指摘した。同時に、彼は、農業人口が過密な地域に工業中心地が作られるような地方分散形の工業発展と、「不熟練労働者ではなく、有利な条件で雇用される技能をもった人々が離農できるように」職業教育の必要を説いた[66]。現実に、この時期、急速に発展する工業における労働者不足は深刻な問題になっており、離農促進による労働力供給が求められていた[67]。

2　共同市場交渉における要求

1956年9月の省間会議において共同市場受入を決断したフランス政府は、その後、農業問題を本格的に検討し、10月に農業問題の協議に入ったブリュッセルにおいて次のような要求を提示した。①共通の市場規制は、最良の収穫高および価格条件における生産を念頭に置き、農業従事者に十分な生活水準を保障すること。②域内の農産物取引を促進するために、現在の各国における農業市場規制に変わり、効果的かつコストのより少ない共通の規制が設けられること。③市場介入を支えるヨーロッパ農業保証基金を設立すること。④域内における数量制限と関税の段階的な削減は、価格が最低価格を下回った際に輸入を中断できるという条件において進められ、第1段階においては各国政府が最低価格を定めること。⑤域内貿易の発展は、2国間あるいは多国間による長期協定によって保障されること。⑥域内農産物に対して「優遇措置（préférence）」が適用されること[68]。

したがって、農業に関するフランスの要求は、所得の上昇を訴える農業界に配慮する一方で、国内の財政を圧迫している農業保護システムの代わりに共同体による保護システムを求める形となった。農業問題の検討が1956年秋まで先送りされてきたのは、共同市場受入の決断を待っていたからであり、その決断以降は、共同市場への農業の包摂方法を検討することが、むしろ共同市場の運命を左右する重要な問題となった。在ベルギー大使ブスケ（R. Bousquet）が言うように、共同市場の条約案が「農業族議員の大部分の合意を獲得できれば、共同市場全体の批准は非常に容易になることは明白」であったからである[69]。

それゆえ、政府は農業界のコンセンサス獲得を考慮せねばならなかった。

こうした農業に関するフランスの要求は、社会的負担の調和問題とともに、ブリュッセル交渉の障害となった。後者の問題が11月に解決したことで、交渉は停滞状態を脱したものの、対外共通関税率、海外領土の参加問題、農業問題は依然未解決のままであり、マルジョランによれば、農業問題の解決が最も厄介であった[70]。当然のごとく、自由貿易を唱えるオランダとの対立は避けられなかった。

だが、最終的にフランスの要求は大部分において受け入れられた。上述した当初の要求と照合するならば、要求に対応する条約の箇所は以下のとおりである。まず、①共通農業政策は、「農業人口に公正な生活水準を保障する」ことを目的とし（EEC設立条約39条1b）、②共通農業政策の目的達成のために「諸農業市場の共通の組織」が定められ（40条2）、③共通の組織の機能を可能にするために「ひとつまたは複数の農業指導保証基金」が創設されうる（40条4）ことが明記された。さらに、過渡期の保護措置としては、④加盟国は、価格が最低価格を下回った場合に輸入を「一時的に中断あるいは削減する」ことができるような「最低価格システム」を適用することができ、理事会決定が実施されるまでの間、委員会と他の加盟国に事前に知らせた上で、最低価格を自ら定めることができる（44条1、4）ことが記された。加えて、⑤共通の組織が国内の組織に代わるまでの間、「取引の発展は加盟国間の長期協定あるいは契約の締結によって追求され」（45条1）、⑥この協定あるいは契約は、規定を様々な共同体生産者に適用するに際し、「あらゆる差別の排除へと向かわねばならず」、輸入国の国内市場で国内生産者に支払われる価格と同等の価格での流通を徐々に可能にすることが明記された（45条1、2）[71]。⑥については、オランダとドイツの反対により、保護主義的な「優遇措置」という表現は退けられたが、共同体内における「無差別」原則の適用が明記されたことは、すなわち第3国に対する差別を意味していた[72]。

6ヵ国は、加盟国の利害の多様性を考慮し、合意が困難な問題を未解決のまま残したため、農業に関する詳細な規則は条約には記載されず、共通農業政策

に関しては、共同市場条約発効後に農業会議において政策のガイドラインが定められることになった（43条1）。しかし、フランスは、この不十分な農業条項において、すでに国内の市場規制組織に代わるヨーロッパ共通の組織を獲得し、さらに、過渡期における輸出市場拡大の可能性までをも確保した。かくして共同市場を設立する EEC 条約は1957年3月25日に調印された。

3　第3次プランに対する共同市場の意義

農業界は、当初、保護システムの解体を危惧していたが[73]、1956年10月半ばを境に共同市場構想に好意的になった[74]。この態度変化の時期は、ブリュッセルにおいて農業問題に関するフランス政府の要求が明らかにされた時期に一致する。このことは、フランス政府の要求が農業界の要求に合致していたことを意味するといえよう。農業問題に関して6ヵ国の意見を調整することに比べれば、国内において農業界の合意を得ることはさほど困難ではなかった。なぜなら、輸出市場獲得の絶対的な必要性を感じていた農業界は、50年代前半にヨーロッパ・レベルにおける市場組織化の試みが失敗した後、それを共同市場に求めざるを得なかった。マルジョランは農業団体代表と固い友情関係を築いたことを想起している[75]。そして、56年12月にブリュッセル交渉に参加する専門家との会談を行った FNSEA 指導者も、「我々の意見は聞き入れられた」と判断した[76]。

さらに、1956年7月に自由貿易圏構想が OEEC において持ち上がったため、貿易自由化による競争の激化を懸念した農業界は、共同市場支持の立場を強めた。しかし、自由貿易圏の議論が進むにつれ、農産物の自由化か保護かが問題なのではなく、農産物を包摂するか否かが争点であることが明らかとなる。イギリスは農業を自由貿易圏から排除することを望んでいたため、ある意味、フランス農業界の利害はイギリスのそれに合致していたともいえる。それゆえ、農業界は、自由貿易圏を明白に拒否せず、共同市場において獲得した農業保護の条件を守ることに専心したのであろう[77]。

他方、農業問題は工業界にも無関係ではなかった[78]。価格政策、とりわけ農

業従事者所得を改善するための農産物価格の上昇は、とくに農産物加工に影響を与える問題であった[79]。また、フランス製品の価格高の原因を探るために1954年春に政府と工業界の代表によって作成されたナッタン委員会報告によれば、価格低下を妨げる大きな原因の1つに農産物の価格高が挙げられていた。したがって、食料価格の低下をコスト削減によるフランス経済の飛躍的発展の条件の1つと考える同委員会は、政府が小麦やビーツなどの主要農産物価格を定めている現状において、食料価格を不当に吊り上げるのをやめ、フランス経済全体の原価を圧迫しないよう、世界価格を考慮した価格設定が行われる必要を指摘した。さらに、国の援助なしでの輸出の妨げとなるような価格設定を廃するべきだと主張した[80]。それゆえ、フランス経営者全国協議会（CNPF）は、共同市場交渉における基本農産物の市場組織化問題に関連して、「無条件かつ莫大な費用をかけて」小麦やビーツの生産を支えることは、「経済的に有益な他の産物の発展を損なう可能性がある」と述べ、政策による介入を最小限にとどめ、「需要と供給の法則に最大限の柔軟性を残す」ことを求めた[81]。すなわち、工業界は、共同市場に農業が包摂されることにより、農産物価格水準の低下がもたらされることを期待していた。工業界が農産物の除外を自由貿易圏構想の欠陥の1つと見なしたことも、このコンテクストで理解できよう[82]。

　したがって政府は、農産物価格の引下げをめぐって、それに反対する農業界とそれを求める工業界の相対立する要求に直面した。共同市場交渉においてフランスが獲得した農業包摂の条件は、結果的に国家による既存の保護レベルを低下させないという農業界の要求に沿ったものとなった。また、国内においては、1957年5月に基本農産物の価格を農業に必要な工業製品の価格上昇にスライドさせるラボルド法が制定され、他部門との所得の平等という農業界の要求に配慮した施策が実現された[83]。40年代末以降、農産物輸出市場の確保を農業近代化政策の遂行のための緊急の課題と見なしていた政府にとって、相手国の需要変動の影響を受けやすい2国間協定の締結の困難に比較して、農業保護の枠組みを維持しつつ農業により広い市場を提供するEECは、理想的な解決策であった。当時の農民の激しい行動に鑑みるならば、農業近代化に対する農民

の理解を得るために、政府が農業界の利害を考慮する必要があったことは当然である。

しかし、共同市場が提供する保護主義の側面は、フランス政府が求めた過渡的な措置に過ぎない。計画庁が望んだように、長期的な狙いは、あくまで保護主義のコストを削減し、国際市場におけるフランス農産物の競争力を高めるために原価を下げることであった[84]。それゆえド＝ゴール体制に移行すると、農業部門の競争力強化のため、ラボルド法の廃止（1958年12月）や補助金のカットが実施された[85]。つまり共同市場は、農業が競争力をつけるまで、一時的に必要悪として現行レベルの高い保護を維持しつつ、近代化政策を遂行することを可能にする枠組みであった。

また、イルシュが言うように、「フランス人の生活水準の上昇を可能にする工業の発展と、とりわけ共同市場によってもたらされる農産物輸出の増加の見通しは、フランス農業に例外的なチャンスを提供する」ものであった[86]。つまり国内工業の発展が国民の生活水準の上昇＝国民購買力の上昇を通じて農産物の国内市場を拡大するのに対して、共同市場が国外市場を拡大させることを意味する。さらに、工業の発展は、生産手段の価格低下を通じて農産物原価の低下をもたらすと同時に、離農層に新たな雇用機会を提供する。他方、工業の発展もまた、前述のように、農業近代化政策の成功にかかっていた。このように農工間の相互依存関係を考慮するならば、EECの意義は、農工両部門の近代化政策の同時遂行を可能にする枠組みを形成したことにある。

おわりに

終戦直後の農業政策の優先課題は、まず食糧不足への対処であり、ついで食糧自給と伝統的な農産物・食品の輸出回復が目標とされ、生産手段の近代化が図られた。

マーシャル・プランの枠組みの中で、国際収支の改善のために農産物輸出国化が目標に設定された結果、基本農産物の重点化とその輸出市場の獲得が農業

政策の要となる。農産物の増産のためには農業近代化の推進が必要であったが、これは農業従事者の生産意欲にかかっており、農村に蔓延する過剰生産に対する不安の払拭という心理的な観点からも、輸出市場の獲得は不可欠であった。

しかし、1948年を境に、農業従事者所得が他の産業部門に比べて相対的に低下し、それが深刻な社会問題へと発展した。計画庁は、離農者の受け皿となる工業部門の発展が不十分な状況下で、農民の生活水準の向上を実現する唯一の方法は、農業の発展による増産とそれを支える輸出市場の拡大と考えた。このような第2次プランの路線を追求する上で、50年代前半のヨーロッパ農業共同体構想は、ドイツを含むヨーロッパ市場拡大の可能性を提供するチャンスと見なされた。だが、この構想は、「小ヨーロッパ」や超国家機関に対する反対に加えて、本国と海外領土の経済関係を考慮した結果、断念された。

したがって、輸出市場拡大の努力は政府間の貿易協定によって追求せざるを得なくなるが、重要な農産物輸出先であるドイツは、農産物輸入の見返りとして工業製品輸出の要求を強めていた。1950年代半ばには、工業をドイツとの競争に晒さずに、2国間協定の枠内で農業の輸出市場拡大を図ることは限界に来ていた。すなわち、この時点で、工業の競争力不足の問題解決が農業政策遂行の前提であることが明らかとなった。

第3次プランの策定期には、所得上昇を求める農業従事者の声はますます強まっていたが、農業保護が財政負担となっていたばかりか、政府は農産物価格の低下を求める工業界の要求を同時に考慮せねばならなかった。したがって、第3次プランでは、農業近代化には輸出市場の拡大に加え、農業人口の削減による生産の合理化が必要であるとの考えに至る。すなわち、農業政策は生産高の増加から、生産性の上昇に力点を移動した。

ここにおいて、貿易協定による市場拡大に終始していた従来の方針から、共同市場への農業の包摂の検討が必須となった。なぜなら、共同市場は次の2つの意味において農業近代化実施の最適な枠組みであった。それは価格競争力が低い農産物に市場と保護を提供する枠組みであり、かつ、工業製品価格の低下と離農者の受け皿の拡大をもたらす工業近代化の達成に適した枠組みであった。

それゆえ、フランスは、共同市場交渉において、第3次プランで定めた農業政策実施の役割をヨーロッパに移管することを求めたといえる。つまり、共同市場への農業包摂に対するフランスの関心は、長期貿易協定による市場の拡大のみにとどまらず、低コストの農業市場規制と農業生産の合理化の追求にあった。このように、農業と工業の発展の要素は緊密に関連づけられていたため、政府にとって、一方を犠牲にした政策を実施することは不可能であった。したがって、フランスが共同市場という選択肢を採りえたのは、それが農業を含めた経済全体の近代化推進の枠組みを提供したからである。

1) Archives nationales（以下 AN), 80AJ98, L'agriculture dans l'économie française au cours du 3ème Plan, par E. Hirsch, conférence prononcée le 17 janvier 1957.
2) 例えば、F. M. B. Lynch, *France and the International Economy : From Vichy to the Treaty of Rome*（Routledge, 1997）; G. Bossuat, *L'Europe des Français 1943-1959 : La IVe République aux sources de l'Europe communautaire*（Paris, 1996）.
3) G. Noël "L'agriculture dans le Marché Commun : un défi et une stratégie conçus dès le début des années 1950" Trausch (ed.), *Die Europäische Integration vom Schuman-Plan bis zu den Verträgen von Rom*（Baden-Baden, 1993）p. 149.
4) G. Noël, *Du pool vert à la politique agricole commune : Les tentatives de Communauté agricole européenne entre 1945 et 1955*（Paris, 1988）; G. Noël, *France, Allemagne et《Europe verte》*（Peter Lang, 1995）.
5) 川嶋周一『1960年代、ヨーロッパ秩序変容期における独仏関係史研究――米欧関係、ヨーロッパ安全保障レジーム、経済統合に関する、ドゴール外交及び西ドイツ外交における「ヨーロッパ」政策の協調と対立』北海道大学提出博士論文（2004年）第1章。
6) A. S. Milward, *The European Rescue of the Nation-State*, 2nd edition（Routledge, 2000）chap. 5.
7) Noël（1988）*op. cit.*, pp. 39-68.
8) P. Barral, *Les agrariens français de Méline à Pisani*（Paris, 1968）p. 287 ; M. Gervais, M. Jollivet, Y. Tavernier, *Histoire de la France rurale 4 : La Fin de la France paysanne depuis 1914*（Paris, 1977）pp. 108-111, 116.
9) M. Cépède, *Agriculture et alimentation en France durant la IIe Guerre mondiale*（Paris, 1961）pp. 479-480.

第6章　戦後フランスの農業政策とヨーロッパ統合　175

10) P. Miquel, *La France et ses paysans : Une histoire du monde rural au XXe siècle* (Paris, 2004) pp. 184-185 ; Milward, *op. cit.*, p. 243.
11) AN, 80AJ14, Plan 1952 révisé, agriculture, décembre 1948.
12) とりわけ家畜生産の増加目標との関連で、飼料輸入の削減のために飼料作物の増産の必要が指摘された。Commissariat général du Plan de Modernisation et d'équipement (以下、CGP), Premier rapport de la Commission de Modernisation de la Production Végétale, décembre 1946.
13) 1952年まで延長された修正後のプランと区別するため、ここでは当初のプランを便宜上47年プランとする。
14) P. Pflimlin, *Mémoires d'un Européen : De la IVe à la Ve République* (Fayard, 1991) pp. 36-40 ; Milward, *op. cit.*, pp. 243-244.
15) AN, 80AJ 14, CGP, Agriculture, note sommaire concernant le Plan 1952 (9. 3. 49) ; AN, 80AJ 14, CGP, Rapport général sur le 1er Plan novembre 1946-janvier 1947.
16) AN, 80AJ14, note sur les possibilités de réalisation d'exportations de certains produits alimentaires en 1952, 29 mai 1948.
17) Milward, *op. cit.*, pp. 267-268.
18) AN, 80AJ14, Projet de loi relatif à la vulgarisation agricole, exposé des motifs, 29 novembre 1948.
19) Cépède, *op. cit.*, pp. 451-453.
20) G. Luneau, *La forteresse agricole : Une histoire de la FNSEA* (Fayard, 2004) p. 173.
21) Barral, *op. cit.*, p. 320.
22) AN, 80AJ14, CGP, Agriculture, contrats d'exportation à long terme, 22/9/48.
23) Bossuat, *op. cit.*, pp. 85-86.
24) AN, 80AJ14, CGP, agriculture, programme 1949-50, decembre 1948.
25) Noël (1988) *op. cit.*, pp. 69-114 ; G. Noël, *Le Conseil de l'Europe et l'agriculture : Idéalisme politique européen et réalisme économique national 1949-1957* (Peter Lang, 1999) pp. 11-21.
26) Noël (1995) *op. cit.*, pp. 28, 34-35.
27) *Ibid.*, pp. 55-61.
28) Bossuat, *op. cit.*, pp. 145-150.
29) Noël (1995) *op. cit.*, pp. 41-43.
30) S. Lefèvre, *Les relations économiques franco-allemandes de 1945 à 1955 : De*

l'occupation à la coopération (Paris, 1998) pp. 205-208 ; R. Griffiths et F. Lynch, "L'échec de la 《Petite Europe》 : les négociations Fritalux/Finebel, 1949-1950", *Revue historique*, No. 555 (1985) ; M. Kipping, *La France et les origines de l'Union européenne : Intégration économique et compétitivité internationale* (Paris, 2002) pp. 127-134.

31) Noël (1995) *op. cit.*, p. 51.
32) *Ibid.*, pp. 67-71.
33) Milward, *op cit.*, pp. 292-294 ; H. Delorme et Y. Tavernier, *Les paysans français et l'Europe* (Paris, 1969) pp. 20-21 ; Noël, *Ibid.*, p. 98.
34) Noël (1988) *op. cit.*, pp. 241-285.
35) *Ibid.*, pp. 295-311.
36) *Ibid.*, pp. 382-386 ; 交渉の進展については、R. Griffiths, "Creating a High Cost Club : The Green Pool Negociations : 1953-1955", R. Griffiths and B. Girvin (ed.), *The Green Pool and the Origins of the Common Agricultural Policy* (Bloomsbury, 1995). も参照。
37) Bossuat, *op cit.*, pp. 212-214 ; Noel, *Ibid.*, pp. 361-363.
38) Gervais, Jollivet, Tavernier *op. cit.*, p. 620.
39) Centre des archives contemporaines (以下、CAC), 800140 art2, note relative aux réunions tenues au Quai d'Orsay, 7 février 1953 ; CAC, 800140 art2, note sur la participation des Territoires d'Outre-Mer à l'organisation européenne des marchés agricoles, 10 août 1953 ; Milward, *op. cit.*, pp. 311-312.
40) Lefèvre, *op. cit.*, pp. 405-406 ; G. Bossuat, "Les conceptions françaises des relations économiques avec l'Allemagne (1943-1960)", A. Wilkens (ed.), *Die deutschfranzösischen Wirtschaftsbeziehungen 1945-1960* (Sigmaringen, 1997) pp. 49-51.
41) Ministère des Affaires Etrangères (以下、MAE), Europe 1949-1955, Allemagne, 479, a. s. pool vert, 17 mai 1955.
42) Lynch, *op. cit.*, p. 165 ; Bossuat (1997) op. cit., p. 51.
43) J. Milhau, "L'évolution des échanges extérieurs", *Economie rurale*, N° 39-40, (1959) pp. 128, 131-132.
44) Gervais, Jollivet, Tavernier *op. cit.*, pp. 113-114, 615 ; AN, 80AJ54, CGP, 2ème Plan, rapport général des Commissions de la Production Agricole et de l'Equipement Rural, octobre 1953.
45) Luneau, *op. cit.*, pp. 175-197.
46) Lynch, *op. cit.*, p. 163.

47) *L'Année politique 1953*, p. 134.
48) AN, 80AJ78, note relative au Budget de l'Agriculture pour l'année 1954, 1er décembre 1953.
49) Lynch *op. cit.*, p. 162 ; AN, 80AJ54, CGP, 2ème Plan, rapport général des Commissions de la Production Agricole et de l'Equipement Rural, octobre 1953 *op. cit.* ; AN, 80AJ88, XXXVIe Congrès national de la Mutualité de la Coopération et du Crédit agricoles du 9 au 14 juin 1954.
50) クロード・セルヴォラン『現代フランス農業——「家族農業」の合理的根拠』（農政研究センター、1992年）80-81頁。
51) M. Tracy, *L'Etat et l'agriculture en Europe occidentale : Crises et réponses au cours d'un siècle*（Paris, 1986）p. 266.
52) AN, 80AJ54, 2ème Plan, rapport général des Commissions de la Production Agricole et de l'Equipement Rural, octobre 1953 *op. cit.*
53) 拙稿「フランスのローマ条約受諾——対独競争の視点から」『歴史と経済』第177号（2002年10月）7頁。
54) *Documents Diplomatiques Français*, 1955, tome II, 297.
55) AN, F^{60}3111, DREE, Marché Commun Européen, 24 février 1956.
56) AN, F^{60}3112, note sur la réunion du 11 mai 1956 à Matignon.
57) AN, F^{60}3112, note de Cépède sur l'Agriculture.
58) Bossuat, *D'Alger à Rome 1943-1957 : Choix de documents*（Louvain-la-Neuve, 1989）pp. 160-163.
59) R. Marjolin, *Le travail d'une vie : Mémoires 1911-1986*（Paris, 1986）p. 283.
60) AN, F^{60}3112, compte rendu du comité interministériel tenu à Matignon le 4 septembre 1956.
61) Luneau, *op. cit.*, pp. 209-213 ; Gervais, *op. cit.*, p. 623.
62) AN, 80AJ101, Groupe de travail《Débouchés》, PA/DOC14.
63) AN, 80AJ98, Commission de la Production Agricole et de l'Equipement Rural, AP1-Révisé-, Préparation du 3ème Plan.
64) AN, 80AJ98, ministère de l'Agriculture, note pour la préparation du 3ème Plan ; FNSEA, Rapport général, XIème congrès fédéral, 4 et 5 décembre 1956. 引用は後者。
65) AN, 80AJ98, Comité national d'orientation économique, note sur la situation de l'agriculture, 21 février 1956 ; FNSEA, Rapport général, XIème congrès fédéral, 4 et 5 décembre 1956, *Ibid.*.
66) AN, 80AJ98, L'agriculture dans l'économie française au cours du 3ème Plan, par

E. Hirsch, conférence prononcée le 17 janvier 1957, *op. cit.*.
67) Troisième Plan de modernisation et d'équipement (1958-1961).
68) H. J. Küsters, *Fondements de la Communauté Economique Européenne* (Luxembourg, 1990), pp. 230-231 ; MAE, DE-CE 618, Ambassade de France en Belgique, N° 1538/DE, 30 octobre 1956 ; 川島前掲、37-38頁。
69) MAE, 618, a. s. Débats du Comité du Marché Commun à la Conférence de Bruxelles, 10 octobre 1956.
70) Marjolin, *op. cit.*, p. 298.
71) Traité instituant la Communauté Economique Européenne ; Küsters, *op. cit.*, p. 238.
72) Marjolin, *op. cit.*, pp. 298-299 ; MAE, DE-CE 618, a. s. Comité des chefs de délégation de 19 et 20 décembre, Problème de l'Agriculture, 22 décembre 1956.
73) Bossuat (1996) *op. cit.*, p. 318.
74) Milwarad, *op. cit.*, p. 312.
75) Marjolin, *op. cit.*, pp. 292-293.
76) FNSEA, Rapport moral XIème Congrès fédéral, 4 et 5 décembre 1956.
77) Delorme, *op. cit.*, pp. 23-24.
78) G. Noël, "Le patronat : CNPF et CCI face à l'organisation d'une communauté agricole européenne entre 1950 et 1957", *Revue d'histoire de l'intégration européenne*, Vol. 2, N° 2 (1996) p. 87.
79) Assemblée générale du CNPF, rapport d'activité de la commission économique générale, 14 janvier 1958.
80) Service des archives économiques et financières, 1A390, Rapport Général présenté à E. Faure, Ministre des Finances et des Affaires Economiques et à B. Lafay, Secrétaire d'Etat aux Affaires Economiques.
81) CNPF, Le projet de Marché Commun Européen, supplément au *Bulletin* N° 153 (1956).
82) Assemblée générale du CNPF, rapport d'activité de la commission économique générale, 14 janvier 1958 *op. cit.*.
83) セルヴォラン前掲、87頁 ; Luneau, *op. cit.*, pp. 213-214.
84) AN, 80AJ101, observations sur le document de travail préliminaire, 3 mai 1956.
85) Gervais, Jollivet, Tavernier, *op. cit.*, pp. 627-628 ; セルヴォラン前掲、94頁。
86) AN, 80AJ98, L'agriculture dans l'économie française au cours du 3ème Plan, par

E. Hirsch, conférence prononcée le 17 janvier 1957 *op. cit.*.

第7章　西ドイツの社会給付改革と東ドイツの社会保険

福澤　直樹

はじめに

　本章は第2次大戦後の東西両ドイツそれぞれにおける社会保険を中心とした社会給付の再建・展開過程を明らかにするものである。とりわけ西側の自由市場経済主義のもとでなお高福祉体制に繋がった社会給付改革と、東側の社会主義体制下での社会保険の再建およびその運用を問題にする。

　戦後米英仏ソの4ヵ国軍政に分割占領されたドイツでは、いずれの地区においても、社会給付の基軸として戦前来の社会保険システムが再建された。もちろん戦時期を経た後、保険機関の資産の減耗は著しく、また戦後の混迷の中で充分な給付はいずれの地区においても不可能であった。こうした中、1946年には連合国管理理事会において、これらの社会保険を統一型保険（Einheitsversicherung）のかたちで再編し、強力に推進していこうとする動きが起こった。この統一型社会保険とは、従来別個であった年金保険や疾病保険、失業保険といった各保険部門を1つの統一的な社会保険にまとめ、さらにそれぞれの保険分野（とりわけ疾病保険）における多種多様な個別保険機関を廃止して、統一保険下の単一保険機構に一本化するものであったが、こうした一本化は各個の保険機関の財政的状況の違いを均して全体の給付力を高める一方、強制的な所得移転を必然化するものであった。換言すれば、連帯性原則をより強く機能させつつ、限られた財源のもとでの給付力を高めるもので、これはヴァイマール

期以来の社会民主党（SPD）の主張に合致するものではあったが、他方で、個々の地域ないし職業集団各個の事情と給付との連関を断ち、また財政力のある集団から財政を強制的に移転させるものでもあり、個別の保険機関の強い抵抗を惹起するものであった。しかしきわめて厳しい財政状況下で社会給付を維持する必要がある中で、また個々の保険機関が従前の機能を回復しつつ個別集団の事情に即した給付体系を再構築できる状況には必ずしもない中で、連合国管理理事会労働力部が示した指針は統一型保険での社会保険の再構築であった。ホッケルツによれば、ソ連軍政が輪番で管理理事会を主導していた46年7月、同軍政主導のもとでこのような指針がまず打ち出され、残る西側3国軍政も何ら積極的に反対することはなかったという[1]。

　このように一旦は統一型保険という形態での社会保険再構築が連合国側の既定路線となったのだが、結果的には西側3国の占領地域、後のドイツ連邦共和国（西ドイツ）では統一型保険は導入されず、ソ連占領地域、後のドイツ民主共和国（東ドイツ）では統一型で社会保険が再建された。その理由として、西側占領地域についてはSPDの統一保険型の主張に対して新自由主義の思潮が優越したということが言われるが、冷戦体制が築かれつつある中で米軍政の影響があったこともあながち否定はできないだろう[2]。本章はこの点に深く立ち入るものではないが、ともあれ西側では敢えて統一型での社会保険の再編は図られず、旧来の制度的、組織的枠組みが存続した。これに対し東側・ソビエト占領地域では統一型保険方式で社会保険が再構築され、職域ごとの区別、あるいは労働者、職員といった職種ごとの区別を廃した国民保険（Volksversicherung）の構築が着々と進められた。

　さて、旧来型の社会保障体系が継続された西ドイツであるが、その再建は決してスムースではなかった。資金的制約の下で給付条件は厳しく、保険機関相互の格差や地域間格差も著しかった。それに加え、通貨改革後のインフレの中、実質給付額が減耗し、それに対し彌縫策的な下支え措置（名目給付額の引き上げ）が数次にわたる「社会保険調整法」によって実施され、さらに幾多の戦後処理給付制度（避難民、非追放民、戦争被害者、遺族、被迫害者等に対する援

助ないし補償給付）が社会保険給付と一体化されて支給された。これらは地域や因果根拠ごとの多種多様な規定から構成されていたため、社会給付の全体系は非常に複雑なものとなった。それにもかかわらず不充分な給付に対し、いわば泥縄式に補完的制度が追加されてきたため、給付諸制度の複雑さは一層激しくなり、給付体系全体を見通すこともきわめて困難となった。そして相当の公的資金が投入されたにもかかわらず、満足な給付改善にはいたらなかった。このような給付制度のあり方は50年代前半から問題にされ、制度の総体を一貫性と透明性をもった体系に構築し直すべきだという議論が展開されていた[3]。その議論が紆余曲折を経て部分的に結実し、立法に反映されたのが、1957年の労働者年金新規定法および職員年金新規定法（以後、両者を合わせて「年金改革法」と略称）であった。さて戦後西ドイツの社会経済秩序として知られるのが「社会的市場経済」である。そしてこの年金改革は、それがアデナウアーを首班とするキリスト教民主同盟／社会同盟（CDU/CSU）などの連立政府の下で実現されただけに、この「社会的市場経済」の１つの成果として語られることが多いが、そのエッセンスは自由主義ないし市場経済である。しかし年金改革を機に財政方式が積立方式から賦課方式に転換され、年金水準は平均65％の増加、年金関連支出も約45％増となり、他方で拠出率も11％から14％に引き上げられた[4]。国家補助も少なからず活用されることになった。はたしてこれらは「社会的市場経済」の趣旨に合致するのだろうか。野田昌吾氏は「社会的市場経済」の概念の多義性とキリスト教労働組合派の立場から50年代の経済秩序のあり方を明らかにしており、その論理においては「社会的市場経済」と年金改革は整合しうるものとなる[5]。本章でも野田氏の分析を高く評価し、かつまた「社会的市場経済」秩序の影響を過小評価するものでもない。だがそれ以外にも、従来あまり重視されてこなかった社会民主主義の影響も看過し得ないものとして採り上げたいのである。SPDはゴーデスベルク綱領の成立を見るまでもなく彼らにおける社会主義の内実を変化させ、50年代前半からの社会給付改革論争においても、時にCDU/CSU連合に先んじつつ、議論をリードしてきた。そして年金改革法案審議過程にも積極的にコミットしてきたのであり、同法の

成立に至った背景もこうした事実を加味してより広い視野で見直される必要がある。そこで本章前半では、SPD の社会主義的市場経済論の内実と、それがいかに年金改革の実現に反映されたかを検討する[6]。

他方、東ドイツでは、社会主義計画経済に「社会政策」は必要ない、ないし本質的にそぐわないということが言われてきたが、現実には社会政策は行われ[7]、とりわけ社会保険を主軸に生活保障の領域は遂行されてきた。本章の後半では東ドイツにおけるこの社会保険の運用の実態を明らかにしつつ、まず社会主義計画経済体制下でなぜ国家扶養ではなく敢えて社会保険の形態がとられたのか、それはどのようなコンセプトに導かれていたのかを検討する。東ドイツの社会保険では結果的に国家補助が大きな位置を占め、とりわけ年金については西ドイツで実現しなかった基礎年金中心、最低年金完備の給付システムとなった。このように一方で連帯的で平準化を志向する方向性が示されながら、他方で過度な平準化に反発する動きも見られ、実績主義（Leistungsprinzip）に基づく給付を通じた市場経済主義的動機付けが追求される部面もあった。まさしく市場整合性に配慮しつつ連帯性、社会性を有効ならしめようとする資本主義社会の社会保険のようでもある。そもそもこのような形態を構築する背景にはいかなる意図が働いていたのか。他方で社会保険のオートノミーの形骸化や、統制および経済政策との一体化などという指摘もなされるが、それはどう評価されるべきものなのか。本章後半ではこれらの検討を通じ、東ドイツの社会保険の性格および位置づけを明確にしたい。

以上のように本章は、東西両ドイツの社会給付・社会保険の再建・展開過程を見ることにより、そのいずれもが背景として単一のものに帰されない様々なコンセプトを有し、その位置づけもきわめて多義的になることを示そうとするものである。ただし紙幅の都合上、東西のいずれについても、ごく概略的な記述にとどまることは予めご了解いただきたい。

I　西ドイツにおける社会給付改革（1949-57）

1　西ドイツの社会給付改革と社会民主党の社会政策論

　本章冒頭で述べたように、西側占領地域では旧来型の社会保険が継続され、その後財政問題、インフレ対応、給付体系の複雑化など、数々の問題に逢着することになった。だがその間、西側のSPDが社会保険の統一型への転換を強く求めることはなかった。ヴァイマール期以来SPDが統一型の社会保険を求めていたのは事実だが、シューマッハー（Kurt Schumacher）を中心とした西側SPDはソ連型ボルシェビズムないし中央指令型の経済体制に批判的であった。それゆえ、従来型保険制度の問題を強く意識し、基本的に統一型社会保険歓迎であっても、一元的ないし集中的管理や集権構造に対する懐疑も強く、統一型の利点と優位性は意識しつつも、それに拘泥する立場は敢えてとらなかった。

　西側SPDも、終戦直後は経済秩序のベースとして社会化や経済計画を考えていたが、それは当時のCDUも同様であった。むしろ西側SPDはソ連型の社会主義と自らの主唱するそれとを明確に分ち、中でも政治・経済の集権構造や統制的経済に反発する態度は新自由主義の志向と変わるものではなかった。とくに西ドイツ建国以後の時期においては、SPDにおいても自由の価値、個人のイニシアティヴ、調整様式としての市場経済の価値が高く認められるようになり、また社会化、計画化を構想するに際しても「画一的適用」を厳に自戒する立場が明確にされていた。そして以下に述べるように、ヴェーバー（Alfred Weber）による「社会主義的市場経済」論、或いはプレラー（Ludwig Preller）による「脱ドグマ化」ないし「自由主義的かつ社会的経済体制」論などが提起されており、それらは社会給付のあり方におけるSPDの柔軟な対応にも結びついていた。

　1950年のヴェーバーの「社会主義的市場経済」論では、「自由社会主義（freier Sozialismusもしくはfreiheitlicher Sozialismus)」の考えが明確に出されていた。もとより「自由」の含意、つまりいかなる状態をして「自由」とするかの基準は異なるものの、それに至高の位置付けが与えられている点は「(彼らのいう)社会主義」も新自由主義も変わらなかった。「あらゆる自由の痕跡を消費にいたるまで排除する共産主義」との間に明確な一線を画し、「そもそも市場経済は資本主義経済に特殊な経済関係ではない」として、市場経済をむしろ積極的に評価しつつ、「社会主義にこそ市場経済が不可欠である」とまで言明していた点が従来型の「社会主義」論と大きく異なるところである[8]。ただし独占の弊害の除去や完全雇用、或いは他の様々な局面において市場経済を円滑に機能させるための介入(経済の経過への関与)の度合いを、ヴェーバーら、社会(民主)主義者たちの方がより大きく捉えていたのはまちがいない。このことを彼らの「制御せよ」という言葉が表している。つまり彼らは市場経済をまずベースとした上で、その前提を整えつつその機能を補完していくと共に、社会的見地から必要な介入を行い、経済を望ましい方向に誘導していく必要があるという考え方に立っていた。ヴェーバーにいわせれば、彼ら社会(民主)主義者の提示するこうしたかたちでの市場経済こそが「社会的」な市場経済なのであり、「『社会的市場経済』を僭称するネオリベラルが、その実なんと反『社会的』なことをやっているか」が強調されることになる[9]。すなわち、大きな独占利潤の容認、完全雇用政策放棄による失業の放置、そしてその政策秩序の下での就労者の実質購買力の異常な低下、等々、「ネオリベラル」の政策は「社会的」たること自体を放棄しているというのである。そして、それゆえにこそ経済循環の制御、投資の誘導、妥当な賃金政策、反独占、完全雇用、住宅建設などを枢要な政策課題として挙げていたのである。

　SPD党幹部会の社会政策専門家として知られるプレラーも同じ時期、総体的には「市場経済」を認めつつ、しかしそこで「脱ドグマ化(Entdogmatisierung)」という条件を加えていた。つまり自由市場経済がもたらすイニシアティヴの問題にまで立ち入り、それを重視する一方で、自由市場経済の純粋な、ないし「ドグマ的」な援用がそのまま社会的厚生をもたらすという考え方を一

貫して否定したのである。プレラーは自由市場経済のベースとなる個人原則と共に、社会原則の観念を併置し、それに基づいた経済の誘導は必要だと考えた。ただし、この社会原則の方も決して「ドグマ的」であってはならないのであり、純粋な中央管理経済もまた否定された。つまり個人原則に基づいた個人のイニシアティヴを促す自由市場経済と、社会原則に基づいた経済への介入ないし経済の誘導の双方が、国民経済の必要に応じておのおの「ドグマ的でない」かたちで混合されるのが望ましいとしたのである[10]。ここでいわれる「ドグマ的でない」というのは、戦後西側 SPD の指向としてこれまで述べてきた、「シェーマ的でない」こと、「画一的でない」こと、集権体制による硬直性から免れていることなどと同義である。ゆえにプレラーも市場経済を受容し、社会保険に関してももはや統一型保険に必ずしも拘泥していなかったのである。そしてこのような柔軟姿勢、市場経済および個人原則受容の姿勢は、戦後西ドイツ「社会的市場経済」型新自由主義と、現実政策の指向において多くを共有できることを意味する。ただしプレラーら社会民主主義者は完全雇用政策を不可欠のものとし、50年頃のこの時期にはまだなお「総体的計画」「誘導」「調整」などをもって国が経済過程に介入することが不可欠のこととされ、また社会、経済秩序の軸心をなす1つの重要な枠組みとして労使の共同決定の重要性が論じられていたことも明言しておく必要があるだろう[11]。

だが、こうした議論の如何に拘らず、1950年代前半の給付体系の混乱は看過しえない問題であり、SPD は52年に連邦議会において、これについての対応を協議するための社会調査委員会（Soziale Studienkommission）の設置を提議した。しかし同提議は CDU/CSU らの与党連合に否決され、その代替的なかたちで与党連合は労働省内に社会給付制度改革のための専門家委員会（Sachverständigenbeirat）を設けたが、当面はほとんど活動がないままに終った。この間、SPD 系の社会学者マッケンロート（Gerhard Mackenroth）は52年の社会政策学会大会で、「社会プランによる社会政策の改革」と題する報告を行い[12]、プレラーは党幹部会（Parteivorstand）の委託を受けて『SPD の社会的総合プランの基礎——社会保障に向けての我々の要求』をまとめた[13]。

この両者は共に新たな、整序された社会給付体系への展望を示すものであったが、その基準としての位置を与えられていたのが、自由、競争促進、過干渉の否定、反独占、自律的中間層の育成、社会給付に際しての「マス化」「プロレタリア化」への警戒、反扶養国家、官僚主義的硬直性の危険を意識した反集権志向、補完主義と連帯主義のバランス、個人の自助努力育成への志向（＝個人のイニシアティヴの尊重、個人のインセンティヴの鼓舞）、ならびに業績主義であった。まさにレプケ（Wilhelm Röpke）やリュストウ（Alexander Rüstow）ら新自由主義者の議論と見まごうばかりである。ただし「自由」のインプリケーションに関しては、例えば「1952年SPD社会プラン」の場合、その前提はあくまで基本的生活ニーズの充足、教育や就労の機会均等であり、これがまさに自由の欠くべからざる必要条件であった。よってそのための公的保障に迷いはなく、年金については「一般会計からの基礎年金」構想が示された。さらに、「自由な個人の発展の前提」が危ぶまれるとき（ないし危ぶまれる限り）、大掛かりな社会的調整は容認された。そこで言われていたのは、「因果原則に拘泥するあまり、制度、組織の分立が放置されてはならない」ということであり、「因果原則に拘泥しない」ということは保険・扶養・扶助などの原理上の区別を敢えて顧慮せず、結果原則で即現実的にあらゆる種類の資金を動員することであった。少なくともマッケンロート報告にはそのような含意があったと言ってよい[14]。そしてこれがまさに社会民主主義独自のラインでもあった。また年金の動態化構想は、動態年金の父とも呼ばれるシュライバー（Wilfried Schreiber）よりも先んじていた。従前所得対応の差別化された給付水準を支持し、新旧中間層・自営業者対策にも積極的であった。もはやSPDの階級政党としての性格は著しく希釈されていた。

　さらに、「可能な限り競争を、必要な限り計画を」という一節で知られるシラー（Karl Schiller）は、競争社会主義の可能性を検討する中で実質的に「社会主義」を1つの理念へ昇華させていた。彼が強調したのは、唯一無二の社会主義はない、生産手段の共同所有や中央計画経済などは社会主義と同義ではなく、「自由社会主義は何か特定の行動や、急進的な何らかの（革命のような──

引用者）動きによって満たされるものではない」ということであった。そして彼は反ドグマ主義、非画一性を強く主張しつつ敢えてプラブマティックな対応を推奨した。すなわち社会的自由の保障のために、市場整合的国家介入を求め、所有についても、私的所有の是非の次元の問題ではなく、公正という課題と衝突する限りにおいてそれは真に問題となるのだと言い、「排除」の構造の除去こそが問題なのであって、人々の自由度を高める限りにおいての所有、資産形成の促進はむしろ奨励されるべきものだと位置付けた。つまり、あらゆる手法を用いつつ、市場経済や競争秩序に深く踏み込みながら、そしてそれを活用しながら社会主義的目標にアクセスすべきだという主張を展開したのである。そしてシェーマ的に特定モデルに依拠して一括解決を図ろうとしないということはすなわち、市場経済であろうと、競争であろうと、また計画であろうと、誘導的政策であろうと（あるいは限定された特定の条件下では、本来避けるべきとされた中央的統制であろうと）、状況に応じてあらゆる手段を動員して「社会主義的」課題の実現を図っていこうとすることを意味する[15]。そしてこのような「脱シェーマ」的態度のSPDにおける広がりは、社会給付のあり方についてのより柔軟な姿勢にもつながった。

　1950年代中頃までに顕著になってきた以上のような考え方が西側SPDの党中央や一般党員に広く共有されていたものかどうかといえば、実は疑わしい。伝統的社会主義思考はまだなお根強く、上述のような考え方はSPDの中でも「革新的な」方であったことは否定できない。しかし常任会員ではないにせよ守旧的な党幹部会側の立場に立つアウエルバッハ（Walter Auerbach）ですら、その論考で社会給付については自由の保障を第一義の目的に位置付けていた。彼はケインズ、フェビアン、ニューディールなどにシンパシーを持つが、決してユートピア的志向はもたず、可能なことからはじめて貧困や従属状態を撲滅し、生計不安定・不確実性を克服していくことを旨とした。社会と個人の関係から導き出される彼の社会国家論においては、個人の自由、自助、意欲、生産性が重視される一方、補完原則や保険原則への拘泥にも強く警鐘をならしつつ、社会プランや社会自治体構想を前面に押し出していた。そして党幹部会サイド

の社会政策専門家として、総体的（包括的）社会改革の実現に向けての行動を主張し続けたのである[16]。

しかし、総体的社会改革路線への拘泥が社会改革全体の遅延を引き起こすことを懸念するシェレンベルク（Ernst Schellenberg）らSPD連邦議会議員団（以下、議員団）はプラグマティックに年金改革先行論を打ち出し、それが与党連合をさらに牽制する中で、連邦政府および連邦議会レベルで年金改革単独先行が次第に現実味を帯びるようになった。こうした中でSPDが年金改革の実現にどう関わってきたのかを、次項で問題にする。

2 1957年西ドイツ年金改革と社会民主党

1955年秋以降、56年にかけて、年金改革はSPD党幹部会社会政策委員会の主要論点の1つであった。社会給付の総体的改革が当初から決して断念されていたわけではなかったのだが、56年4月の年金改革SPD法案の連邦議会上程に至るまでに年金改革の単独先行が容認され、その改革がいかにあるべきかが同委員会でさかんに議論されたのである。主な委員会内の争点は年金改革単独先行の是非はもとより、基礎年金の是非、平準化効果のあり方、保険原則との関係、年金給付開始年齢を越えた就労時の年金支給の是非や、当時SPDの一部で提唱されていた従前所得比75％年金一律保障が妥当か否か、また自営業者の老齢時保障のあり方などであった[17]。党幹部会本体とは異なり、委員会メンバーは同じSPD党員でありながら極めて多様な志向の幅をもち、これらの争点に対する立場もまた様々であった。他方、一致をみた点は、実際に拠出をしていなくても何らかの理由で拠出ができなかった期間を拠出期間と見なす「代替期間」「欠落期間」等の充分な完備と[18]、年金の動態化、連邦補助金投入の必要性などであった。

1955年10月28／29日開催の同社会政策委の議事録をもとにその時点での委員会の意見分布を見ると、まず座長のプレラーは社会におけるパーソナリティの自由のための基礎的機会は保障されるべきとの趣旨から基礎給付完備の必要性を強調し、保険－扶養－扶助をリジッドに分けることにも反対した。そして財

第7章　西ドイツの社会給付改革と東ドイツの社会保険　191

政ご都合主義的な補完原則の濫用を批判し、元来補完原則を謳っていたネル＝ブロイニンク（Oswald von Nell-Breuning）を引きつつ「補完原則はむしろ社会の義務を明示したもの」であることを強調した。彼は社会給付改革を年金に限定すること自体には反対であったが、年金改革についてはその動態化や賦課方式の導入に積極的であった[19]。このプレラーの立場に賛同した一連の委員がいる一方で、基礎年金、さらにはそれがもたらす平準化志向に対して、その正当性を疑問視する意見も見られた。プレラーの議論に対し、基礎給付はやめて年金加算率（Steigerungsbetrag）を上げて対応すればよい、見なし拠出期間による調整を適確に行い、購買力変動対応をすればそれでよいという旨の議論も多出した。結局、この時点では年金改革単独先行についての合意はなく、年金のみについても、その動態化は合意されていたが、基礎年金を設けるか否か、あるいは低額の年金にいかに対処するかという問題については合意に至らず、障害年金のあり方についても結論には至っていなかった[20]。

　このように党内の、しかも委員会レベルでも指針の一致が見られない中で1956年1月14、15日のSPDケルン大会において、シェレンベルクは党幹部会の了承なしに一方的に、社会改革の当面の年金改革への一本化を骨子とする演説を行った。給付についての基本的考え方としては従前所得対応年金が支持され、また労働者と職員の年金の同等化と、その内容・水準の官吏恩給標準化が主張された。標準的な就労期間を勤め上げた被保険者に従前所得比75％の年金水準を一律に保障すべきというのも彼の主張の中核部分であったが、この点は後にSPD内部においてすら議論の的となる。財政方式の賦課方式への転換、年金の動態化、遺族年金整備、障害年金に関する予防・リハビリ・雇用促進重点化などについてはSPDの大方の主張を代弁したことになる。また年金支給対象者の稼得能力（過去、通常時の拠出高）という個人ファクターは保険原則で対応すべきであり、社会全般の事由に起因する（失業、戦争、政治的迫害等による）拠出未払い、すなわちシェレンベルクがいう「一般的ファクター」は社会原則（公的資金利用）で対応すべきとされ、その際の困窮度調査は不合理であるとされた。だがこの点の言外には個人ファクターに関連するところの基

礎年金導入を否定する意図が見えてくる。しかし一般ファクターについては連邦補助は不可欠であり、年金総支出中40％の補助金は維持されるべきであると主張された[21]。

　このシェレンベルクの独断先行はSPD党内において大きな驚きと、さらには怒りや当惑をもって受けとめられた。なぜならば年金改革単独先行をはじめ、基礎年金の如何や保険原則のあり方など、彼が言及した点の多くは党幹部会社会政策委はおろか彼自身が率いる議員団社会政策ワーキングですら意見の一致をみていない事柄だったからである[22]。75％年金の一律保障ですら、財政的に非現実的、或いは定率支給は高所得者優遇になるとの理由で批判が出ていたのである[23]。しかし1956年3月の党幹部会社会政策委での議論の傾向には大きな変化が見られた。基本的に年金単独改革やむを得ずとの立場が優勢となり、何よりもシェレンベルクの独走が（事後的にではあるが）容認されていたのである。背景にはアデナウアー（CDU/CSU）政府の反応があった。やはり年金改革一本に絞りきれていなかった同政府が年金改革へと促され、政治的思惑からSPDの社会政策論を意識した年金改革案を構築しつつあったのである。SPD党幹部会社会政策委でも、アウエルバッハが党から代表出席している労働省内「専門家審議会」でSPDの意向が顧慮されるようになったことが歓迎され、年金改革という部分改革に当面収斂することについては、リヒター（Willy Richter）らの反対論にもかかわらず、やむを得ずとの立場が優勢となっていた。シェレンベルクの独走は苦々しいとされながらも、一定の党内外での効果・影響を考慮して容認の方向が示され、「75％年金」も委員会の提言にまで採り上げられた。ただし年金の引き上げも、見なし拠出期間の算入があらゆるケースを想定して包括的に行われなければ意義が削がれるとの考えから、その面においても力を注ぐべき旨が確認された[24]。こうしてCDU/CSU連立政府に先んじて56年4月18日にSPDの年金改革法案は連邦議会に上程された。これには政府側も慌てたようであり、特に年金の動態化についてはその翌日、アデナウアー首相の指示で、労働省が他の関係機関の了承を得ることなく急遽対抗的に動態化を含んだ基本草案を記者発表したが、まだ審議が尽くされていない穴だ

らけのものだったという[25]。このように SPD が政府与党側に先んじたことも、年金改革の前進や、その後の法案審議における彼らのプレゼンスに対し大きな意義をもったといってよい。

　その後政府与党側も法案策定を急ぎ、6月21日にいわゆる政府案を議会に上程した。SPD 案、政府案、各々の第一読会の後[26]、両法案は CDU のアルントゲン（Josef Arndgen）と SPD のリヒターの両者を長とする連邦議会社会政策委員会に送られ、そこでの審議に付された。同1956年9月6日から翌57年1月10日にかけて、委員会の回数としては41回、実質的には連日の議論を通じ、法案は異例なほど集中的に審議された[27]。その後報告書が提出され、57年1月16日から18日、21日の本会議での法案第2読会、第3読会を経た後、年金改革法案は CDU、CSU、SPD の賛成と、FDP の反対のもと、全体の票数としては圧倒的多数で可決された。

　ここで SPD のそれまでの主張点を大まかではあるが挙げてみよう[28]。政府与党案と比較して SPD はより包括的な保険対象を設定し、拠出・給付算定基準上限所得を高く想定した。拠出条件満了（Anwartschaftsdeckung）をそれほど厳格な条件とせず、給付要件拠出期間を緩く設定し、広範囲な見なし拠出期間を設けることを意図していた。より高い年金加算率を求め、見なし最低所得設定や、より高い遺族年金（年金加算率）の設定（本人年金の60％の実現）も求めていた。遺児年金は政府案では均一額が計画されていたが、SPD はその場合一般租税財源で支弁されるべきだとし、さもなくば従前所得対応にすべきだと主張した。拠出に対応しない給付は租税財源でという考え方である。また SPD 法案では年金が複数重複した場合、合算でよいとされており、ここでも拠出給付対応原則が前面に出ているようである。ちなみに政府案では既存の規定に従い、重複時には一部カットが想定されていた。SPD は基本精神として、被用者に対する保障ではなく国民一般を対象にした年金制度にすべきであるとの考えを示し、主婦への独自の保障や、リハビリ等の身体機能回復措置の被用者家族や年金受給者への拡充を「義務規定」として要求した。（政府案では被用者本人のみを対象とした「可能規定」）障害年金についても、その算定

基礎としてより長い見なし拠出歴（65歳までの「加算期間」；政府案では55歳まで）を想定した。年金の動態的調整をより即時的にという考えから、一般算定基礎（標準年金高の基礎となる現役世代賃金水準）を年々の実績にそのつどあわせていくべきだと主張し、この点ではその変動幅の緩和の必要性から過去3年の平均値で5年後の一般算定基礎を決定しようとした政府与党と対立した。また、農業労働者および家内労働者に限って、所得が低い被保険者に対し最低見なし月収（200DM）を設定しようとした。政府案にはこのような発想はなかった。ただし年金水準の維持ないし引き上げは、最低年金などのようなやり方ではなく、極力年金加算率の引き上げなどで対応するのがより市場整合的で好ましいというのも SPD の保険主義重視派の立場であった。しかし他方で財源については政府案のように年金拠出引き上げをせず、国家補助をさらに拡げること、それを対総支出40％という固定率にすべきことなどが主張されていた。

　以上のような異同を有した両法案について、連邦議会社会政策委の審議を通じて徐々にすり合わせがなされた。最も決定的な変化の1つは、SPD 側における基礎年金構想の後退、さらにはその撤回である。また見なし最低所得もごく一部の例外を除き撤回され、低額年金の問題は一般的に年金加算率の引き上げで対処する方向性が示された。これらを総じて見ると、給付の手厚さよりも保険原則が優先される傾向が決定的になったといえる。遺族給付の充実の要求も保険原則優先の脈絡で捉えることが可能である。ホッケルツは、SPD が基礎年金の考え方を前面に出さなくなり、かなり厳格な保険原則を旨とするようになったことは、「全国民」包摂型保険の路線の放棄と「被用者」型への転換であり、また機構上、既存型の打破ではなく依拠の方向への転換であると論評する[29]。さらに、SPD は動態性の弱化を容認し、一般算定基礎（標準賃金高）の算出基準年の1年前倒し（＝年金引き下げ）をも容認した。プラグマティックに法案を通すことにプライオリティを置くようになったとも考えられるが、他方で連邦補助の対総支出比40％の要求は最後まで維持された。社会的配慮を要する部面、或いは保険的対応が貫徹できないところに対する意識がより強く作用しているといえる。被用者保険でなく国民保険を、もって家族給付や非労

働人口に対する措置の充実を求める路線も完全に揚棄されたわけではなく、遺族年金に関する事項や、女性、長期失業者の年金開始年齢の60歳への引き下げについてもSPDの要求が貫徹された。そして未拠出期間を拠出期間として「見なす」期間を幅広く設定することも相応に容認された。

　さて、本会議に付された法案に対し、それが委員会において与野党双方で十分にすり合わせがなされたものであるにも拘らず、SPD議員らはなお多岐にわたる問題点を指摘した[30]。中でも従前所得最低200DMはやはり「見なす」べきであること、連邦補助金の率を減らすべきではないことがあらためて強調され、一旦は撤回された一般算定基礎の賃金上昇に応じた毎年の自動適応の主張も再燃した。年金加算率をより高く設定し、その財源を連邦補助で賄うべき旨も依然として要求されていた。つまりSPD議員団は第2読会、第3読会においてなお法案の問題点を強く意識し、改善要求を出していたのである。いわゆる「年金争議」(Rentenschlacht) である。それゆえ、1957年の年金改革2法はCDU/CSU、SPDの賛成のもと、大差で可決したのではあるが、それは最後の段階まで危ういものだったのである。しかし第3読会の最後にシェレンベルクは、本会議に戻された法案を上述の問題点にてらして「欠陥だらけ」と批判しつつも、今この場では「年金改革」そのものが実行されることが重要であるとし、法案議決に際しそれを支持する意思を表明したのであった[31]。

　給付の財政方式を変更したのみならず、そのスケールや原理をも変え、給付がもつ社会的位置づけすら変えた1957年の年金改革の法制化過程におけるSPDの関与はこれまで見てきたように明らかであろう。このようなSPDのコミットメントは彼らにおける自由社会主義ないし自由主義的な社会民主主義の展開を前提とし、市場整合的施策の土俵の上でCDU/CSU政府側と一定の共通認識を持ちつつ議論できたことが大きく作用していた。確かに両陣営ともに社会給付改革に対する党内合意の基盤はもともと必ずしも強固でなく、SPDサイドにおいてはさしあたり党幹部会社会政策部門におけるプレラーやアウエルバッハらの柔軟化路線、市場経済・競争秩序受容路線が事の進行に大きく寄与したことは間違いない。そして年金改革の実現に向けてさらに具体化の道筋

をつけたのがシェレンベルクであった。かなり強引な手法で SPD を法案先行上程に導き、それがまた CDU/CSU 政府の反応を促し、その後彼らがイニシアティヴをとりながら連邦議会において政府与党と駆け引きを行ってきたのである。この流れをしてプレラーら党幹部会からシェレンベルクら議員団への主導権の移動ということも言われるのだが、シェレンベルクらの思想や理念がプレラーやアウエルバッハのそれからあまりにも乖離していたとも思えない。たとえプラグマティックなかたちで妥協に応じたことが、SPD の元来の志向と異なる部分を多々生み出したとしてもである。つまり党幹部会社会政策委から議員団へ主導権が移動したというよりも、プレラーやアウエルバッハらの路線を推し進める過程でシェレンベルクが表に立ったという方が、実態に近いのではないだろうか。さらに57年の連邦議会選挙の結果にも見られるように年金改革が CDU/CSU 政府の功績として評価を受けたことから、現在でも政府側が SPD にも受諾できるような法案を作って同党を妥協に導き、年金改革を実現させたという理解が一般的であるが、先に SPD の方が妥協の余地があるところまで歩み寄りつつ、その社会主義の含意を発展させてきていたことが大前提であったのではないか[32]。

しかし特に一点、基礎年金を要求から外したところは、プレラーやアウエルバッハらが自由社会主義の脈絡で謳った自由の前提としての基礎機会の保障の理念から大きく乖離するものである。しかも現実にはさらに基礎年金なき後、その機能を実質的に代替すべき最低年金までもが SPD の要求から外されたのである。この点の含意や当事者たちの思考についてはさらに突き詰めるべき今後の課題といえよう。

もちろん社会給付改革はこれで完了という位置づけではなく、その後、疾病保険改革や幾多の改革が続く。年金改革もこれで完結したわけではない。むしろ先が読めない改革の成果に対し様子を見るという面もあり、またそれがシェレンベルクら SPD の妥協に作用したとも考えられる。だが、このようにして長い社会改革の途の第一歩は記され、当面は福祉拡張の路線が続くことになるのである。

II　ソビエト占領地域・東ドイツにおける社会保険（1945-56）

1　ソビエト占領地区における社会保険の新構築とその推移

　ソビエト占領地域（SBZ）では、戦後直ちに統一型社会保険構築の方針が示された。全保険部門および全保険機関の統合と保険義務のほぼすべての職業集団ないし国民集団への拡張は、ソビエト軍政（SMAD）とドイツ側行政機関および主たる政党との間ではば合意されていた。1945年夏には「労働・社会扶助中央管理機構」（Zentralverwaltung für Arbeit und Sozialfürsorge：ZVAS）が創設され、その副局長に戦前SPDで活動した社会保険専門家レーマン（Helmut Lehmann）が就任し、彼を中心に新社会保険法に向けての法案策定作業が直ちに開始された。同年12月のSPDと共産党（KPD）の共同カンファレンスでも、彼らの共通の政治的目標に、老齢、障害、戦傷、遺児扶養、疾病などの事由をすべて含みこんだ統一的な社会保険の創設がおかれた[33]。しかしSMADは連合国管理理事会において西側3国軍政と共同歩調をとりつつ全ドイツ的に統一保険形態で社会保険を再構築することを目指したため、当面ZVASによる法案策定作業は中断させられ、この間、統一型の社会保険は州レベルにおいて実質的に運用された。疾病保険を機軸に年金保険なども付加され、州単位の統一的管理のもと、旧来の個々の保険機関は段階的に排除された。当初既存の疾病金庫などから若干の抵抗はあったものの、SMADがその方針として当初から職域、地域などの個別利害組織の再建を認めなかったことが在来利害の抵抗を少なくしたことに寄与したといわれる[34]。しかし、州ごとの違いはあるものの、給付水準は押し並べて不充分であった。最低年金を設けると同時に年金上限をも設けつつ費用削減の努力がなされていたが、老齢者が生活のために就労を余儀なくされる状況はさらに続いた[35]。

　1947年に入りなお各国軍政の足並みが統一型社会保険の方向で揃わない中、SMADはそれまでの方針を一転させ、同年1月の命令第28号により、社会義

務保険に関する法令（Verordnung über Sozialpflichtversicherung：VSV）およびその他の二法令と共に、社会保険の統一化をSBZ単独で、そしてまた州ごとではなくSBZ全体のレベルで推進していくよう布告した[36]。国民保険の原則に基づくVSVは職域ごとの区別を設けず、ドイツの社会保険において伝統的に存在した労働者保険と職員保険との区分けを廃し、さらには官吏の別枠制度すら撤廃したのである。しかしながら、保険原則は活かされた。被保険者が毎月粗所得の10%を支払い、また使用者も同様に10%を支払う仕組みであり、拠出算定基準所得の上限として600マルク（以下、M）が設定された。個々のリスクが顧慮されないのは社会保険の社会性が活かされている部分だが、各種年金の拠出払込期間などについてはかなり厳格に保険原則が適用された。社会主義のたてまえにそぐわない失業保険も組み込まれ拠出歴に基づき運用された[37]。

このようにして新構築された社会保険は、一面で「革新」的ではある。旧来の業種、職種や職能などの枠を越えたより大きなリスク共同体が形成され、より広範な再分配を伴いながら連帯的に社会保障の課題が遂行されるからである。他方で社会主義体制のもとでの新制度としては中途半端でもある。現実的かどうかは別にして、図式的にいえば社会主義体制に親和的な社会保障の原理は扶助ないし扶養であり、市場経済的保険原則を援用した社会保険をその主軸に据えることは体制のあり方として必ずしも一貫していない。確かに戦後の厳しい状況の中でいきなり一国レベルの制度として扶養システムを構築しようとしても、それに即座に対応できる財政的余力が中央や地方政府になかったということは考えられる。だが当初開始された州レベルの社会給付もZVASの統一保険案に準じたものであり、その形態をどうするかについての意見の相違はあっても、社会保険を再建することそのものについてはSBZ内において異論がなかったといってよい。そして長期的展望においても、国家扶養システムの可能性について議論された形跡は政府、政党、労働組合いずれにおいても見られず、社会保険制度は結局1990年のドイツ統一まで継続したのである。なぜなのか。これが東ドイツの政治・経済体制がどのような社会給付原理を求めていたのか、或いはどのような原理で社会給付を運用してきたのかをあらためて概観する所

以である。

　SBZ への統一型社会保険導入において、レーマンや、当時はベルリン保険局の局長をしていたシェレンベルクら、社会民主主義者の影響は大きい。SPD は戦前より統一型社会保険を要求しており、彼らの社会保険思想もこの延長線上にあったと考えることができる。そしてこの SPD の従来からの志向には 2 つの含意がある。1 つは統一型への志向であり、もう 1 つは社会保険の支持である。前者は戦前のシステムが有効なリスク調整を阻んでいたことに対し、統一型への転換によってその修正を求めるものであり、後者はあくまで市場経済秩序に整合的な社会保険に踏みとどまろうとする志向である。前者が社会主義的思考と整合性を持ちうるのに対し、後者は必ずしもそうではない。しかし両大戦間期にすでに社会民主主義において市場主義的志向は顕著に表れており、このような統一型社会保険はまさしくそれに即応したかたちとなる。そしてシェレンベルクらは1945年7月、すでにベルリン市において事務簡素化などを理由に統一型社会保険を実現し、レーマンも ZVAS としての社会保険法案を起草した[38]。とくにホフマンが東ドイツの社会保険構築の父と呼ぶレーマンは SBZ における SPD と KPD の社会主義統一党（SED）への合同の後も、同党の委嘱を受けつつそのコンセプトを練り上げ、SBZ の社会保険の基本線を作り上げたという。そしてその後も KPD 系の社会政策専門家たちがなんら対抗的位置に立つことがない中で、彼は自身のコンセプトを存分に展開することができたという[39]。

　このようにして、西側占領地区で統一型社会保険の計画が棚上げになったのに対し、東側では統一型社会保険が公式の制度として定着した。旧 KPD 系の論者もむしろそれに積極的に追随した。当初は保険原則への依拠がその後の時期の運用よりも厳格に措定されており、結果的に生じる被保険者間の再分配は別にして、財源調達方式としては全面的な拠出財政方式がとられていた。当事者拠出と当事者自主管理による社会保険という趣旨である。被用者全体の利益代表としては自由労働組合連合（FDGB）が前面に立ち、後に社会保険を全面的に引き受けることになる。ただし拠出財政方式については財源確保の面も否

めず、統一型社会保険のもう1つの主要な特徴である管理の集権化についても SED や FDGB の管理費用削減意図と結びつけて論じられることがある[40]。実際に保険財政は悩ましい問題であった。1947年初頭に VSV が SBZ 全体の制度として動き出した初年次こそ、極めて低い給付水準のもと、一時的に拠出収入が給付支出を上回ったが、それ以降は一貫して支出超過であり、東ドイツの公式統計では49年に250万 M の余剰が出たことになっているが、実態は7090万 M の不足であったという[41]。SED や FDGB は保険収入はすべて被保険者に還流されなければならないとの趣旨から、管理費、人件費削減の活動を行い、無給の社会保険名誉役員のウエイトを上げつつ、社会保険受権者を経営現場などに置き、被保険者とのコンタクトを深めさせると共に、その管理、チェックにあたらせた[42]。他方、社会保険機関は、官吏・軍人恩給やその遺族に対する手当、また戦争犠牲者および遺族扶養までをも管掌することになり、形式的には一般会計からの繰入を行いながら運営され[43]、社会保険財政の不足分も事実上国家財政によって補填されていた。このように社会保険として一貫しない、やや混乱した状況は、40年代末から50年代前半にかけての西ドイツにおける社会給付体系の混乱とある程度似たかたちで継続した。

2　東ドイツ建国後の社会保険とその位置づけ

1949年の東ドイツ建国後、SED は数次にわたって社会保険制度の改編を行ったが、被占領期に形成された社会保険の枠組みは維持された。東ドイツ憲法にも「被保険者自主管理」の原則に則った「包括的統一型社会保険規定」が盛り込まれた。だが必要とされた給付の改善に際しいつも問題になったのは、財源調達のあり方であった。たびたびレーマンの部屋に FDGB や労働省、財務省、内務省および社会保険中央理事会の代表が集まって議論をしているが、自身 SED の幹部であるレーマンと FDGB の考えは、収入の不足は国家補助で補いつつ給付を維持すべきだというものであり、これに対し各省官僚や SED 政治局としての意向はすべての収支を社会保険の内部で完結すべしというものであった。管理費用の削減等の手を尽くしてなお不可避的に生じる欠損について

は結局国家補助等で賄われるのだが、それはあくまで非常措置として扱うべきだというのが東ドイツ政府やSEDの党としての立場だったのである。レーマンはこれに対し、国家補助金を経常的に社会保険に組み入れるべく、これを予算化すべきだと主張した。本来の社会保険給付以外に戦争障害年金などの国家扶養システムの運用を社会保険が引き受けていたことは既述のとおりだが、レーマンはこれについても社会保険機構にとっての煩瑣な負担とは考えずに、国家補助が経常的に社会保険に繰り込まれることの既成事実になるとしてむしろ歓迎したという[44]。つまりレーマンの考えでは扶養ないし連帯的社会保険主義が社会給付の構想の根底にあり、またFDGBも、実現にはいたらなかったが基礎年金、最低年金引き上げの構想と共に、その財源捻出のために累進拠出率の設定（対所得定率ではなく、高所得者により高い拠出率を課すこと）まで提案したという[45]。逆にレーマン以外のSED指導部や東ドイツ政府があたかも市場主義者のように形式上の保険機構収支均衡原則にこだわり、極力国家補助を回避しようとしたことが見て取れる。

　しかしこの時期になるとレーマンの影響力は明らかに減退していた。東ドイツ建国の少し前から、SEDの反社会民主主義キャンペーンと相俟って旧KPD系の党幹部が主要な位置を占めるようになり、社会保険案件でも党中央委員会の労働・社会政策部、或いは社会保険を所管する国家官庁（直接には労働省、財政関連では財務省）が大きな発言力をもつに至った。またFDGBが社会保険の管理主体として、形式的にはより前面に出るようになったが、ホフマンによるとFDGBの主導性は実体を伴ってはいなかったという[46]。また制度はあくまで社会保険なのだが、1950年12月の政令で社会保険財政が東ドイツの国家財政の一構成部分になる旨規定された。ただし社会保険収入はいわば目的税のような形で扱わなければならず、一般会計と混合して扱うことは許されなかった[47]。「社会保険」の制度的枠組は一応維持されたとして論を進めよう。

　保険原則にどの程度準拠していたかについて、1950年代前半の給付実態を結果として見る限りにおいては保険原則を緩める方向で推移したといえる。もともとは50年代初頭の改革を通じて、SEDや東ドイツ政府は保険機構財政の均

衡を企図し、それは早晩、被保険者負担の引き上げや給付スケールの縮小にもいたるべきものであった。しかし53年6月17日の「蜂起」以来、拠出の引き上げも給付の縮小も、政治的に不可能となった。むしろその後の経済状況により給付スケールの拡大が不可避となり、他方で拠出引き上げを提起することが政治的にタブー視される中で、拠出率労使各10％、拠出算定基準上限所得600Mというラインはその後も維持され、厳しい保険財政の収支悪化に直面することになった。そしてそこから生じた欠損分は国家財政からの補助でまかなうほかなかった[48]。このように保険原則は緩み、社会保険の社会性が事実上、より拡張されることになったのである。

　さらに社会保険の社会性が活かされた部面として挙げられるのが、年金保険において西ドイツSPDがその改革議論の過程で断念した基礎年金および最低年金が実現されていることである。SBZ時代は年金は低い水準に留まっていたが、東ドイツ建国後は一定の基礎給付に年金加算率1％で所得と拠出年数に応じた基本給付（40年間の拠出ならば従前所得の40％の給付）が加えられ、さらに児童付加金や配偶者付加金、また生活物資価格上昇に伴い時々の法令で規定されたさらなる定額追加金が個々の年金に上乗せされた。またある程度高い最低年金が規定されていたため、拠出歴が短い者および低所得者には相対的に高い給付が保障されたことになる。このように所得とは無関係に保障される部分が多いがゆえに、年金の分布は最低年金よりやや高い水準に集中するようになったという[49]。これは効果としては平準化を推し進めていることになる。ちなみにこうした東ドイツの社会保険制度の構造から、それが扶養の性格を有していたという見方があるが[50]、拠出財政主義の原則があくまで貫かれている以上、それはむしろ社会保険の性格と言い得るものであろう。

　さてここで問題になるのが、このような社会保険の構造や運用、とりわけ純粋な保険原則からの一層の乖離は、意図的に保険原則から離脱し、社会主義的扶養の方向に進もうとした結果なのか、それとも拠出引き上げがかなわない中で給付の拡張だけが進み、不可避的に（意図せざるものとして）生じてしまったことなのかということである。これは東ドイツの社会保険の位置づけを左右

する重要なポイントである。基礎年金中心の構造（従前賃金や拠出歴の反映が相対的に小さいという構造）はレーマンら、社会民主主義系の思潮を反映しつつ構築されてきた基本的構造であると考えられる。しかしその後の基礎年金、最低年金引き上げを主導してきたのは SED や東ドイツ政府であり、彼らもある程度は同様の志向をもっていたものと考えられる。しかし1953年以降当事者の負担を引き上げることが政治的に困難になったことは想定外であり、その後の国家補助の一層の拡大は元来意図せざるものであったと見てよいであろう。

ホッケルツは東ドイツ社会政策の意義として、東ドイツ独裁国家は社会保障を手段として政治的参与権を停止しようと試み、市民が保護されているという感覚を十分に得られるような手厚い社会政策を企図し、扶助的なプログラムや機構が一般に展開するようになったと述べているが[51]、この「扶助的な」という語を非市場的、扶養的、或いは社会保険的と読み替えれば、東ドイツ政府が市民の生活保障を通じて社会主義国家の正統性を維持するために平準化をしながら何とか社会保険を維持し、意図せざるものであっても国家補助を著しく伸長させてきたことも十分に理解し得るであろう。ホッケルツによれば東ドイツ国家の正統性ないし優越性を示しうる唯一の領域が社会政策であり、この点は入念な対応が求められたところだという。ただしソ連軍の捕虜となっていた帰還兵への給付の制約や、障害度査定および寡婦年金受給者の労働の可否審査の厳格化など、名目がつく限りにおいて給付を制約し、費用を節減しようとするところも見うけられた[52]。

また、東ドイツ政府や SED は年金給付の平準化ばかりを意図していたのではなく、むしろ積極的に給付の段階付けを行おうともしていた。国民経済的に意義の大きい産業部門の被用者により高い給付を設ける可能性はすでに1951年の社会保険に関する法令の中に含まれていた。また人民所有経営（Volkseigene Betriebe）の長期就労者の年金を一定率引き上げ、そこでの基幹労働者の定着を促そうということも SED で考案されたという[53]。このように生産政策的観点も社会保険の給付システムには含められていた。さらに「知識人年金（Intelligenzrente）」と呼ばれる卓越した科学者、技術者、芸術家などに付与される特

別の年金制度も設けられ、当該領域の促進が意図された。このような特別年金制度は後に党や軍の幹部などにもその対象が拡張されるようになる[54]。

このほか、平準化ないし連帯性とは逆の方向性がFDGBからも示された。彼らは51年の法令以来、形式上、労働者・職員社会保険（Sozialpflichtversicherung der Arbeiter und Angestellten : SVAA）の中核的施行主体であったが、その包括範囲はFDGB傘下の組合員被用者だけでなく、農民や手工業者、自由業者、被用者数5名未満の経営者などにも及んでいた。そこではFDGBが自身の傘下組合員でない集団にまでサービスを提供しなければならないという問題が発生していたが、それ以上に被用者集団と上記自営集団との間で負担と受益の関係が異なったことも問題視されていた。一般の被用者は労使それぞれ賃金比10％ずつ（計20％）の拠出をするよう定められていたが、上記自営集団は雇用主がいないため、（業種などによって異なるが）概ね14％程度の拠出を支払うケースが多かった。他方で給付はどちらに対しても同じ条件で行なわれたため、自営集団の方が拠出収入に対する給付支出の超過が顕著に大きかった。その際に一般被用者の負担で自営集団の給付費用が賄われる、ないしは国家補助が自営集団ばかりに集中的に投入されることになるという理由で、FDGBが1955年に自営集団を労働組合が管理するSVAAから除外するべき旨の働きかけを行い、またその集団に対しても、可能な限り給付に見合った拠出を課し、しかる後になお不足する部分を国家補助で補うというかたちを要求した。そして実際にSVAAの管理がFDGB連邦理事会に完全移行される56年、法令で上記自営集団はそこから分離され、ドイツ保険機構（Deutsche Versicherungsanstalt : DVA）に移管され、同時に拠出率も引き上げられた。こちらが後に東ドイツ国家社会保険（Sozialversicherung bei der Staatlichen Versicherung der DDR）の枠に括られるのである。この一連の経過から、FDGBにおける、連帯的再分配といえどもそれを一定範囲内に収めようとする志向を見て取ることができる[55]。FDGBはその後さらにSVAA内部における傘下組合員と非組合員の別枠扱いを要求したが、そこまではSED政治局は認めなかったという[56]。

社会保険としてのあり方を表すさらなる局面が自主管理をめぐってであろう。

社会保険における被用者の自主管理は東ドイツ憲法にも盛り込まれていた。その主たる担い手は被用者集団を代表するとされた FDGB であり、1951年の法令により社会保険管理における枢要な位置についた。その管理における中央集権化は決定的に進行し、FDGB がその管理主体として段階を追いつつ前面に出るようになり、56年に社会保険は正式に彼らの管理の下に置かれるようになった。それを SED ないし労働省をはじめとする当該官庁が監督するというかたちになったというのが形式上の経過である。

　これに対して FDGB の重要性を疑問視するのがホフマンの見解である。50年代以来の社会保険に関する法令（同制度に関連する諸改革）の主体は SED 中央委員会労働・社会政策部および労働省、財務省であって、FDGB は決定に関与できなかったのみならず、情報すら与えられてこなかったという[57]。社会保険は国家が組織した就労者の（より広くは国民の）自助・自立の手段であり、それゆえの拠出財政主義であり自主管理なのだが、ホフマンの見方を前提とするならば、形式的に FDGB が前面に出てはいるものの、実質的に社会保険における当事者のオートノミーは形骸化し、社会保険自体は国家の経済政策的ないし経済誘導上の目的の達成手段になったといえる。失業保険についても、厳格な労働力管理、配置、誘導（移動）などにより公式の登録求職者数は減り続け、保険そのものは事実上解消同然になった[58]。社会保険を生産政策的モティヴェーション効果と結びつけることは大いにあり得ることで、レーマンや FDGB においてもモティヴェーションを涵養するような年金を設けるという考えがなかったわけではない。ただ東ドイツでは社会保険がより直接的に統制の手段となり、また生産政策的視点がより顕著に前面に出されていたということはできるだろう。

　以上のように東ドイツにおいても社会保険が社会給付の主幹となり、そこには市場主義的な拠出主義ないし貢献原則、また社会保険的な連帯主義的エレメント、さらには生産政策的観点など、実にさまざまな方向性が込められていることになる。ただし、東ドイツに関しては、社会保険としてどうか、市場原理に即しているのか、非市場的調整はどうかなどといった西側市場経済の思考の

指標は適用できないのかもしれない。シュミットは、西側と違って社会主義的社会政策は、市場力に対する防御とか、市場の再構成といった次元の問題ではなく、国民経済的計画を促進させるためのものであったと述べている。そして社会政策の国家独占は必然であって、集権化された社会政策機構、とりわけ社会保険においては国家と（その下部機構化された）FDGBの「独裁的＝結束した」混合が基調となり、集産的福祉が求められていたのだという[59]。

おわりに

これまで述べてきたように、西ドイツの社会保険が全面的に市場経済的であり、東ドイツの社会給付制度が社会主義計画経済に完全に整合的であったということは、実態を見る限り言い難い。むしろ体制の異なる東西両ドイツの社会給付制度が結果的に少なからぬ共通点をもつに至ったことの方が顕著である。もちろん体制の違いに由来する本質的な相違は存在する。しかし両ドイツの社会給付がそれぞれ、様々なコンセプトに条件付けられながら、その機能や志向において極めて幅広いスペクトラムをもつようになり、その結果として社会給付の社会保険的特性に代表されるような相当の共通点をもつに至ったということはできるだろう。1957年の年金改革を1つの節目とする西ドイツ50年代の社会給付改革は、新自由主義から西側社会主義（ないし社会民主主義）にいたる幅広い、様々な立場の影響を反映したものであった。東ドイツにおいても社会保険が社会給付の主幹となり、市場主義的な因果原則（拠出主義ないし貢献原則）、社会保険的連帯主義、生産政策的観点など、様々な方向性が込められていたことは上述のとおりである。ただし、市場経済と共通する様々な特徴や志向性にもかかわらず、シュミットが示唆したように、それを一概に西側の手法との共通性として認識することも適切ではないのであろう。東側の場合は社会的措置と国民経済的計画とは密接に関わるものであり、また独特の集産主義的エレメントとまったく独立に論じることも適切ではないからである。ただ、いずれにせよ、シェーマ的図式を前提とした理解に収斂してしまわないような、

双方の政治、経済、社会の実情を的確に顧慮した社会的調整のあり方について
の分析の必要性や余地は、まだなお広範に残っていると言わねばなるまい。

1) Hockerts, Hans Günter, *Sozialpolitische Entscheidungen im Nachkriegsdeutschland. Alliirte und deutsche Sozialversicherungspolitik 1945 bis 1957* (Stuttgart, 1980) S. 26；下和田功「社会保険改革のための連合国管理理事会法案——占領期におけるドイツ社会史の一齣」『保険学雑誌』第503号（1983年）41-49頁。
2) 新自由主義路線優越の根拠として「アメリカ軍政とドイツのブルジョワの陰謀説」(=「阻害された新秩序テーゼ」) が1960年代から示され、80年代以降はこのテーゼが批判され、ドイツ人自身による選択がより強調されるようになり、現在に至っている。しかし46年から47年にかけての政策は米軍政、ドイツ側共にまだなお統制色が濃厚であり、大嶽氏によれば、それにも拘らずアメリカ軍政最高責任者クレイ将軍（Lucius D. Clay）の強力な後ろ盾により48年にエアハルト（Ludwig Erhard）のような新自由主義者が経済庁長官に任用されたという。（大嶽秀夫『アデナウアーと吉田茂』〔中央公論社、1986年〕180頁）。こうしたことを顧慮すると、「阻害された新秩序テーゼ」が主張するアメリカの政治的意図の影響というのも、必ずしも的外れといえない面もある。ただし、アメリカの意向が遍く西ドイツの経済秩序や政治システムに反映されたということはなく、結局ドイツの伝統や独自の自由主義思潮が大きな位置を占めたというのが近年の研究の示すところである。新生西ドイツの政治システムにおいてアメリカの意向が必ずしも貫かれなかった経過については、例えば、Powe, Diethelm, German Democratization as Conservative Restabilization : The Impact of American Policy, in : Lehmann, Hartmut (ed.), *American Policy and the Reconstruction of West Germany, 1945-1955* (Cambridge, 1993) pp. 307-329. で論じられている。
3) 1950年代の社会保険改革をめぐる CDU/CSU 政府側の論争については、Hockerts, *a. a. O.*, および戸原四郎「西ドイツにおける社会保障の展開」東京大学社会科学研究所編『福祉国家2 福祉国家の展開〔1〕』（東京大学出版会、1985年）第2章、59-112頁、が詳細に論じている。
4) *Statistische Jahrbücher für die Bundesrepublik Deutschland*, Jg. 1958, S. 354.
5) 野田昌吾『ドイツ戦後政治経済秩序の形成』（有斐閣、1998年）。
6) SPD の社会政策論については、福澤直樹「戦後西ドイツにおける社会保険改革と社会民主党の社会政策論（上・中・下）」『経済科学』名古屋大学紀要、第49巻第3・4号、第50巻1号（2001-02年）参照。

7)「社会政策」はたてまえ上、社会主義計画経済にはそぐわないものであるとされ、東ドイツ政府においても SED のプログラムにおいても、「社会政策」の語は登場しないと言われてきたが、それは SED が独占的に国家権力を維持する目的のもと、その正統性を誇示し、一般の不満を吸収していくためにも不可欠なものであり、実際にそのように機能してきたというのが最近の一般的な見解である。Hockerts, H. G., Soziale Errungenschaften? Zum sozialpolitischen Legitimitätsanspruch der zweiten deutschen Diktatur, in : Kocka, Jürgen/Puhle, Hans-Jürgen/Tenfelde, Klaus (hrsg.), *Von der Arbeiterbewegung zum modernen Sozialstaat* (München, 1994) S. 790-791 ; ders. (hrsg.), *Drei Wege deutscher Sozialstaatlichkeit NS-Diktatur, Bundesrepublik und DDR im Vergleich* (München, 1998) Einleitung, S. 14 ; Schmidt, Manfred G., Grundlagen der Sozialpolitik in der Deutschen Demokratischen Republik, in : Bundesministerium für Arbeit und Sozialordnung und Bundesarchiv (hrsg.), *Geschichte der Sozialpolitik in Deutschland seit 1945*, Bd. 1 : Grundlagen der Sozialpolitik (Baden-Baden, 2001) S. 690-691, 695-702.

8)Weber, Alfred, Sozialistische Marktwirtschaft, in : *Gewerkschaftliche Monatshefte*, 1. Jg., 1950, H. 9, S. 393.

9)Ebenda, S. 394. 制御の必要性についても同頁。

10)Preller, Ludwig, *Der Weg zum Sozialen Staat* (Vortrag im Institut für Sozialpolitik und Arbeitsrecht am 20. Okt. 1950 in München). 非ドグマ的混合については、S. 16.

11)Ebenda, S. 15-19.

12)Mackenroth, Gerhard, Die Reform der Sozialpolitik durch einen deutschen Sozialplan, in : Albrecht, Gerhard (hrsg.), *Verhandlungen auf der Sondertagung (des Vereins für Sozialpolitik) in Berlin 18. und 19. April 1952* (Berlin, 1952) S. 39-76 (Aussprache und Schlußwort : S. 76-89).

13)Vorstand der SPD (hrsg.), *Die Grundlagen des sozialen Gesamtplans der SPD. Unsere Forderung auf soziale Sicherung* (Regensburg, 1953).

14)福澤前掲（中）、45-46頁。

15)以上の議論は、Schiller, Karl, *Sozialismus und Wettbewerb* (Hamburg, 1955). より。

16)Auerbach, Walter, *Mut zur sozialen Sicherheit. Die drei Möglichkeiten einer Sozialreform* (Köln, 1955).

17)1956年4月までの議論をまとめたものとして、SPD-Parteivorstand（以下、PV）, Sozialplan für Deutschland – Leitsätze – (1. 5. 1956), in Richter, Max (hrsg.), *Die Sozialreform : Dokumente und Stellungnahmen* (Bad Godesberg, 1956-1970) G-II-

3.
18) 見なし期間は、兵役期間や捕虜となっていた期間、ナチスの迫害などにより拠出支払いができなかった期間などの代替期間（Ersatzzeiten）、疾病、妊娠、失業、満16歳以降の就学などの事由による欠落期間（Ausfallzeiten）、また障害時に拠出義務年齢満了まで拠出したと見なす加算期間（Zurechnungszeiten）などからなっていた。
19) Archiv der sozialen Demokratie der Friedrich-Ebert-Stiftung（以下、AdsD）, O-1986-C.（Ideen, Interessen und Ideologien in der „Sozialreform", von Ludwig Preller）.
20) AdsD, PV, O-1986-C.（Sitzungen des Sozialpolitischen Ausschusses beim SPD-PV vom. 28-29. 10. 1955）.
21) AdsD, NL（Nachlaß）Preller 77（および NL Auerbach Teil II 567）,（Schellenberg, Ernst, Unser Weg zur Sozialreform beim SPD-Kongress vom. 14-15. Januar 1956）.
22) AdsD, NL Auerbach Teil II 567（Sitzungen des Sozialpolitischen Ausschusses beim SPD-PV vom. 27-28. 1. 1956. におけるプレラーの報告）.
23) AdsD, NL Auerbach Teil II 567（Sitzungen des Sozialpolitischen Ausschusses beim SPD-PV vom. 27-28. 1. 1956）.
24) AdsD, PV, O-2000（Sitzungen des Sozialpolitischen Ausschusses beim SPD-PV vom. 16 3. 1956）.
25) Hockerts, a. a. O., (1980) S. 342.
26) 連邦議会本会議における政府法案第一読会については、Richter, a. a. O., F-XI. そこでのシェレンベルクの議論については S. 265-274.
27) Hockerts, a. a. O. (1980) S. 417 ; 連邦議会社会政策委員会審議については、Parlamentsarchiv des Deutschen Bundestags. 所蔵、資料 II 356 bis 357, Bd. A2, Lfd. Nr. 12-50.
28) シェレンベルクのSPD案、政府案を比較した整埋：AdsD, NL Preller 79（Schellenberg, E., Die Gesetzentwürfe zur Rentenreform）.
29) Hockerts, a. a. O. (1980) S. 353.
30) Richter, a. a. O. F-X III, S. 487 ff.
31) Ebenda, S. 492.
32) SPDの対抗勢力としてのプレゼンス、その社会改革のイニシアティブ、連邦議会委員会などでの積極的協力にも着目した言及がないわけではないが（例えば Hockerts, a. a. O. [1980] S. 435.）、SPD側の理念にさかのぼった分析は行われてこなかった。

33) Hoffmann, Dierk, *Sozialpolitische Neuordnung in der SBZ/DDR – Der Umbau der Sozialversicherung 1945-1956*（München, 1996）S. 31.
34) *Ebenda*, S. 329-330.
35) *Ebenda*, S. 330.
36) Neuordnung der Sozialversicherung, Befehl des Obersten Chefs der Sowjetischen Militär-Verwaltung, Oberkommandierender der Gruppe Sowjetischer Besatzungstruppen in Deutschland, Nr. 28, vom. 28（Januar 1947）.
37) Hoffmann, *a. a. O.*, S. 331.
38) 下和田前掲論文、42-43頁。
39) Hoffmann, *a. a. O.*, S. 337.
40) *Ebenda*, S. 331-332.
41) Frerich, Johannes/Frey, Martin, *Handbuch der Geschichte der Sozialpolitik in Deutschland*, 2. Aufl., Bd. 2 : Sozialpolitik in der Deutschen Demokratischen Republik（München, 1996）S. 293.
42) Hoffmann, *a. a. O.*, S. 332.
43) Frerich/Frey, *a. a. O.*, S. 291.
44) レーマンの考え方については Hoffmann, *a. a. O., S.* 265-268.
45) *Ebenda*, S. 265.
46) *Ebenda*, S. 267-268.
47) Frerich/Frey, *a. a. O.*, S. 267-268.
48) *Ebenda*, S. 296, 298.
49) *Ebenda*, S. 331-332.
50) *Ebenda*, S. 294, 331.
51) Hockerts, *a. a. O.*, 1998, Einleitung, S. 14.
52) Hoffmann, *a. a. O.*, S. 333-334.
53) Frerich/Frey, *a. a. O.*, S. 333-335.
54) Hoffmann, *a. a. O.*, S. 269.
55) 以上は、Frerich/Frey, *a. a. O.*, S. 333-335. より。初期に FDGB が示した給付の貢献原則による段階付け要求については、*Ebenda*, S. 268.
56) Hoffmann, *a. a. O.*, S. 324.
57) *Ebenda*, S. 337 ; Frerich/Frey, *a. a. O.*, S. 295.
58) Hoffmann, *a. a. O.*, S. 340.
59) Schmidt, a. a. O., S. 698-699.

第Ⅲ部　現状分析

第8章　ヨーロッパ統合と文化政策
――戦後美術の想像力はどう変遷したのか

岸　清　香

はじめに

　「ヨーロッパ」は「もはや魂を揺さぶることのない、灰色でぼやけた輝きのないシルエット」であるといわれる。かつてヨーロッパ統合運動の原動力であった「ヨーロッパ」という文化的な同一性は、戦後世界において色あせた存在となり、求心力を発揮することができなくなった。この「想像力の赤字」が、ヨーロッパ統合のプロセスにおける根本的な弱みとされてきたのである[1]。
　他方、ヨーロッパ統合の「拡大」と「深化」のなかで、文化の役割はますます重視されるようになっている。その経済社会的側面が次第に経済統合に関わるものと見なされるとともに、冷戦構造崩壊後の統合プロセスにおいては、それを政治統合、さらには社会統合の重要な構成要素と位置づける見方が定着してきた。近年、芸術家・知識人などの文化関係者の間では、ヨーロッパ連合（EU）の文化政策の「限界」が指摘される一方で、ヨーロッパ統合における文化・芸術の役割に関する積極的な発言が見られるようになっている。
　本章では、ヨーロッパ統合にともなう文化変容の問題を、文化政策の枠組みとそれとの関係で形成される想像力の観点から考察する。文化政策は、芸術・文化の分野における公共政策の一領域として、近代国民国家体制の下、主として国民統合との関連で形成されてきたが、第2次世界大戦後のヨーロッパにおいては、国家に加え、地方自治体、地域・国際機関などが重要な行為主体とし

て登場することで、それら公権力の間の関係性においてさまざまに構想されるようになっている。文化の生産・媒介・消費に携わる芸術家、専門家、観衆などの市民は、それら文化政策と関わりながら、作品や活動を呈示、あるいは解釈・受容しながら、彼らのコミュニティに関する想像力をつくり出してきたのである。

　ここでは、戦後ヨーロッパ地域における想像力の重要な場の1つであった美術の領域を例として、そこで共同体にかかわるいかなる想像力が、文化政策のどのような論理と関わりつつ生み出されてきたのかを検討する。とくに1960年代のヨーロッパにおいて形成された国家の文化政策と、冷戦構造の崩壊およびヨーロッパ「再統合」を境に現れた多国間の文化事業の枠組みとを対比しながら、それらがどのような共同体や社会をめぐる構想力につながってきたのか、その論理構成を明らかにしたい。

　以下ではまず、戦後ヨーロッパにおける文化政策と想像力の変遷をヨーロッパ統合の歴史的展開と関連づけながら概観した上で（第Ⅰ節）、美術の領域に関わる文化政策とそこで生み出された想像力について、1960年代フランス（第Ⅱ節）、および冷戦終焉後のヨーロッパ（第Ⅲ節）を2つの類型として、2つの国際美術展の事例を検討していく。そこでは、美術の生産に固有の階層秩序構造や力学の変化が、戦後ヨーロッパにおける国家システムの再編成、とくに90年代のヨーロッパ統合の深化・拡大という経済・政治・社会の側面における変化と共鳴ないし対立しつつ、美術の社会的位置づけを革新するような文化の変容をもたらしてきたことが観察されるだろう。

Ⅰ　戦後ヨーロッパにおける「文化」

1　多国間協力枠組みの形成

　ヨーロッパ統合において、文化は、安全保障、外交とならび、共通政策の形成が困難な分野であるといわれてきた。ここでいう「文化」とは、建築、視覚

芸術、映画・視聴覚メディア、演劇、ダンス、音楽、書籍、文化遺産、芸術教育・養成から成る政策分野を指すが、戦後のヨーロッパ統合の過程において、同分野には、確かに形式的ないし消極的な役割が認められるにすぎなかった。文化は国家の主権に関わる専管事項であり、文化政策は国家を基本的な単位とする制度的な枠組みの下に置かれてきたのである。

1960年代には、アジア・アフリカ諸国の独立が達成され、国家間関係としての「文化協力」の枠組みが整備された。66年11月、国連教育科学文化機関（UNESCO）総会が設立20周年を記念して採択した「国際文化協力原則に関する宣言」は、各文化の平等性原則に基づき、文化政策の基本単位を国家と位置づけるもので、国家を主体とする国際文化協力の原則を明文化した[2]。ヨーロッパでは、49年に設立されたヨーロッパ審議会（Council of Europe、以下CoEと略）が、政府間協議に基づく多国間協力の場として機能した。54年より「ヨーロッパ文化協定」による文化協力が開始され、57年のヨーロッパ経済共同体（EEC）条約調印以降は、とくに人権・教育・文化問題に特化した活動が行われた。西欧各国では、60年代以降、「文化の民主化」が文化政策上取り組むべき課題と位置づけられるようになった。

このような文化政策の枠組みにおいて、EECやヨーロッパ共同体（EC）、EUの文化への関与はごく限られており、政府間主義に基づく多国間協力以上のものではありえなかった。1960年代以降ヨーロッパ議会では議論が積み重ねられたものの、実質的に文化事業が端緒についたのは、ヨーロッパで文化産業、視聴覚産品、観光などの分野が経済社会的な重要性を認められるようになった80年代のことであった。84年にEC加盟国の文化閣僚理事会が初めて開催され（以後定期化）、域内の「文化労働者」や雇用問題が議論されたり、翌年には「ヨーロッパ文化都市」事業が開始された。87年にはヨーロッパ委員会の指針「ECにおける文化事業の活性化」が発表されたが、文化事業は原則として、経済統合との関連において付随的・形式的に実施されるにとどまった[3]。

そもそもヨーロッパ各国では、歴史的に国家と文化の関係が異なる。一方の極には、フランスのように、中央集権型の野心的な文化政策があり、共通政策

によりその特権を失うことをよしとしない。その対極には、自由主義の伝統に基づき、文化への公的介入から距離をとるイギリスの「アームズ・レングス」のような原則があり、そこでは共通政策の存在理由自体否定されている。その中間には、ドイツのように、戦後文化が州政府の管轄下に置かれ連邦政府の介入を許さない分権的な制度があり、連邦政府を媒介とする共通政策には二の足を踏んでいる。同時に、各国間では、共通政策の前提となる地理的範囲も問題となる。共通政策により、デンマークにとってのスカンジナビア諸国のような「域外国」との関係が阻害される可能性があるからである。さらに、何を「文化」と見なすかという合意形成自体困難である。80年代末からのGATTウルグアイ・ラウンド交渉では、映画・音楽等の視聴覚産品がサービス貿易の対象として取り上げられたが、それを「商品」とするか「文化」とするかによって、EC加盟国の立場は大きく分かれた。自由化反対勢力と容認勢力の間では激しい駆け引きが繰り広げられ、政策の収斂と例外化のせめぎあいが繰り返されたのである[4]。

　1992年2月に調印されたEU条約（以下、マーストリヒト条約）では、「文化」はEUの政策分野として正式に組み込まれ、その意思決定は閣僚理事会とヨーロッパ議会の両者による共同決定と定められた。ただし、閣僚理事会の決定は全会一致に基づいていたため、共通政策を求めるヨーロッパ議会の立場にとって同条約は「拘束」であり続けた。90年代以降のパイロット事業を受け、96年より「カレイドスコープ」「アリアーヌ」「ラファエル」が、それぞれ芸術・文化、文学・出版、文化遺産保護に関する文化協力プログラムとして導入されたが、助成プロジェクトの選考にあたる専門家グループやプログラム運営委員会の人選や予算の調整をめぐり、しばしば加盟国の利害が対立し、議会との反目も高まった。

　現在に至るまで、EUの文化政策は「補完性原則」、つまり、加盟国国家・地方の政策の保障と支援を大原則としている。マーストリヒト条約の第128条（「文化」）は、EUは、「国家および地方の多様性を尊重して加盟国の文化（the cultures of the Member States）の繁栄に貢献」し、「EUの事業（the action of the Union) は加盟国間、および第三国との協力を支援」するものと規定している。EU は、あくまで(「政策」ではなく)「事業」の主体とされ、その事業には、加盟国の国家・地方の文化的多様性の保障と、加盟国国家・地方間の協力および第三国との協力の促進という補完的な内容が認められたのである。同条項は、97年のアムステルダム条約(第151条)および2004年のヨーロッパ憲法条約(第Ⅲ部第280条)においてもそのまま受け継がれ、確認されてきた。

　マーストリヒト条約調印後の1992年11月には、文化閣僚理事会の決議「文化事業の指針」が改めて補完性原則に言及している。EU の文化事業は、財政上の現実的な制限に鑑み、「国や地方の活動に代替ないし競合するのではなく、それらの間の橋渡しをしたり、付加価値を生み出すべき」であるとして、「補完性」は「付加価値」という言葉に置き換えられている。その際、事業は「あらゆるヨーロッパ市民と文化団体にアクセス可能であるべき」として、とくに統合の過程で不利な状況に置かれた人々に開かれたものであるべきことが示されてもいる[5]。しかし、96年に開始された EU の3つの文化協力プログラムは、「助成金のばらまき」「断片的」「弱腰」などの批判や、「ヨーロッパ文化」とは所詮、外交交渉の道具であり、単なる各国文化の「無害な並置」にすぎないといった評価を受けている[6]。多国間の文化協力枠組みは多くの制限と限界を抱えており、EU にとって文化事業の独自性の確保は、困難な課題であった。

2　「ヨーロッパ(文化)」をめぐる想像力

　ヨーロッパの文化空間においては、伝統的に作家、芸術家、ジャーナリスト、教師、研究者などの各分野の専門家である知識人が、人文主義的伝統に基づき、支配的な文化モデルを提供してきた。民衆文化や特定の社会・地域集団の特殊な文化よりも、支配エリートが媒介する普遍主義的な文化モデルが優越的な地位を占めてきたのである。ヨーロッパの統合運動とは、そもそもこうした知識人が参加する「文明のプロジェクト」であった[7]。「ヨーロッパ」とは、戦間期以来、分裂を乗り越え、諸国民の関係を密接にする相互理解の手段として、統合運動を牽引する文化的概念であり、啓蒙思想以来の普遍的価値に基づく倫理

的空間、あるいは高尚な文明の空間として、ヨーロッパの文化空間を構成するものであった。すなわち「ヨーロッパ（文化）」とは、ギリシャ・ローマ以来の、あるいはユダヤ＝キリスト教的伝統に基づく普遍的倫理の委託人であり、芸術と文学の才能による人類の遺産を意味していたのである。統合運動の1つの頂点として知られる1948年ハーグでのヨーロッパ会議の決議には、連邦主義者ド・ルージュモン（Denis de Rougement）や、反フランコ政権運動で知られるデ・マダリアーガ（Salvador de Madariaga）ら高名な知識人が参加しており、同決議は、ヨーロッパ文化センター（CEC、ジュネーヴ）、ヨーロッパ文化財団（ECF、ジュネーヴ［現アムステルダム］）ヨーロッパ・カレッジ（College of Europe、ブリュージュ）、ヨーロッパ大学院（European University Institute、フィレンツェ）などの設立や、大学間協力につながった。しかしヨーロッパ経済共同体（EEC）設立を境に、知識人は、政治家や官僚が主導する経済・政治統合からは次第に距離をとるようになった。とりわけ92年のマーストリヒト条約以降、ヨーロッパの知識人の間ではヨーロッパ懐疑論が主流となっている。

　統合運動からの知識人の離脱の背景には、戦後ヨーロッパの文化状況における2つの大きな変化が指摘されよう。第1に、第2次世界大戦後、「ヨーロッパ」は東西に分断され、「西側」ヨーロッパでは、ヨーロッパを文化的同一性のもとにまとめ上げていた「ヨーロッパ」という想像力は急速に衰退した。冷戦下、その文化的一体性が失われるばかりでなく、脱植民地化の流れのなかで他の文化に対する優越性に異議が申し立てられるようになった。文明と民主主義の「ヨーロッパ」は、むしろ、「東側」諸国や独裁政権下の南欧において、「反体制派」の抵抗運動の原動力として役割を果たしたのである。第2に、戦後ヨーロッパでは、人文主義的な文化が、科学技術や大衆文化の発達のなかで急速に周辺化した。本章で検討する美術の領域も例外ではなく、フランスを中心として形成されてきた伝統的なヨーロッパの美術の階層秩序は、この時期、アメリカを中心とする新しい勢力の挑戦を受け、その正統性と権威が大きく問われるようになった。伝統的に近代国家の庇護のもとに置かれてきた人文主義的な美術の制度は、美術市場への依存をより強めていったのである。

つまり美術にも体現されていた「ヨーロッパ（文化）」という想像力は、戦後ヨーロッパにおいて、長らく東西の両側、および国境の間で分断状態に置かれるとともに、その人文主義的な基盤の周辺化を伴いながら、その求心力を低下させたのである。1970年代以降、共産主義への幻滅や、しばしば「アメリカ」の支配と同一視される消費文化の発達に対する関心の高まりとともに、「ヨーロッパ」を文明の空間として再評価するモラン（Edgar Morin）のような左派知識人の議論も現れるものの[8]、その「ヨーロッパ」は「地方化」し、「分裂と対立のなかに」置かれていると想定されており、かつてのような求心力を発揮するものとは見なされなくなっている。

II　1960年代フランスにおける「美的国家」の成立

1　芸術創造政策の展開

国際文化協力と文化的民主化の課題が浮上する1960年代の「西側」ヨーロッパにおいて、フランスでは、文化政策は国民統合の重要な手段と位置づけられることになった。それは「芸術創造」という政策概念により、芸術家の創造活動を支援するとともに国民の文化へのアクセスを促進するという「美的国家」の構想として出現した。

1958年10月、ド゠ゴール（Charles de Gaulle）の政権復帰により設立された第五共和制では、その経済社会5ヵ年計画に「文化」を統合したが、これはヨーロッパの民主主義国で初めて公共政策の範囲に文化を組み込むものであった。59年1月、文人マルロー（André Malraux）が文化大臣に就任し、同年7月の政令「フランス人の最大多数に人類の傑作に触れる機会を与え、芸術と精神の作品の創造を促進する」により、文化省が創設された。同省は、国民教育省の芸術文学局・建築局・古文書局に産業省の国立映画センターを統合したものであったが、その政策は、上の政令にも窺えるように、芸術の知識と教授を重視する従来の国民教育省の人文主義的な芸術政策に決別し、芸術創造と国民

との「直接的な出会いと共感」を重視するという新たな「発明」であった[9]。

　この第五共和制の文化政策の支柱となった「芸術創造」という概念は、近代民主制において周辺的な地位を与えられてきた芸術家の地位を保障し、彼らの作品を国民が直接享受できるようにすることを含意していた[10]。「芸術的労働から得られる収入が最低賃金労働者のそれよりも明らかに低いために副業や他人の収入に頼らざるを得ず、市場経済のもと法的・社会的・経済的状況も不安定であった」芸術家を、新たな「文化的労働者」として社会に組み込み、それにより「美的国家」を建設するという内容である。芸術創造を産業や大衆の娯楽と区別すると同時に、文明的な近代社会の文化生活から切り離せないものであると位置づけ、民主制において避けることのできない多数派の趣味とあらゆる模倣を拒否する芸術家の特性との間の二律背反を調停しようとしたのである。

　この芸術創造政策のもと、1960年代には、芸術家の社会保障や芸術作品の発注・買い上げに関する制度が整備されていった。なかでも、戦間期の人民戦線内閣下失業対策として発案され、51年に法制化された「１％法」の実施は、大いに注目を集めた。同法は、学校・大学等教育施設の建設にあたり、公共事業費の１％を彫刻や壁画等現存美術家への発注に支出することを定めたもので、第五共和制下所管が文化省に移り、国民的議論の的となったのである[11]。また既存の芸術・文化遺産保護行政に加えて、芸術創造課（62年）、国立現代美術センター（67年）など、現代芸術の振興を目的とする行政組織が次々に設置された。助成対象は従来の芸術院などのアカデミックな組織から前衛運動へと重点が移り、新たな助成セクターが形成されていく[12]。次項で取り上げる「パリ・ビエンナーレ」はその代表例であり、そこでは象徴的な威信を求める政策と、市場への依存を強めていく美術の価値体系のなかで優越的な地位を回復しようとする美術界の利害が合致することとなった。「中央集権的」「国家管理的」「国粋的」といわれる戦後フランスの文化政策の土台はこうして形成されていったのである。

　すなわち芸術創造政策は、芸術を社会の中心に据えるとともに、フランスの国際的な「威光」を回復させる手段としても位置づけられていた。冷戦と脱植

民地化のなか政治・経済におけるパワーと威信を失う一方で、文化的威光（rayonnement culturel）だけは維持せんとする政策目標が第四共和制末期に現れ、第五共和制下実現したのである。外務省において1957-69年は文化事業の発展・拡大期であり、モロッコ・チュニジアの独立に伴い、技術協力とフランスの言語・文化の地位の強化が重点領域となった。同省の文化関連予算は58-69年の間に6倍増となり、予算全体の44％に達した。47年には18しかなかった在外公館の文化参事官のポストは、70年には80まで増加した[13]。

1960年代のマルロー文化相期に形成された文化政策の理念は、80年代の社会党政権下、対象領域との予算の拡大を伴いさらに展開することになった。ヨーロッパ経済統合の発展期でもあったこの時期には文化予算が国家予算の1％に達するとともに、再中央集権化ともいわれる文化省の権限の増大をともないつつ、芸術創造政策は地方自治体へと波及したのである。こうしたなか、特定のセクターへの助成が「官製芸術」を生み出しているとして批判の対象となり、文化政策の正統性が問われる事態も出現している[14]。

2　戦後美術界における「パリ・ビエンナーレ」の創設

数世紀もの長きにわたり国際的なヒエラルキーにおいて優越的な地位を占めてきたフランスの美術界であったが、戦後、アメリカの美術批評がその「優越的地位」を疑問視し始めると、ヨーロッパを中心と見なす伝統主義と新たな国際的前衛主義の対立が、主として米仏の敵対関係と重ね合わされるようになった。フランス美術の「伝統的なバランス感覚と秩序に従った構図、洗練・繊細さ」に、「不器用、粗野だが独創性、率直さ、迫力」にあふれたアメリカ美術が対置され、後者が評価を高めると同時に、ヨーロッパの中心として長き伝統を持つフランス美術への対抗的、ないし批判的な見解が示されるようになったのである[15]。この「米仏の反目」は、他のヨーロッパ諸国をも巻き込みながら、1950年代後半から顕著になり、アメリカへの一極集中が疑問視されるようになる70年代までつづいた。両者の力関係は60年代末には明らかに逆転したが、その時点でもフランスでは、自国の美術の優越性を主張する言説が支配的であっ

た。アメリカの美術は「あらゆる芸術の源」であるパリの影響を受けているという条件のもとでのみ、「新しい社会の表現」として評価され、アメリカに渡った自国の美術家たちはしばしば「裏切り者」と見なされもした。それは、戦後直後のヴァレリー（Paul Valéry）による次の発言が示すように、「新大陸はヨーロッパの精神から普遍的な価値をもつ成果を抽出する一方、旧世界にはあまりにも型どおりであまりにも歴史的なものが残っている」という「アメリカ」に対する両義的な感情に基づいていたのである[16]。

　こうした美術界における競合関係は、現代美術のオリンピックとして知られる国際美術展で顕著に見られるものであった。国際美術展とは、1895年に国王の銀婚式の記念行事として発足した「ベネチア・ビエンナーレ」（「ビエンナーレ」は、隔年開催の意味）をモデルに、第2次世界大戦後、ブラジルの「サンパウロ・ビエンナーレ」（51年〜）、ドイツ・カッセル市で4年毎に開催される「ドクメンタ」（55年〜）など、世界各地で創設された定期開催の展覧会のことであり、美術の先端性を測る国際競争の場として機能するようになった。そこでは、授賞制度をめぐり、自国の美術家の受賞を目指す各国美術界や政府、画商等が鎬を削っていた。フランスでは、これらの展覧会においてフランス人および在仏外国人の美術家が次々に受賞を果たしており、そのことが、ファシズムの台頭からドイツ占領という戦前戦中の「空白」を埋める、自国の変わらぬ文化的威光の証明であると受け止められていた。しかし、50年代半ば以降、受賞数が次第に減少し、その国際的地位の相対的低下が認識されるにともない、パリで国際美術展を開催し、「フランス美術の不変の活力を示し、競争力を回復し、地位を取り戻す」との計画が芸術創造の振興を目指す文化政策の一環として持ち上がることになる。それは、「パリはもはや大規模な国際競争の中心地ではなく、過去の栄光に満ちた国であるフランスは今日国際競争には参画しないと主張し、現代美術の分野におけるフランスの優越性を取り除こうと共謀する敵対者」に対する対抗策であった[17]。

　同計画は、ベネチア・ビエンナーレへのフランスの参加にあたり、作家選考を任されていた美術評論家（国民教育省芸術文学総局美術査察官）により準備

され、1957年秋以降、外務省、国民教育省、およびパリ市の美術行政担当者によって検討された。そして59年1月、マルローの文化大臣就任と同時に、「パリ国際青年ビエンナーレ」(以下、パリ・ビエンナーレ)の開催が決定した。同展の組織を行う「フランス・パリ国際青年ビエンナーレ協会」(以下、協会)の理事会には、1900年代生まれのレジスタンス経験者を多数含む、戦前から美術界を支えてきた芸術創造政策の中心人物が[18]、また総会には、国際的に著名な美術家やパリの美術愛好家や社交界の面々が名を連ねた。同展の予算(50万フラン)は、全て文化省とパリ市の助成によっていた。

協会では、「フランスに議論や競争の場を取り戻し、エコール・ド・パリに明示的な方法で活力を再与する」と同展の目的を掲げていた。「エコール・ド・パリ」(パリ派)とは、もともと戦間期にパリに集まった外国人美術家を指した蔑称であり、当時ヨーロッパを中心とする美術界において正統と見なされていた「エコール・フランセーズ」(フランス派)に対置されたいわば「異端」の存在であった。しかし戦後のフランスでは、この「エコール・ド・パリ」が、パリが芸術の中心地として多くの外国人を集めた1920年代の記憶と結びつき、「芸術の国際的中心性」とその「伝統との連続性」という二重の連想を可能にしつつ、新たに「フランス美術」を代表するものとして用いられるようになっていたのである。パリ・ビエンナーレは、この「エコール・ド・パリ」を争点として大論争を巻き起こし、フランスの文化に関する想像力を大きく変化させることになった。

3　「エコール・ド・パリ」の再興と解体

パリ・ビエンナーレが目指す「エコール・ド・パリ」の再興とは、「若手美術家たちがエコール・ド・パリに忠実であるよう促しつつ、パリに対する全世界の美術界の関心を取り戻す」ことによって可能になるはずであった。同展は、既存の国際美術展と差別化する形で35歳以下の若手のみに出品を認め、各国間の競争には与しない「一切の競争意識を排した若者同士の出会いと経験の場」と自らを位置づけた。作品選考には若手美術評論家も参加させ、「若手による

若手の展覧会」をアピールし、授賞制度ではなく奨学金制度によって、将来性のある美術家を世界からパリに集めることも狙っていた。1959年の第1回展で「巨匠の青年時代」展を同時開催し、印象派などパリを代表する画家・彫刻家たちが35歳以下で制作した作品を「手本」として示したり、グループ制作部門では、若手美術家に公共事業向けの構想を企画させたりもした。出展作品は国家の作品買い上げの候補にもなりえた。同展は、第五共和政下の新しい芸術創造政策の重要な施策となったのである。

　同展はまた、外務省の在外公館のルートを通した積極的な働きかけにより、既存の国際美術展には参加していない「第二世界」や「第三世界」の諸国「小国」からも多数の参加を集めており、第1回展の参加国と出展作品の数は、40ヵ国・1000点余りに及んでいた[19]。また、国別展示において「フランス」の在仏外国人出展者の割合が全体の4分の1にのぼっていたことは注目を集めた。マルローは、毎回文化大臣として展覧会会場を訪れ、各国の出展者をねぎらって感激させたり、奨学金授与式では、パリが「芸術にとって受入れ都市でありつづける」こと、国家の役割は「芸術創造に自由を保証する」ことなどを演説し、芸術の都パリの威信を印象づけた。詩人コクトー (Jean Cocteau) は「若者の力は、順応主義への反抗にある」とのメッセージを寄せ、パリの社交界や美術愛好家は自らの邸宅で華やかなレセプションを催したり、奨学生に選ばれた美術家を支援する活動を行った。

　以上のような展開について、ジャーナリズムでは、美術では戦後初めてといわれるほどの大論争が繰り広げられた。第1回展の際には、高名な美術史家が『ル・モンド』紙上、同展を「パリで作品を発表したいと夢見る若者たちの無秩序な熱意に寛容なリスクを覚悟した勇気ある行動」と評する一方、『ル・フィガロ』紙をはじめとする保守派勢力は、同展が西洋美術の「伝統」である具象美術をなおざりにして当時世界的に流行していた抽象美術にお墨つきを与え、「巨匠の青年時代展」でも外国人を不当に優遇している、と非難した。彼らによれば、ビエンナーレは「美術の伝統のない国が西洋美術の優越から開放されようと励む動きに手を貸し」ており、「世界で流行する訳の解らない言語を前

第8章 ヨーロッパ統合と文化政策　225

図8-1 『レ・レットル・フランセーズ』が伝える第1回パリ・ビエンナーレ展

出所：Les Lettres françaises, No. 793（8-14/10/1959）より転載。

に、自然に話すことを忘れさせるようなもの」だったのである。他方、抽象美術を擁護する革新派は、同展の総花的な展示は抽象美術の擁護などではないと反論したり、協会による「威信回復のための作戦」は問題の解決には程遠い「うわべだけの活動」にすぎないと揶揄しながらも、同展により「エコール・ド・パリ」の未来は保障されうると評価した。「エコール・ド・パリ」を擁護するアラゴン（Louis Aragon）主幹の文芸紙『レ・レットル・フランセーズ』は、「エスペラントを作り出すバベルの塔」と題し、裏表紙全面に参加各国の主要作品を図版入りで紹介している（図8-1参照）。戦後「西側」世界において美術をめぐる力学が人文主義型から市場依存型へと本格的に移行するなか、パリ・ビエンナーレは、フランスを中心とするヨーロッパの西洋美術の伝統を象徴していた「エコール・フランセーズ」に代わり、そこでは周辺的な位置に置かれていた「エコール・ド・パリ」を、新たな求心力の源として「フランス美術」の「伝統」の座につけることに成功したのだといえよう。

　以後パリ・ビエンナーレは、若手美術家の登竜門として、「傑作はないが、将来を約束する出会いと交流と情報の場」との評価を獲得し、「フランス文化をめぐるパリ中心主義的な想像力の重要な場」としても機能した。しかし、1980年代の美術生産の国際的な多極化および、「地方分権化」と芸術創造政策の拡大のなかで、その存在意義は次第に失われていった[20]。同展は85年までの計13回開催されたが、同年大幅な赤字を計上して休止したのち、91年9月、80年代に活動を活発化させたフランス第2の都市リヨンの現代美術館が創設したリヨン・ビエンナーレに取って代わられることになった。マーストリヒト条約調印を目前に控えるなか、文化省、リヨン市、ローヌ・アルプ地域圏が「ヨーロッパ建設の流れのなか地方分権化を進める上で、パリ以外の都市が国の支援を得て現代美術の国際ビエンナーレを開催することが望ましい」という点で意見の一致を見たのである。この際、リヨン・ビエンナーレは、「フランスは長らく外国人芸術家を幅広く迎え入れる受入れの地であったが、自国の芸術家の売込みには苦労してきた。今日地方都市は自立しており、今後リヨンはパリを通さずアムステルダム、エッセン、ミラノやサンフランシスコと直接取引す

る」と声明し、パリを経由しない美術の流れの存在を顕在化させた。これは、戦後ヨーロッパという文脈のなかで国際的中心であり続けたとする、パリ・ビエンナーレを支えていたパリ＝フランス中心主義的な想像力の終焉でもあったといえる。

Ⅲ　壁崩壊後のヨーロッパと「共通文化空間」の模索

1　EU 文化事業の転換

　さて1990年代後半以降の EU では、多国間枠組みに基づく文化事業の「限界」が指摘される一方で、「文化」は事業の「本質」を成す重要な一側面であると見なされるようになった。冷戦終焉後の東西「再統合」および、EU の「拡大のための深化」のなかで、文化事業の役割は大きく転換することになったのである。

　今日のヨーロッパにおいて、「文化」は、助成セクターとしてますます重視されるようになっている。フランス文化省の統計によれば、EU 加盟23ヵ国（ポーランド・マルトを除く）の文化関連の職業従事者は420万人（うち約半数230万人は文化産業での雇用）であり、全 EU 加盟国の就業人口１億6600万人の2.5％にのぼっている。また、EU 拡大前の加盟15ヵ国における１世帯あたりの文化支出は年平均1099ユーロで家計全体の4.5％を占めている[21]。フランスへの外国人観光客のうち文化施設や文化行事の利用者が毎年9000万人にのぼるなど、文化は自由主義的グローバル化における「国際競争の切り札」と見なされると同時に、「画一化と商品化の試みに抵抗する手段」としても、ヨーロッパ統合における「連帯の手段」としても言及されるようになっている。

　EU 拡大直後の2004年６月には、加盟25ヵ国の芸術家と文化組織の責任者による共同アピール「自らの文化に基礎をおくヨーロッパのために」が『ル・モンド』紙に発表され、加盟国政府や EU 関係機関に対し、「生産と消費のヨーロッパ」ではなく「文明のヨーロッパ」構築のための共通政策を求めている[22]。

これを受け、2005年5月、パリで開催された「文化のヨーロッパ」会合において、バローゾ（José Manuel Barroso）ヨーロッパ委員会委員長は、EUの進める文化事業と文化間対話は「行政的なヨーロッパ構築のための形式的なものではなく、ヨーロッパ域内外での紛争予防やEUの多角的な性格の強化に貢献するヨーロッパ統合にとって本質的な要素であり、成功の条件である」と声明している[23]。

このようなEUにおける「文化」観の変化は、1990年代のヨーロッパの文化空間に関する認識の変化と連動して見られるようになった。東欧の旧共産主義政権の崩壊、東西ドイツ統一、および中東欧諸国のEU加盟申請と加盟交渉の流れのなか、「文化」は政治統合や社会統合との関連で語られるようになったのである。前述の87年のヨーロッパ委員会の指針には、すでに「ヨーロッパ文化」は将来のEUの必要条件であるとの位置づけが見られたが、90年代に入ると、文化は将来の政治統合に先立つという見解がヨーロッパ議会を中心に見られるようになった。とくに「もう一つのヨーロッパ」と呼ばれる中東欧において、共産主義下のプロパガンダに代わり、民主主義を促進する手段として「文化」を位置づけ直す必要性が唱えられたのである[24]。

また旧「東側」諸国における「民主化」と「市場化」にともなう階層分化や失業問題の悪化、民族主義の復活と紛争の激化によって、新しい「ヨーロッパ」は、社会的結合を必要とする空間と見なされるようになっていった。1997年10月のアムステルダム条約調印に先立つ同年1月には、文化閣僚理事会の決議「ECにおける文化側面の統合」がまとめられ、そこで「文化」は孤立した政策分野ではなく、「地方間の発展度の格差是正、経済社会的結合の増進、雇用機会の創出、社会的排除の除去と市民生活の水準向上に貢献するEC（筆者註：EUを構成する3つの柱のうち第1の柱であるEC）の事業の一構成要素」であり、「ECの意志決定における水平的連携を必要とする分野」と位置づけられた[25]。これは同時期に発表されたUNESCOとCoEの報告書「われわれの想像的多様性（Our Creative Diversity）」（95年）および「周辺から中心へ（In from the Margins／仏題：La culture au cœur）」（97年）の議論を踏まえたものでもあっ

た[26]。2004年10月に調印されたヨーロッパ憲法条約では、前文規定にも「文化」に関する文言が3ヵ所挿入され、EUにおいて「文化は初めて重要な地位を与えられた」と言われることになったのである[27]。

　こうしてEU文化事業の実施局面においては、他の政策分野（情報通信・構造基金・観光・雇用・学校教育など）との連携が行われるようになったが[28]、そこでは同時に、文化の社会経済的な役割と効果がより一層求められるようになった。1998年5月、ヨーロッパ委員会は、「断片的」と批判されていた「カレイドスコープ」「アリアーヌ」「ラファエル」の3文化協力プログラムを一本化した「カルチャー2000」の設置を提案し、その設置決議には、「文化」は「経済的要因であるとともに、社会統合と市民権の本質的要素」であり、ECは「ヨーロッパ諸国民にとっての共通文化空間の発展」に努めると規定された[29]。同プログラムでは、分野毎の専門家の評価による「革新性」とプロジェクト運営の「質の高さ」とあわせ、「ヨーロッパ付加価値」が重視されるなど、助成プロジェクトの選考基準が明確化している。とくに「ヨーロッパ付加価値」については、2002年の文化閣僚理事会決議において「目的・手法・性格が国家・地方の事業と区別される文化協力をヨーロッパレベルで実施することにより期待される相乗効果」と定義され、詳細な規定がなされている。その「相乗効果」とは、文化協力を構成する要素——申請プロジェクトにおける参加国の数と地理的配分、公衆と受益者に対する認知度の高さと広範なアクセス、継続性とヨーロッパの文化的統合への貢献度、文化的対話と異文化理解の促進など——を掛け合わせて判断されるという[30]。「ヨーロッパ共通文化空間」の構築が喫緊の課題となるなか、「助成金のばらまき」や各国文化の単なる「寄せ集め」に終わらないより積極的な価値と効果に関心が払われるようになったものといえよう。それにともない、97年7月のヨーロッパ委員会報告書「アジェンダ2000」の中期財政枠組み提案を受け、被助成プロジェクトには、高い認知度と広いアクセス、合理性や効率性が要求されるようにもなっている。

　以上のような「文化」をめぐる新しい関心に基づき「カルチャー2000」では、新たに「文化協力協定」方式（「アクション2」）が導入され、被助成プロジ

ェクトに参加する文化団体間での協定締結による複数年度にわたる事業の継続性と、協定を結んだ団体間の緊密な協働の確保が図られるようになっている。こうしたEUによる取り組みの本格化が評価される一方でその路線に対しては、助成の必要のない大規模なプロジェクトが優先的に選考され、文化を市民生活に組み込むという観点からは小規模であっても有益なプロジェクトが切り捨てられるのではないかといった懸念も寄せられている[31]。

2　グローバル化する美術界と「マニフェスタ」の設立

　1980年代以降の新自由主義的グローバル化のなか、美術市場は世界的に拡大し、展覧会や美術館等の組織が世界各地で相次いで設立されるなど、美術生産の場はニューヨークへの一極集中から、欧米諸都市、さらに非欧米地域へと多極化していった。美術表現の面では、70年代末に「前衛芸術の終焉」が唱えられ、80年代には近代主義が異議申し立ての対象となった後、90年代を通して多文化主義や脱植民地主義、フェミニズムなどの傾向が注目されるようになった。しかし、生産の多極化や多元主義的な実践が進む一方で、欧米中心の美術界の中核のヘゲモニーは依然維持されているといわれる[32]。

　こうしたなか、「パン・ヨーロッパ（汎ヨーロッパ）」を掲げ、ヨーロッパに活動範囲を限定した「マニフェスタ：ヨーロッパ現代美術ビエンナーレ」（以下「マニフェスタ」と略）が誕生した。ベルリンの壁崩壊後の熱狂の中、中東欧出身のアーティストたちが注目を浴び、「ペレストロイカ・アート」と呼ばれる商業的な投機や一時的なブームの対象になったが、西欧に地理的に近いこの「第二世界」の美術は、1990年代、アジアや「第三世界」の「エキゾチック」な文化が優遇される一方で、次々と国際舞台から姿を消していった——こうした商業主義的、あるいは西欧中心主義的な動向への異議申し立てとして、ヨーロッパ全体を対象とする国際美術展の企画が立ち上げられることになった[33]。

　同企画は、1993年のベネチア・ビエンナーレに各国の作品選考・展示企画を行うコミッショナーとして参加したヨーロッパの複数の美術関係者（オランダ、ドイツ、スウェーデン、イギリス）の議論に端を発していた。国別参加方式を

とるベネチア・ビエンナーレでは、旧東欧諸国の展示は、共産主義政権崩壊後も公式的な内容にとどまっていた。また冷戦下、「東側」の国々の公式的な文化プログラムに対抗するという目的のもと創設されたはずのドクメンタは、代々の責任者の趣味を反映するものとなり、この地域を正面から取り上げることはなかった。そこでヨーロッパ全域の若者に活動の場を与え、「パリ・ビエンナーレの消滅によって生じた空白を埋めるべき」との趣旨が、オランダの美術局長の賛同を得て、94年1月、「ヨーロッパ美術運動財団」（ロッテルダム〔現アムステルダム〕、以下、財団）が設立されたのである[34]。

　財団では、新しい「ヨーロッパ」の現状把握と総括を目的として、当面、ロシア・トルコなども含むCoEの文化協定署名国30ヵ国余りを活動の範囲・対象と定めた。特徴的なのは、毎回開催都市を移動する「ノマド」方式を打ち出している点であり、そこでは財団の国際諮問委員会が任命する国際審査委員会（キュレーター・チーム）と開催地の芸術文化組織が協力しながら企画することにより、技術的なノウハウの共有も目指しているという。展覧会の財源は、開催地側（都市・国）が負担するが、財団との協力により、複数の公的・民間機関からも助成を受けることが可能になっている。実際、CoE（第1回展）、ヨーロッパ文化財団（第1回展～）やEU（第2回展～）から、展覧会組織に関わる費用の一部（予算全体の15～20％程度）について助成を受けている[35]。

　マニフェスタは、1990年代ヨーロッパの美術界の勢力関係から生み出された活動であるが、これは、先に見た90年代後半以降のヨーロッパにおける文化政策の展開を先がけるもので、とくにEUの文化事業においては常に重要な助成対象の1つとして位置づけられてきた。その方針（壁崩壊後の美術界において特に排除の対象となっている旧「東側」の諸国の若いアーティストに発表の機会とより広い観衆を提供する）や、財団および各国の美術関係団体間の継続的な協働作業に基づく活動、そして新しい「ヨーロッパ」の芸術表現の把握なる目標は、「ヨーロッパ付加価値」と「共通文化空間」の構築が課題となったEUの文化事業の置かれた力学と共振していたのである。

3 「パン・ヨーロッパ（美術）」の新しい想像力

しばしば「よく言えばカジュアルな中に潜む未知なる可能性、悪く言えば玉石混交の学園祭的気分」[36] などと紹介されるマニフェスタは、新しい「ヨーロッパ」＝「パン・ヨーロッパ」の美術の定義に取り組む実験精神に富んだ活動として注目されてきた。

その「パン・ヨーロッパ美術」を特徴づけているのが、第1に、「ヨーロッパ文化の周辺部への認知を広める」という反西欧中心主義的な同展の目的である。「ヨーロッパには、美術市場や経済的側面においてまだいくつかの中心があるが、実践・展示の面において際立った中心は存在しない」。その代わり、「周辺部において、小さな中心ないし相対的周辺が存在し、そこで多くのエネルギーが発生している」と見なし、そこで「ヨーロッパの文化的多様性に光を当てながら、美術のオルタナティブな発展を活性化」するとの可能性を示したのである[37]。

実際、同展の開催都市には、ヨーロッパの文化的な地政学上重要な、強い個性をもつ都市が選ばれてきた。第1回展（1996年）のロッテルダム（世界、そしてヨーロッパ最大級の港町）、98年のルクセンブルグ（中世の壁に囲まれた保守的な都市のイメージ転換戦略）に続き、2000年には、旧「東側」のスロヴェニアの首都リュブリャーナが主催者となり、「東欧」と「西欧」、中欧と地中海地域の結節点という地域性を「ボーダーライン・シンドローム」という展覧会のテーマに結びつけた。02年は「西側」のフランクフルトが、神聖ローマ帝国の独立地域で君主による美術品のコレクションが形成されず、民間財団や自治体が連邦政府の助成なしに美術館制度を発展させてきた経緯や、ユダヤ人コミュニティ主導による文化活動の伝統を強調した。続く04年には、強固な文化的政治的アイデンティティ感覚に基づき一貫性ある文化政策を展開してきた南欧スペイン・バスク州ドノスティア（スペイン語名サン・セバスチアン）が「開放性」を訴えつつ開催地となった。次回06年の第6回展は、トルコとの間で依然緊張関係にあり「ヨーロッパ最大の分断された都市」として知られるキ

図8-2　第3回マニフェスタに出品されたカメリッチ（Šejla Kamerić の「EU/Others」）

出所：*Art in America*, Vol 88, No. 11 (November 2000) より転載。

プロス・ニコシアでの開催が予定されている。同展では、こうした特色ある場所性を踏まえつつ「グローバルな芸術のシステムのなかで、東西ないし南北間の支配的な関係性を存続させるのではないような受入れ都市の地元のニーズや手段に適応した」手法を確立すること、そして「中心」からの一方的なノウハウの伝達に終わらない「周辺部」の主体性の確保により、従来の中心一辺構造を再生産するのではない新たな美術の枠組みを構築することを新しい「パン・ヨーロッパ美術」の課題であるとしている[38]。

第2に、反商業主義に基づくマニフェスタの「オルタナティブ」への志向性は、展覧会の内容にも反映されている。財団の国際諮問委員会によれば、作品選考に関わる国際審査委員（キュレーター）には、「大国のキュレーターならば看過しかねないヨーロッパ周辺部に敏感な人材」、とくに画廊の圧力やメディアの拘束から自由な若手キュレーターが選ばれているとのことである。キュレーターはヨーロッパ各地での1次調査とチームでの討議を通して作家・作品選考に当たっているが、その結果、出展作家には、中東欧・地中海周辺部・南東欧の出身者または在住者が、西側諸国での発表経験の有無も考慮されつつ多数選ばれており、その数は毎回全体の3分の1から半数程度にのぼっている。参加者のなかには、アメリカで活躍中のキュレーターや、アメリカ人、イスラエル人、あるいは在ヨーロッパのアジア系の美術家も含まれており、「ヨーロ

ッパ」は、地理的・人種的な概念というよりは、「精神的なもの」としてひろく解釈されているという。また、多くの出展作品は、ヨーロッパに特殊な政治的社会的問題——少数者、移民、ナショナリズム、外国人排斥、北アイルランドやアルメニアの紛争など——を扱うとともに、開催都市の歴史性や社会的特性を踏まえて制作されている[39]。また、経済的・歴史的に取り残された地区の再統合プロジェクトや、地域の少数派集団の団体との共同制作や観衆参加型ワークショップなど、現地でのプロセスを重視した作品が多いのも特徴となっている。そこでの美術は、「アーティストをキュレーター、評論家や、より広範囲の公衆との継続的な対話の中心に位置づけることによって、現代ヨーロッパに存在する既存の地域的、社会的、言語的、経済的な障壁を乗り越える」ための手段として位置づけられていることが注目されよう[40]。

　ベルリンの壁崩壊後のヨーロッパでは、メディアや新技術、テレビ番組や広告などの生活環境の面において共通の参照軸が登場する一方、旧「東側」の国々における（より発展したヨーロッパではもはや顧みられないような）ヨーロッパの「遺産」再生や、民族的・政治的・経済的問題をめぐる摩擦や紛争が問題となった。マニフェスタでは「パン・ヨーロッパ」というラベルのもと、こうしたヨーロッパの影の部分に光をあてるアーティストの作品や活動を紹介してきた。しかし最近では、当初多数を占めていた「東側」出身者や女性、民族的背景の多様な作家の数が次第に減り、公共スペースでの展示が少なくなっているとの指摘もある。「ヨーロッパと現代美術の双方の要求に応えつつも、実験精神という創設時のミッションに立ち戻るべきであり、さもないと単なる文化ツーリズムの産物に過ぎなくなる」といわれるような状況が生じているのである[41]。マニフェスタの反商業主義・反西欧中心主義という国際美術展としての独自性は、文化政策上要求されている社会経済的役割に絡めとられれば失われかねないという矛盾した構造にも置かれているといえよう。

おわりに

　以上美術の領域に関わる文化政策とそこで見られる想像力の変遷を国家システムと関連づけながら見てきた。戦後ヨーロッパ世界の「分断」のなか、フランスでは、芸術を社会の中心に据えるとともに国際的競争力を回復せんとする中央集権的な芸術創造政策のもとで、かつての正統であった「ヨーロッパ（文化）」と西洋美術の「伝統」を脱し、多くの前衛派外国人を集めた「エコール・ド・パリ」を新たな「伝統」とする新しい想像力が生み出された。そこでは「エコール・ド・パリ」の概念が、パリという中心に向かって国際的かつ前衛的な芸術創造を包摂し、かつ、それを「フランス（美術）」という同一性のもとに普遍化しながら、求心的な力を発揮したのである。一方、冷戦終焉後のヨーロッパでは、多国間協力プログラムという文化事業の枠組みのなかで、「パン・ヨーロッパ（美術）」を掲げた活動が現れ、従来の国家のシステムにおいては周辺的な位置に置かれていた都市や文化的単位を結びつけている。そこに見られる想像力は、かつての「ヨーロッパ」概念が前提とした確固たる中心性や文化的な同一性とは異なり、既存の集団的同一性からは排除されてきた文化的単位により重要な位置づけを与えながら、それらをゆるやかに包摂するような開かれた同一性によって、新たな普遍性を発揮している。その活動には現行のEUの文化事業や開催地をめぐる社会経済的力学とは衝突する面もあり、今後の展開は未知数であるが、少なくともそれは、国境が取り払われる一方、格差や不平等、偏見が拡がり、紛争や原理主義の不安を抱える現代のヨーロッパ社会において、統合の負の側面を取り除き、「共通文化空間」への意識、帰属感と連帯感を高めることを目的とする文化政策の展開において、新たな求心力となる可能性を持っているように思われる。

　本論では、主として文化政策が共同体の文化に関わる想像力の枠組みとなり、それを規定する側面を見てきたが、ここで検討した事例は、美術の観点からも新しい可能性を示唆するものである。美術とは、近代化以降、王侯貴族や支配

階級、次いで国民国家の特定の庇護のもとに置かれ、文化的同一性を担保する象徴的な権威として機能してきたが、ここで検討してきた事例では、市民の意識改革や共同体の再構築を目指す新しい実践の方向性が見られるようになっている。そこには、高尚な文化から排除され、取るに足らないと思われてきたものの見直し、観衆や場所との関係性の再考、日常生活の政治性への介入といった関心が現れており、新しいヨーロッパの文化を創造しようとする社会変革の媒体としても機能しているように思われる。今日の「ヨーロッパ」は、美術と社会の結び方において実験的な場となっており、両者の関係をドラスティックに変化させうる文化変容の可能性を示しているのである[42]。

1) Robert Frank [sous la direction de], *Les identités européennes au XXe siècle* (Paris : Publications de la Sorbonne, 2004).
2) Caroline Brossat, *La culture européenne : definitions et enjeux* (Bruxelles : Bruyant, 1999) pp. 224-226. 同宣言（あらゆる文化には尊重され保存されるべき尊厳と価値があり、あらゆる国民には自文化を発展させる権利と義務があり、あらゆる文化は人類共通の遺産を構成する）は、戦間期に知識人の主導で始められた国際知的協力の理念を継承した戦後の国際文化協力の基本原則となり、2001年 UNESCO 総会で採択された「文化的多様性に関する世界宣言」にも引き継がれている。
3) EUの文化政策の流れについては、Anne-Marie Autissier, *L'Europe Cullturelle en paratique* (Paris : Association Française d'Action Artistique, 1999). および、川村陶子「EUの教育・文化交流政策」坂井一成編『ヨーロッパ統合の国際関係論』（芦書房、2003年）271-302頁。
4) 視聴覚分野は、2003年、ヨーロッパ憲法条約制定過程においても問題化し、フランス・アイルランド・ポルトガルなどの連合が、「文化・視聴覚サービスの取引において、これが文化的・言語的多様性に抵触する恐れのある場合、閣僚理事会が全会一致で裁定を行う」との条文を挿入させている。"A la Convention, Paris préserve in extremis《l'exception culturelle》", *Le Monde* (11/7/2003).
5) Conclusions of the Ministers of Culture meeting within the Council of 12 November 1992 on guidelines for Community cultural action, *Official Journal*, C 336 (19/12/1992) p. 1 ; Caroline Brossat, *op. cit.*, pp. 251-252. この点について「カレイドスコープ」のプログラム設置決議では、「社会的・地域的背景の多様なすべての市民、なかで最も不利な状況に置かれた人々、とりわけ若者への支援」と明文化

された。Decision No. 719/96/EC of the European Parliament and of the Council of 29 March 1996 establishing a programme to support artistic and cultural activities having a European dimension (Kaleidoscope) *Official Jornal*, L 099 (20/04/1996) pp. 20-26.

6) Anne-Marie Autissier, *op. cit.*, pp. 27-28 ; Caroline Brossat, *op. cit.*, pp. 395-396.

7) ヨーロッパにおけるアイデンティティと知識人の関係については、Robert Fank, *op. cit.*, pp. 69-80.

8) Edgar Morin, *Penser l'Europe* (Paris : Gallimard, 1987)(林勝一訳『ヨーロッパを考える』〔法制大学出版局、1988年〕).

9) Philippe Urfalino, *L'invention de la politique culturelle* (Paris : Documentation française, 1996).

10) Augustin Girard, "Création (politique publique de la)", Emmanuel de Waresquiel [sous la direction de], *Dictionnaire des politiques culturelles de la France depuis 1959* (Paris : Larousse, CNRS Ed., 2001) pp. 174-176.

11) 1％法は、1978年には文化省助成の公共事業に、81年以降は公共施設全般にも適用範囲を拡大した。その予算は、65年が約900万フラン、78年が約2000万フランであり、国家による現存美術家作品の国家買い上げ額(79年時点約300万フラン)を大きく上回るものであった。Pierre Cabanne, *Le pouvoir culturel sous la Ve République* (Paris : Olivier Orban, 1981) ; Raymonde Moulin, *L'artiste, l'institution et le marché* (Paris : Flammarion, 1992).

12) Philippe Poirrier, *L'Etat et la culture en France au XXe siècle* (Paris : Le Livre de poche, 2000).

13) Robert Frank, "La machine diplomatique culturelle française après 1945", *Relations internationales*, No. 115 (automne 2003) pp. 325-348.

14) 90年代以降、人文教養派のフュマロリ(Marc Fumaroli)をはじめとする各種の文化政策批判や、現代美術論争が繰り返しメディアを賑わせている。

15) Serge Guilbault, *How New York Stole the Idea of Modern Art : Abstract Expressionism, Freedom, and the Cold War* (Chicago : Univercity of Chicago Press, 1983).

16) Eric de Chassey, "Paris-New York : rivalités et dénégations", Sarah Wilson et al., *Paris : capitale des arts 1900-1968* (Paris : Hazan, 2002) pp. 344-351.

17) 同計画の政策過程と次項で扱う展覧会での論争の詳細については、拙稿「国際文化交流と『国民文化』の表象——戦後フランスにおける国際美術政策とパリ・ビエンナーレ」平野健一郎編『国際文化交流の政治経済学』(勁草書房、1999年)47-78頁。

18) 戦時中ルーヴル美術館の所蔵品をドイツの略奪から守ったことで知られる文化省事務総長（旧国民教育省芸術文学総局局長）のほか、レジスタンスに参加し、ド=ゴール大統領の妹を妻とするのちの文化省芸術創造課長、ヴィシー政権下職を追われつつも、戦前の展覧会の出品作品を南米巡回続行により守った外務省フランス芸術振興協会（AFAA）理事長、ユダヤ系のレジスタンスの旗手であった国立近代美術館学芸部長などが、同ビエンナーレの実現に尽力した。

19) 当時ベネチア・ビエンナーレの参加国数が約30ヵ国であったが、パリ・ビエンナーレの参加国はその後55ヵ国まで増えた。

20) 拙稿「国家、都市、現代美術――国際美術展パリ・ビエンナーレを手がかりに」『鹿島美術研究』19号別冊（2002年11月）622-630頁。

21) "L'Europe de la culture en chiffres", 〈http://www.culture.gouv.fr/culture/actualites/index-rec2.html〉. データは2002年のもの。

22) "Pour une Europe fondée sur sa culture", *Le Monde* (4/5/2004). 同アピールは「ヨーロッパ市民は皆、民主的価値を生み出した偉大な芸術家たちの相続人」であり、「芸術・文化の交流は、近代の政治的ヨーロッパ建設以前から長きにわたり国境や言語の壁を超え、分裂を乗り越え、もっとも凄惨な紛争の傷跡を回復させた」と訴えている。約100人の署名者のなかには、ポーランドの映画監督アンジェイ・ワイダ、レバノン出身でパリ在住の作家アミン・マアルーフ、カタロニアの指揮者ジョルディ・サヴァールを始め、ヨーロッパ全域の各種芸術イベントの責任者などが名を連ねている。

23) "Discours de clôture" (Rencontres pour l'Europe de la culture), 〈http://www.culture.gouv.fr/culture/actualites/index-rec11.html〉.「文化のヨーロッパ会合」を受け、現在ヨーロッパ委員会と一部の加盟国政府が「文化のヨーロッパ憲章」を策定中。EUではUNESCOの「文化多様性条約」（2005年10月採択）の交渉を、反対派（米・日・豪・ニュージーランド）に対し、ブラジル・インド・中国等推進派とともに積極的に進めるなど、国際的な場での影響力拡大も図っている。

24) Caroline Brossat, *op. cit.*, pp. 282-283.

25) Council Resolution of 20 January 1997 on the integration of cultural aspect into Community actions, 97/C/36/04, *Official Journal*, C 036 (5/29/1997) p. 4.

26) Caroline Brossat, *op. cit.*, pp. 282-284.

27) 「ヨーロッパの文化的・宗教的・人文主義的遺産に想を得る」、「文化・知識・社会的進歩に開かれた大陸であり続ける」、「『多様性のなかの統一』であるヨーロッパ」との表現（第Ⅰ部第3条）。同条約第Ⅱ部の基本権憲章では、「文化」を市民の基本権として認め、国家の管轄領域である「公共サービス」として規定してい

る（第Ⅱ部82条）。なお同条約では、文化閣僚理事会における意志決定について、視聴覚以外の分野（芸術創造・文化遺産）では、加盟国の大きさに応じて票配分がなされる特定多数決方式が採用された（注4も参照）。

28) EUの文化関連予算は、教育・文化総局の「カルチャー2000」(2000-06年、2億3600万ユーロ）、情報社会総局実施のプログラム「メディア」(01-06年、5億1300万ユーロ）の他、地域間格差の是正を目的とする「構造基金」が実施する劇場・映画館改築、歴史的遺産修復等の事業にも当てられている。（05年、FEDER・FSE、5億ユーロ）。「カルチャー2000」と「メディア」の年平均支出は、05年現在EU予算全体の0.12％（住民1人あたり28セント）で、07年以降0.15％（45セント）に上昇する見込みである。以上 European Cultural Portal.〈http://europa.eu.int/comm/culture/portal/index_en.htm〉. およびフランス文化省統計 "L'Europe de la culture en chiffres", *op. cit.*.

29) Decision No. 508/2000/EC of the European Parliament and of the Council of 14 February 2000 establishing the Culture 2000 programme, *Official Journal*, L 063 (10/3/2000) pp. 1-9.「カルチャー2000」には、2005年現在EU加盟25ヵ国およびブルガリア、ルーマニア、アイスランド、リヒテンシュタイン、ノルウェーの計30ヵ国が参加している。

30) Council Resolution of 19 December 2002 implementing the work plan on European cooperation in the field of culture : European added value and mobility of persons and circulation of works in the cultural sector, *Official Jornal*, C 013 (18/1/2003) p. 5.

31) Anne Marie Autissier, *op. cit.*, pp. 30-31.

32) Alain Quemin, *L'art contemporain international : entre les institutions et le marché* (Nimes : Jacqueline Chambon/Artprice, 2002).

33) ヨーロッパにおける反商業主義的、反西欧中心主義的な動きが、他の国際美術展との差別化において「パン・ヨーロッパ」という視点につながっている点については、三木あき子「加速する歴史と現代美術界――欧州統合化の流れのもとで」『美術手帖』(2004年7月) 121-124頁。

34) 同財団の設立について、あるイギリスの美術雑誌は「英国では、"Euro"という接頭辞が軽蔑的に使われるが、今般オランダでは"European"を冠したぎこちない名称の組織が設立され、そこには英国のブリティッシュ・カウンシル出身の美術館学芸課長も参加している」と報じた。"Euroart", *Art Monthly* (February 1995).

35) EUからの助成額は、1998・2000年が各約12万ユーロ、02-04年（「カルチャー2000」

の複数年度助成）が約89万ユーロ。マニフェスタの予算は各回約80-300万ユーロの間で幅がある。Europe Commission, *Kaleidoscope Programme Report*, 1996-98 (Luxenburg : Office for Official Publications of the European Communities, 1999) ;〈http://www.europa.eu.int/comm/culture/eac/culture2000/pdf/projets2000/arts_visuels.pdf ; http://www.europa.eu.int/comm/culture/eac/culture2000/pdf/projets2002/multi.pdf.〉。ヨーロッパの地域機関との関係について、同展の国際諮問委員は、CoE は展覧会の努力を高く評価しているが資金不足、ヨーロッパ文化財団は積極的に活動しているが独自の規則によって戦略的な支援ができず、EU・ヨーロッパ委員会は非常に官僚的でそのプログラムは全く融通の利かない厳格な運営だと語っている。"Manifesta sur une ligne de faille, interview de Henry Meric Hughes par Catherine Millet", *Art Press* (juillet-août 2000).

36)　「『つながり』求める若手たち 現代美術展『マニフェスタ4』」『朝日新聞』（2002年7月23日）。

37)　"Why Europe ?"〈http://www.manifesta.org/manifesta1/advboard.htm〉.

38)　Igor Zabel, "Opportunity or Threat ?", *Manifesta 3 Newsletter*, No. 1〈http://www.manifesta.org/manifesta3/newsletter1.htm〉; "Manifesta 3", *Art Journal* (spring 2000). 筆者は、リュブリャーナ近代美術館の学芸員（マニフェスタの国際諮問委員）" Statement of the Advisory Board of Manifesta, summer 1994"〈http://www.manifesta.org/manifesta1/statemnt.htm〉。

39)　図8-2（「EU/Others」2000年）はリュブリャーナ中心街、リュブリャーニツァ川に架かる「三本橋」の2本の歩行者専用の橋上に設置された作品で、看板の片側に「ヨーロッパ市民」、反対側には「その他」と記されている。作者のカメリッチは、制作の意図を次のように述べる――ボスニア・ヘルツェゴビナ国民である私がヴィザなしで入国できる国は限られている。スロヴェニアに入国する際には「その他」のゲートを通らなくてはいけない。スロヴェニア国民がヨーロッパに入国する際も「その他」である。（筆者注：2000年時点スロヴェニアはEU未加盟)。「その他」とは誰のことなのだろう？　ヨーロッパ現代美術ビエンナーレという場で（しかもスロヴニアで？)、「その他」である私が何をすべきなのだろう？　境界とは頭の中にあるものではなく「現実」である。*Borderline Syndrome : Energies of Defence, Manifesta 3 : European Biennial of Contemporary Art* (Ljubljana : Cankarjev dom, Cultural and Congress Centre, 2000) pp. 98-99.

41)　Susan Snodgrass, "Report from San Sebastian : Manifesta 5 : Turning Inward", *Art in America* (December 2004) pp. 69-73.

42)　美術の想像力が地域や共同体に関わる想像力と連動しながら文化をめぐる想像

力を再編成するという現象はヨーロッパ固有のものではなく、アジアにおいても見出すことが出来る。近年「アジア美術」が問題化されている状況については、拙稿「美術館が『アジア』と出会うとき——福岡アジア美術館の設立と展開」戦後日本国際文化交流研究会『戦後日本の国際文化交流』（勁草書房、2005年）240-278頁。

第9章　ヨーロッパ地域政策と「ヨーロッパ化」
——イタリアにおける構造基金の執行と政策ガバナンスの変容

伊　藤　　武

　ヨーロッパを、長く続く、民主的なものへと形作ろうとする望みと、人々を舞台の中央に据えようという望みは、一見どれほど異なって映ろうとも、同じコインの裏表なのです。「ヨーロッパで地域のより大きな役割を。地域でもより多くのヨーロッパを」の言葉を、私はそのような意味で理解しています[1]（ピーター・シュトラウプ地域委員会議長）。

はじめに——ヨーロッパ地域政策とヨーロッパ化

　ローマ条約からおよそ半世紀、ヨーロッパ統合の発展は、近代以来続いてきた国民国家中心の秩序を大きく変えた。ヨーロッパ連合（EU）は、超国家レベルの機構として、東の旧共産主義圏を含む地理的拡大を遂げただけでなく、さまざまな政策分野でも拡大・深化を果たしている。さらに、EUを構成する加盟国もまた、ユーロの発行に対応して伝統的な主権国家の権限の一部を手放したように、大規模な変容を被っている。

　「ヨーロッパ地域政策（European Regional Policy）」は、ヨーロッパの構造変動を象徴する代表的政策である。地域政策[2]は、1960年代、地域（region）の経済発展・格差是正を目標に始動し、現在は共通農業政策（CAP）に並ぶ予算規模を占める中核的政策のひとつへと育った。その政策的発展は、国民国家を軸としたヒエラルヒーを揺るがし、EUや地域、地方へと分権化した多層的秩序を生成させ、「諸地域からなるヨーロッパ（Europe of Regions）」の成立

を導いたと称えられてきた。

　しかし、実際には、地域政策の加盟国に対する影響をめぐって、評価は錯綜している。一般には、地域政策は、EC・EUの政策の中で、各国の公共政策・統治構造を最も変容させた政策のひとつとみなされている。他方、専門的研究では、中央政府の役割など、既存の政策ガバナンス（governance）が強い持続性を示しているとする論者も少なくない。このような評価のねじれは、なぜ生じたのだろうか。

　地域政策の効果をめぐる議論の混乱は、単に地域政策固有の問題に止まらない。そもそも地域政策の効果は、より広義には、ヨーロッパ統合が国内政治に及ぼす効果、いわゆる「ヨーロッパ化（Europeanization）」の問題であると同時に、地域政策に止まらない政策ガバナンス論の問題でもある。つまり、地域政策の評価の揺れは、ヨーロッパ統合が、どのように各国政治を左右しているのか、その過程はいかなる理論的枠組で説明できるのか、ヨーロッパ化論の帰結が依然定まっていない状況に影響を受けている。また同じく、政策ガバナンス論が、さまざまな変化を説明する場合に理論的困難を抱えていることにも影響を被っている。したがって、地域政策の影響をより適切に捉えようとするならば、地域政策をめぐる政策過程の理解を深めることに加えて、ヨーロッパ化論と政策ガバナンス論に付随する理論的問題も併せて克服しなければならない。

　そこで、本稿では、この課題を解くため、イタリアにおける構造基金（Structural Funds）の執行を事例に、ヨーロッパ地域政策が各国の地域政策過程に作用する過程について考察を進め、併せてヨーロッパ化と政策ガバナンス論に関する理論的見直しを行うことを目指す。具体的対象としては、特に構造基金執行をめぐる政策パフォーマンスの地域間差異とその時系列的変遷に着目し、その差異と変化を説明する仮説として、国内政治的要因からEUレベルの要因まで比較考量しながら、ヨーロッパ化の度合いと作用の仕方を検討する。

　本稿がこのような視角から地域政策を考察するのは、次の理由からである。第1に、イタリアを分析事例とするのは、地域政策とイタリアが、相互に重要な関係を有するからである。地域政策にとって、イタリアは予算配分などの点

で中心的位置を占める国である一方、イタリアにとって、地域政策は経済的に後れた南部開発の促進への寄与、州制度改革を軸とした分権化への構造変容との関連性などの点で大きな寄与をなしてきたのである。第2に、分析において、イタリアの地域政策ガバナンスや政策過程ではなく、政策パフォーマンスを左右するいくつかの要因に焦点を当てて比較するのは、ヨーロッパ・レベルの政策要因の作用と国内要因の作用とをより分け、ヨーロッパ化の影響を捉えることを意図するからである。第3に、関連して、政策変化の要因に、ヨーロッパ・レベルの地域政策の変化に加えて、国内要因として、各地域の社会経済的条件（具体的には社会関係資本［social capital］）と政治的リーダーシップの2つを導入するのは、政策ガバナンス論に立つ既存研究では十分説明できなかった、政策変化の要因そのものを理解するのに役立つからである。

　ヨーロッパ統合の影響と各国の政治的・社会経済的要因の影響を識別しようという試みは、冒頭の引用にみられるような、地域政策とデモクラシーとの関係を考える作業に寄与するだろう。すなわち、地域政策は、各地域のデモクラシーの質によって左右されるのだろうか。デモクラシーの質は、社会経済的要因によってどれほど規定されるのだろうか。政治的リーダーシップは過去の遺産を超える変化をもたらしうるのだろうか。ヨーロッパの影響は、各地域の伝統的なデモクラシーをどれほど変えられるのだろうか。これらの問いは、従来のヨーロッパ統合に関する政策研究に抜け落ちていた、根幹的問題なのである。

　以下では、次のように議論を展開する。Iでは、分析の前提として、ヨーロッパ地域政策の概要とヨーロッパ化との関連について、従来の議論を検討する。IIでは、それを踏まえ、分析枠組として、ヨーロッパ化のメカニズムとその検証手段、およびヨーロッパ化の理論仮説・国内要因に基づく対抗仮説を提示する[3]。IIIでは、まず具体的な事例研究として、1において構造基金執行率の州間比較、地域開発計画をめぐる比較、運営主体別の執行率比較（複数州の計画と単独州の計画）の3つのデータを分析する。2では、その分析結果を基に、ヨーロッパ・レベルの適応圧力、国内の社会制度的要因、地域の政治的リーダーシップの3つの要因について、その妥当性を考えてゆく。IVでは、そのよ

うな政策的特徴の背景となった地域政策の政策過程の変化の枠組を説明した上で、最後にヨーロッパ化の議論への示唆をまとめる。

I　議論──ヨーロッパ地域政策と「ヨーロッパ化」

1　ヨーロッパ地域政策の概要

(1) ヨーロッパ地域政策の発展

　ヨーロッパ統合が始まって以来、域内経済の地域格差是正は、重要な課題であった。1957年のローマ条約では、域内経済の統一性強化と協調的発展確保の必要性が謳われ、翌60年にはヨーロッパ社会基金（ESF）も活動を始めた。さらに、62年にはヨーロッパ農業指導保証基金（EAGGF）も設置された。しかしながら、ヨーロッパ・レベルの本格的な地域開発政策は、容易に実現しなかった。75年に創設されたヨーロッパ地域開発基金（ERDF）も、各国地域政策の寄せ集めに止まっていた。

　ヨーロッパ地域政策の転機となったのは、1980年代半ばの単一ヨーロッパ議定書（SEA）の採択であった。SEAを通じてEC設立条約に「経済的社会的結束」（第5章）が追加されたことによって、地域政策は、条文上の法的根拠を獲得した。そしてEC諸国は、単一市場導入に伴う経済的後進地域への衝撃を緩和するため、地域政策の改革に着手し、88年2月ブリュッセルヨーロッパ理事会において構造基金の大幅な改革で合意に達した。その結果、翌89年から93年までの第1期には、680億ECU（97年時の通貨価値換算）の資金が拠出された。

　次の転機として、1992年に採択されたマーストリヒト条約は、EUの主要な目標のひとつに社会経済的結束の実現を掲げた。構造基金の拡充も進んで、まず93年には、経済通貨同盟（EMU）導入の代償として、スペイン・ポルトガルなど経済的困難を抱える地域を対象に結束基金（Cohesion Fund）が設けられた。そして、94年から第2期に入った構造基金プログラムは、大幅に増額さ

れ、99年までに共同体予算の約3分の1に当たる2000億ECUの資金を配分した。また、新たに、93年には、漁業指導基金（FIFG）が設置された。

さらなる転機となったのは、東方拡大である。アムステルダム条約成立後の1990年代末、東方拡大に向けてEU財政の野放図な拡大を防ぐ予算制度見直しが行われる過程で、構造基金も対象となった。99年のベルリンヨーロッパ理事会で合意された「アジェンダ2000」に対応して、構造基金・結束基金の制度・運営も改革された。現行第3期（2000年-06年）では、毎年300億ユーロ、7年間で2130億ユーロと規模を拡大させた。その後もリスボン（00年）、エーテボリ（01年）のヨーロッパ理事会で、それぞれ雇用と持続可能な発展を重視した戦略の見直し、および東方拡大に対応した加盟候補国支援プログラムが定められた。さらに現在は、04年2月にヨーロッパ委員会が提出した改革提案（「結束に向けた新しいプログラム：収斂・競争力・協力」）や翌05年に出された戦略的ガイドラインなどを基盤に、07年からの次期枠組に向けて、地域政策の改革の議論が進んでいる状況である。

(2) ヨーロッパ地域政策の政策枠組

ヨーロッパ地域政策は、今やEMU、単一市場などと並ぶEUの最重要政策としての位置を確立した。その枠組は極めて複雑なものであるが、現行の構造基金について、その概要を見てみよう。構造基金は、ERDF・ESF・EAGGF・FIFGの4基金から構成されている。その実施に際しては、4つの原則、すなわち、「集中」（効率性確保のため優先的目的に充当すること）、「パートナーシップ」（委員会・加盟国・地域・地方間の各レベル、および公共アクター・社会経済アクター間での協力関係）[4]、「プログラミング」（複数年・複数分野・地域にまたがる計画）、「追加性」（補完的性格のため、加盟国からのマッチング・ファンド拠出が必要）が重視される。さらに、構造基金の援助は、加盟国がイニシアチブを持つ類型（共同体援助枠組〔CSFs〕および単一プログラム文書〔SPDs〕）と共同体イニシアチブ（CIs）に分かれる。予算の約9割を占める前者は、現行第3期では、目的1（後進地域）・目的2（産業地域の構造転換）・

目的3（教育・訓練）の3つに区分されている[5]。基金の基本的流れは、加盟国が提出した地域開発計画をヨーロッパ委員会と協議した上でプログラムを策定し、地域別のプロジェクトに対して援助を行うものである。これに対して後者のCIsは、ヨーロッパ委員会の定めたガイドラインに沿って行うものであり、ヨーロッパ委員会の関与がより大きくなっている。

ヨーロッパ委員会の関与は、計画の作成・決定段階ばかりでなく、実施のモニタリングと政策評価、それに基づく「制裁」を通じても働いている。ヨーロッパ委員会は、モニタリングの結果、定められた期間内に実施できない基金の剰余分を接収し、効率的なプロジェクトを実施した地域に再配分できる。また、委員会は、基金の4％分のインセンティブ枠を有している。これらの手段を通じて、委員会は、加盟国や地域に対して、政策の効率化を促すことができる[6]。

加盟国の地域政策ガバナンスとの関連性の観点から、このような構造政策の枠組をみると、重要な特徴は次のようにまとめられる。第1に、ヨーロッパ委員会の関与が、立案から執行・評価まで、さまざまな段階で制度的に定められていることである。第2に、サブナショナル・レベルのアクター（地域・地方）の自律性は、補完性原理の浸透と構造政策の分権化を通じて、拡大基調にある。第3に、パートナーシップの強化に応じて、社会アクターの参加も増大している。第4に、それらを考慮しても、中央政府の役割は、プログラム段階でのEU委員会との折衝を初めとして、根強く存続している。これらの特徴が、ヨーロッパ地域政策をめぐる複雑なガバナンス構造を作り出しているのである。

2 「ヨーロッパ化」と地域政策

これまで、地域政策とヨーロッパ化の関連については、ヨーロッパ化を最も強く支持する立場と、ヨーロッパ化の存在は認めた上で各国政治要因の持続性を強調する論者に分かれている。両者の議論を比較することは、そのメカニズムをいっそう明確に析出させると期待できる。

まず、ヨーロッパ化の影響を強く支持する論者は、地域政策を通じて、各国の地域政策だけなく、その政治行政スタイルまでが深い刻印を受けてきたこと

を主張する。そして、主な原因を、構造基金の制度設計に求めている。第1に、支出対象となる事業が、EUからの基金に加えて各国からのマッチング・ファンドを要求するために、各国での政策執行には財政的規律が働き、地域政策を適切に執行するよう促された。第2に、構造基金では、地域ごと・国ごとのプログラムの立案・協議・審査・モニタリングなどの過程でEU基準への適応圧力が働くことを挙げる。さらに、「パートナーシップ（partnership）」原則（後述）などの地域政策の要素は、他の政策にもフィードバックされ、その国の行政文化そのものを変容させてゆく例もあると指摘された。

とりわけ大規模な影響としては、地域政策が各国の伝統的統治構造に及ぼす影響を忘れてはならない[7]。地域政策は、従来中央政府の下で役割を制限されてきたサブナショナル・レベルの政府・地方自治体、特に州など広域の「地域（region）」に独自の政策執行に必要な物質的・政策技術的資源を与える。構造基金を通じて、中央政府に対して地域の地位が強化された結果、従来から連邦制を採用してきたドイツのような国ばかりでなく、ナポレオン型の中央集権国家の伝統を持つイタリア、スペイン、一部フランスでも大規模な分権化が生じた[8]。さらに、イギリスでも、イングランド、スコットランド、ウェールズなど伝統的な区分の下に、構造基金の受け皿として新たに地域（region）が設置され、それらが一定の政治的自律性を持つに至った例も報告されている[9]。

他方で、地域政策の各国政治に対する影響については、対照的に、各国の国内政治の自律性を協調する議論も存在する。第1に、中央政府の役割は従来言われたほど弱体化していないと主張する。サブナショナル・レベルの政府が力を増したことは認めたうえで、それらの政府は、EUからの政策情報収集、プログラムの立案、統計情報管理など、地域政策に必要な政策能力・執行能力の点で、中央への依存から脱却できていない場合も多い。第2に、中央政府の地方政府への譲歩に見える状況も、中央政府の「自己利益」に基づく選択である例も少なくないとする。中央政府は、地域開発の政府負担を軽減するため、むしろ地方に積極的に協力して、構造基金の獲得を支援する。イタリア経済財政省の「結束政策局（DPS）」や、イギリス政府の活発な活動は、これら第1・

第2の事例の典型的な例である[10]。

　第3に、ヨーロッパ化の程度に対する留保の証拠としては、中央政府の役割の大きさとは別に、従来の各国ごとの政策形成パターンが適用されていることを挙げる議論も見られる。例えば、ドイツなど連邦制の国は、地方政府に大きな自立性がある一方、フランスなど中央集権的国家の伝統を引く国では中央省庁からの「一方的」アプローチが適用されている。また、スペインは自治州の役割が大きいように見えるが、財政金融面での中央統制の伝統は色濃く残っている[11]。すなわち、各国の政治経済構造に沿った適応パターンの持続性が、統合の影響の限界を示すと論じるのである。

　地域政策がもたらす変容圧力については、このように対照的評価が存在している。ヨーロッパ化の影響は、どれほど各国に及んでいるのだろうか。その解明には、まずヨーロッパ化の検証を可能にするような尺度が必要である。そこで次に、地域政策によるヨーロッパ化を分析する枠組について検討する。

II　分析枠組

1　従来の議論──「ヨーロッパ化」と政策ガバナンス

　ヨーロッパ地域政策の発展は、加盟国の地域政策ガバナンスを取り巻く環境を大きく変えてきた。ヨーロッパ化の観点から地域政策の影響を考える作業は、意味を有するだろうか。その意味を明らかにするには、まずヨーロッパ化をめぐる議論の文脈から検討しなくてはならない。

(1)　「ヨーロッパ化」論の意義と射程

　ヨーロッパ統合をめぐる研究は、20世紀後半の統合始動以来、ヨーロッパ・レベルの超国家的秩序形成を対象に展開してきた。1990年代初めのマーストリヒト条約締結と共通通貨ユーロ導入決定、EU成立を受けて、ヨーロッパ・レベルの政策が各国内部に及ぼす影響についての関心は飛躍的に高まった。ただ

し、その影響については、依然として未解明な領域が多く残されている。

「ヨーロッパ化(Europeanization)」の議論は、このような文脈において始まった。元来、ヨーロッパ化論では、広く捉えれば、ヨーロッパ・レベルの秩序形成という領域と、ヨーロッパ・レベルの決定が各国政治に及ぼす影響の双方を扱ってきた。すなわち、ヨーロッパ化の概念には、各国政府間の交渉・競合を主な経路として統合が成立する「アップロード(upload)」の過程と、ヨーロッパ・レベルの政策が各国の政策・政治構造に制約を及ぼす「ダウンロード(download)」の過程が存在する。このうちアップロードとしてのヨーロッパ化については、既に国際政治研究において、旧くは新機能主義をめぐる論争から、近年の政府間主義(intergovernmentalism)をめぐる論争まで、長年に渡り議論が積み重ねられてきた。ダウンロードとしてのヨーロッパ化の研究は、それと比較するとまだ端緒に付いたばかりであり、進んでいるとは言いがたい[12]。

ダウンロードとしてのヨーロッパ化の考察は、非常に難しい作業である。なぜなら、実証的議論のためには、ヨーロッパ統合と国内政治の双方について深い知見が必要となるからである。また、理論的にも、ヨーロッパ化は、極めて捉えがたい対象である。ヨーロッパ統合をめぐる超国家レベルと国内体制の関係は、もはや旧来の外交関係のように中央政府を軸としたヒエラルヒー的構造から変貌を遂げている。いまやヨーロッパでは、「マルチレベル・ガバナンス(MLG)」、すなわちEUレベル、国家レベル、サブナショナル・レベルを包摂したより水平的で多様化した関係が生成している[13]。したがって、通例の国際政治経済研究のように、国際政治から影響を受ける「逆第2イメージ(second-image reversed)」としてのみ扱うと、現存する複雑なガバナンス構造を過度に単純化することになってしまう[14]。

このような実証的・理論的壁に阻まれているため、ヨーロッパ統合の影響に関する議論の多くは、MLGの形成を認める所で立ち止まってしまい、その内容を深く問う姿勢は乏しいままになっている。しかしながら、現在のヨーロッパ統合研究の課題は、もはや多層化したガバナンスが存在することを示すこと

に止まらないはずである。今必要なのは、さらに一歩進んで、MLGの中での具体的なアクターの関係とその変容を、実証的理論的に明らかにすることであるが、現在のMLG論は、この点では深刻な欠陥を抱えている[15]。

したがって、ヨーロッパ統合の各国に対する影響を解明するために有効な戦略としては、分析の便宜のため一旦ダウンロードとしてのヨーロッパ化に視野を限定した上で、より詳細に因果関係を特定してゆく作業を挙げることができよう[16]。

(2)「ダウンロード」としてのヨーロッパ化

ダウンロードとしての「ヨーロッパ化」をめぐる理論的考察は、近年急速に進展しつつある。多くの論者の立脚点となっているのは、いわゆる「適合性（goodness of fit)」論である[17]。適合性論に拠れば、EUレベルの政策と、各国の既存の政策との間の「不適合（misfit）」に着目して、その程度が大きいほど適応圧力は大きくなると主張する。そして、圧力の差は、各国の適応パターンの相違に繋がるとされる。

ヨーロッパ化の理論的因果関係のモデルそのもの関する詳細は、政策過程のメカニズムを対象としない本稿では検討範囲には含まれない。ここでは、図9-1のような理論枠組を参考にすることができるだろう。このモデルからは、ヨーロッパ化が、各国の「制度（institution）」を経由して、適合圧力を生み出す過程が理解できる[18]。

さらに、ヨーロッパ化のメカニズムは、適応圧力の拘束性の高い順に、ヨーロッパ制度モデル、国内機会構造の変化、（「最小限主義」的指令による）国内の認識枠組への作用、3つに区分できる[19]。地域政策は、基本的に、第2の国内機会構造のモデルに該当する。構造基金の制度設計では、EUは基準作成から審査・モニタリング・共同体イニシアチブ（CIs）などの政策手段、や、第1段階の中央政府との交渉、執行段階での地方政府との交渉などで影響を行使することができる。他方、具体的な基金対象の選定、執行様式では、各国内のアクターに裁量が認められているからである。したがって、地域政策におけ

第9章　ヨーロッパ地域政策と「ヨーロッパ化」　253

図9-1　ヨーロッパ化の理論モデル

中央地方関係・制度的制約（歴史的制度論）

合理的選択制度論

環境変化
①ヨーロッパ化
②グローバル化
③国内政治変化

適合性
(goodness of fit/misfit)

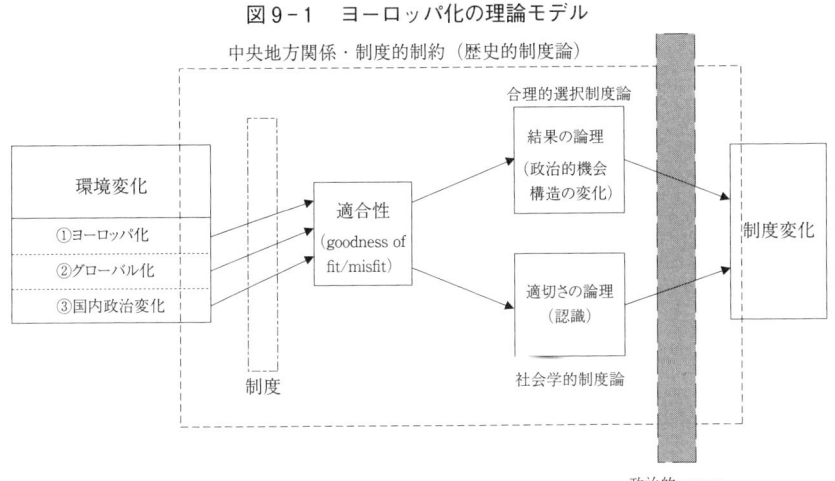

結果の論理
（政治的機会構造の変化）

適切さの論理
（認識）

社会学的制度論

制度

制度変化

政治的agency

出典：伊藤武「EU統合と『地域（region）』——イタリア・スペインの州制度改革と国家構造の変容」日本政治学会・2004年研究大会報告論文、3頁、図2を改訂。

るヨーロッパ化を検討する場合には、国内機会構造の変化に着目するのが有効である。

2　問題点の検討

　既存の研究に従えば、適合性の概念に着目して、ヨーロッパの地域政策から各国へのダウンロードを説明するのが適切である。しかしながら、冒頭で触れたように、このようなアプローチに基づく地域政策の説明では、政策の効果をめぐる対立や矛盾が残されたたままである。そのような状況の背景には、いかなる理論的・方法論的問題が存在するのだろうか。

(1)　地域政策のガバナンス構造と検証方法

　第1の問題は、地域政策の政策過程が、数多くのフィードバック・ループを含んだ、極めて複雑な性質を持つことである。そのために、ダウンロードの観点からのヨーロッパ化の事例として、実際にヨーロッパ地域政策の影響を検証

するのは非常に困難である。

　地域政策は、政策立案から執行まで、地方レベル、中央レベルのプログラム作成とEU側との交渉、モニタリング、評価など多様な段階をめぐって、EU、中央政府、地方政府レベルのアクターが入り組んだ関係を形成している。さらに、3つのレベルの政府間関係としての垂直的ガバナンスだけではく、利益団体など社会アクターも含んだ水平的ガバナンスも考慮しなくてはならない。

　政策過程が複雑であるため、ヨーロッパ・レベルからの影響の評価は容易ではない。実際に、先に紹介したヨーロッパ化の程度を高くみる議論・低くみる議論は、適応圧力が及ぶポイントで一致していない。前者は、EUとのプログラム交渉・評価など公式な関係に着目するのに対して、後者は国内での政策執行や調整、EUへの非公式のロビーイングなどを重視する[20]。このように、ヨーロッパ化の影響を正面から考察する作業は非常に障害が多いならば、代替となる検証方法を考えねばならない。

(2) 地域政策と政策変化・構造変容の関係

　第2の問題は、地域政策の政策変化をめぐる従来の理解である。これまでの議論では評価の分かれる個別争点は残るものの、地域政策が各国の政策ガバナンスを大きく変えたこと、さらに中央地方関係など統治構造の変容をもたらしたことについては、ほとんど異論は無かった。しかし、このような立論には、2つの論理的飛躍が隠されている。

　まず、従来の議論は、地域政策の政策ガバナンスの問題を、次元の異なる統治構造変容に安易に結びつけてしまっている。確かに、ヨーロッパの地域政策が各国の地域政策ガバナンスを変えたことは是認できるとしても、それが直ちに分権化など次元の異なる統治構造の変容に繋がるわけではない。選挙結果や政党政治など別の要因の作用を含めて、慎重に取り扱わねばならない。この問題は、後述のように前提となる政策ガバナンス論の理論的限界や、ヨーロッパ化論の分析レベルの問題とも繋がっている。

　次に、そもそも各国の地域政策が変化した要因について、きわめて不明確な

議論しかなされていない。各国の地域政策の政策ガバナンスが変化したと言えるとしても、なぜそのような変化を導いたのかについては、ヨーロッパの地域政策の展開が発端となったこと以外、ほとんど指摘されていない。従来の議論の力点は、地域政策を超えて、いかに大きな統治構造の変容をもたらしたかに一足飛びに移ってしまっている。このような問題は、前述の「適合性」論が抱える理論的問題と関連している。以下で検討するように、ヨーロッパ・レベルと各国レベルの政策の「不適合性（misfit）」が政策変化のきっかけとなるにしても、地域政策の変化が特定の方向性をとる要因は、より深い検討を要するのである。

(3) 理論的問題——適合性論・政策ガバナンス論の射程と分析レベル

　上述の議論から示唆されるように、地域政策の評価をめぐる混乱の背景には、政策固有の問題だけでなく、第3の問題として、ヨーロッパ化論・ガバナンス論などの理論的問題が存在する。

　まず、「適合性」論は、あくまでヨーロッパ化の出発点としては通用するが、具体的な政策過程や制度変化の姿、その因果関係などについては十分な説明力を有しない[21]。実際に、制度の埋め込み度や政策突出度（stickness）など、さまざまな修正作業が必要とされている[22]。そして、ヨーロッパ化論の基盤となっている政策ガバナンス論は、ある程度安定したメカニズムを説明するのには適している一方で、ガバナンス構造そのものの変化を説明できない矛盾を抱えていると言われる。さらに、分析レベルの点でも、ヨーロッパ化論の焦点が、政策（policy）、政治（politics）、政体（polity）の3つの分析レベルのうち、圧倒的に政策・政体のレベルに当てられ、利益集約やディスコースなど政治の分析が疎かになってきたと批判されている[23]。地域政策研究において、政策ガバナンスの領域と中央地方関係など政体の議論が密接に結び付いてしまうのも、政策ガバナンスの背景に存在し、政体との関係を繋げる政治への着眼が不十分であることにも起因している。

　したがって、以上3つの問題点の検討から言えるのは、地域政策の影響を適

切に理解するには、第1に、ヨーロッパ化の影響を直接考察するのは困難であるため、代替となる検証方法を考える必要がある。第2に、地域政策について、その政策変化の要因と構造的変容との関係を慎重に見直すべきである。第3に、理論面では適合性論や政策ガバナンス論の限界を意識しながら、政策の変化を説明し、統治構造に繋げるような「政治」のメカニズムの分析枠組が求められていると言える。

3　本稿のアプローチ

(1) 政策パフォーマンスとその説明要因

本稿では、ヨーロッパ化の影響を検証するためのアプローチとして、地域政策の政策パフォーマンスに着目し、その地域的差異・時間的変化を説明する幾つかの理論的仮説を比較する作業を提起する。具体的には、構造基金の執行率の観点から政策パフォーマンスを捉え、ヨーロッパ・レベルの要因と国内レベルの要因の効果を照らし合わせる。その作業を通じて、ヨーロッパ化の影響がどれほど効いているのか、逆に国内政治の要因がどれほど持続的効果を発揮しているのかについて、いわば「近似」として理解できると期待する。

ヨーロッパ化の指標としては、EUが打ち出した方向への接近・「収斂」が観察できることが必要である。すなわち、従来イタリアに存在していた地域差が縮小して、EUの政策目標に近づくならば、EUレベルへの適合圧力が作用していると想定できるのである。さらに、共同体イニシアチブ（CI）などEUが強く関与するプログラムの実績と、一般の構造基金プログラムとの比較も重要である。前者が後者に比べて高いパフォーマンスを持つならば、地域政策全体におけるヨーロッパ化の影響は限定的に理解されることになる[24]。同様の比較としては、複数のコムーネが連携して行う「地域計画（Pt）」と、そのうち構造基金の助成を受けた「地域雇用計画（TEP）」のパフォーマンスの相違への着目も有益であろう。

このように、いわば一次接近としての政策パフォーマンスの比較を通じて、ヨーロッパ化が作用している程度を限定的ながら観察できるであろう。

(2) 国内要因――社会制度的条件と政治的リーダーシップ

　政策パフォーマンス比較の結果、ヨーロッパ化によって十分説明できない部分については、国内要因が作用していると想定できる。構造基金の政策パフォーマンスを説明する国内要因には、既存研究を参考にするならば、2つの方向性が存在する。

　第1の理論仮説は、社会的条件と制度・行政パフォーマンスを結びつけるアプローチである。従来からイタリアをめぐる歴史研究・比較政治研究では、政治文化、行政文化の問題を、イタリア政治行政の非効率につなげてきたが、近年では、長期的な「社会関係資本（social capital）」の蓄積に基づく説明が盛んである[25]。この系統の説明では、その根拠は、市民社会のさまざまなアソシエーションの密度などを尺度に、政治行政文化の質あるいは社会関係資本の豊富で上回る中部・北部は、政治行政制度のパフォーマンスでも南部を凌ぐと論じる。さらに、社会関係資本の性質上、その地域差は中長期的に安定していることが示唆される。この系統の議論を地域政策に適用すれば、社会アクターを含む「パートナーシップ」、州などサブナショナル・レベルの行政による政策執行などの政策的特徴から、中部・北部の方が高い政策パフォーマンスを記録すると予期できる。イタリアの地域政策研究において、この立場は、長らく通説的立場を占めていた。

　現在代わって浮上しているのは、第2の理論仮説、すなわち政治的リーダーシップなど「政治的エージェンシー（political agency）」を重視するアプローチである。この議論では、文化・社会経済条件・行政制度などの相違があったとしても、政治リーダーが適切なリーダーシップを行使するならば、政策の有効性・効率性は確保できると考える。この議論の背景としては、近年の州制度・地方制度改革を通じて、サブナショナル・レベルの首長の権限が大幅に強化されている中央地方関係の変容を指摘できるだろう。この系統の議論では、地域政策のパフォーマンスは、地域間、地域内によらず、主として政治的リーダーシップの性質に応じて決まることになる。現在のイタリアの地域政策研究では、この立場を取る論者が有力となっている[26]。

以上(1)(2)で述べた本稿のアプローチは、政策過程の中身を十分明らかに出来ない欠点を持つ。しかし、国内要因・ヨーロッパ要因それぞれがどの程度作用しているか、その影響はいかに変化してきたかについて、妥当な結論に接近できる。そこで、以下では、構造基金執行を巡るパフォーマンスの州間比較、地域開発計画PTと構造基金を用いたTEPとの比較、複数州と単独州の運営主体別の実績比較の3つを事例に、それぞれの要因の作用の程度を検証してゆく。

III 構造基金執行をめぐる政策パフォーマンス——州間比較

1 構造基金の政策パフォーマンス——執行データの分析

(1) 第1期・第2期における州間比較

表9-1・表9-2は、それぞれ構造基金第1期（1988-93年）における統合地中海プログラム（IMPs）、その後を次いだ構造基金第2期（94-99年）の共同体支援枠組（CSF）について、予算消化率を記載したものである。IMPsは、スペイン・ポルトガルの加盟の影響を和らげるため、86年フランス・イタリア・ギリシア向けに策定された構造基金第1期に当たる計画である。社会的条件を重視した説が唱えるように、中部・北部の政策パフォーマンスは、南部より高いのだろうか。また、時代の経過に応じて、その政策パフォーマンスはどのような変化を示しているだろうか。

1980年代末から90年代を通じた構造基金執行率の変化を表す2つのデータからは、幾つか興味深い傾向をみてとることができる。第1に、北部中部地域と南部地域を全体として比較した場合、両地域のパフォーマンスは、第1期と第2期で、逆転現象が生じている。第1期のIMPsでは、南部諸州の予算執行率は19.44％と、中部諸州平均の34.54％を大きく下回った。しかし、第2期になると、南部の平均執行率は44.4％と、30％台後半の中部・北部を上回るに至った。したがって、地域平均のデータからは、南部と中部・北部間の政策パフォーマンスの差異は一定していないと言える。

第2に、南部・中北部のそれぞれ地域内をみると、両地域とも、高い実績を記録した州と低い実績に止まる州との間で、大きな内部格差が存在していることが分かる。南部において、たとえばアブルッツォ州・モリーゼ州のような予算執行率が高い地域と、シチリア州・プーリア州・カンパーニャ州など大半を執行できないで終わった地域との相違は、非常に大きくなっている。中部・北部でも、トスカーナ州やエミリア・ロマーニャ州、ロンバルディア州など執行率が高い地域と、ラツィオ州、リグーリア州など低い地域との溝は深いのが分かる。さらに関連して指摘すべきは、このような地域内格差は、第1期から第2期かけても減じることなく持続していることである。

　第3に、南部と中部・北部の比較は、平均執行率の背後に隠れた重要な相違点を照らし出している。南部地域には、きわめて高い執行率を記録しているアブルッツォ州、モリーゼ州、バジリカータ州のような例が存在している一方で、中部北部でも、ラツィオ州、リグーリア州のように、極めて低い実績しか残していない州も幾つか存在している。既に指摘したように、南部と中部・北部について、地域全体として他地域全体と比較したとしても、有意な傾向を見出すことはできない。

　第4に、時代の経過と共に全体として執行率の改善傾向は見られるが、個別の州の傾向は、一定していない。多くの州では改善している中で、逆に悪化している例も存在している。執行率の絶対値でみると、たとえば、トスカーナ州の執行率は、60％台から40％台へと大きく下落している。また、ウンブリア州

表9-1　IMPsの予算執行実績 1988-90
［執行／予算の比率（％）］

州	執行比率
アブルッツォ	36.54
バジリカータ	30.71
カラブリア	5.51
カンパーニャ	0.00
モリーゼ	45.82
プーリア	14.28
サルデーニャ	19.61
シチリア	3.02
南部平均	19.44
ラツィオ	18.03
ウンブリア	28.71
マルケ	17.57
トスカーナ	63.27
エミリア・ロマーニャ	45.14
中部平均	34.54
リグーリア	10.71
他	3.05
イタリア	21.70

出典：Piattoni and Smyrl (2004) p.140 Table. 7.1を著者改訂。

表9-2 CSF 1994-99 Objective 1・2 両地域の予算執行状況

[%] 1994-99

州	
Objective1	81.3
アブルッツォ	55.5
バジリカータ	50.9
カラブリア	27.5
カンパーニャ	49.1
モリーゼ	47.4
プーリア	56.5
サルデーニャ	33.7
シチリア	50.0
他	
Objective1南部平均	44.4
Objective2	
ラツィオ	27.0
ウンブリア	27.2
マルケ	49.9
トスカーナ	41.8
エミリア・ロマーニャ	52.7
中部平均	37.5
ヴァレ・ダオスタ	51.1
ピエモンテ	34.6
ロンバルディア	51.9
リグーリア	42.0
ヴェネト	39.6
フリウリ・ヴェネツィア・ジュリア	56.1
北部平均	39.6
Objective2地域平均	38.8
イタリア	43.5

出典:European Commission (1999) 10th Annual Report on the Structural Funds.

は、第2期に僅か1%程度であるが、数値を落としている。さらに、地域内での順位を見るならば、全体的な改善傾向に適合しない例を、さらに見つけることが出来る。南部のモリーゼ州、中部のエミリア・ロマーニャ州の改善ペースは、他州と比較するとほとんど目立たない。

第1期・第2期の構造基金執行の州間比較からは、これら4つの特徴が明らかになった。

(2)「地域計画 (Patti Territoriali)」と「地域雇用計画 (Territorial Employment Program)」

次に、複数のコムーネ(基礎自治体)の連携に基づいて運営される「地域計画 (PT)」および、その内EU資金の援助を受ける「地域雇用計画 (TEP)」について検討する。

PTは、イタリア全域において、隣接するコムーネ間の連合を単位に実施された地域開発計画である。その原型は既に1994年に始動しており、90年代末時点で、全国で61のPTが運営されている。他方、TEPは、PTの内でEUの資金援助を受けるものであり、EU側で選抜されモニタリングを受ける。イタリアのTEPは、98年EU委員会の承認を受けて始動し、10のTEP(全て南部)が実施されている。TEPの特徴

として重要であるのは、中央政府の統制が強いPTに比べて、支出における自律性が高いことである[27]。

いま、2000年代初めにおけるPTとTEPの実績を比較すると、表9-3のようになる。

表から一目瞭然のように、政策パフォーマンスは、PTの方がかなり劣っている。TEPは、PTと比較して支出能力

表9-3　Patti territoriali と TEP の
パフォーマンス比較

	支出能力	支出速度
Patti Territoriali	31.5	10.4
TEP	99.9	41.1

a：支出能力＝割り当て資源とその内で支出済みの資源が占める割合［％］
b：支出速度＝割り当て資源の内、年ごとに支出される割合［％］
出典：Dipartimento per le Politiche di Sviluppo. 2003. La lezione dei Patti Territoriali. Roma：Ministero dell'Economia e delle Finanze（gennaio 2003）Tab. 3 and Tab. 4, pp. 5-6.

の点で3倍超、支出速度では4倍の実績を記録している。TEPとPTの間には、歴然とした政策パフォーマンスの格差が存在しているが、実際、TEPは、国内だけでなく、EUからも成功事例として高い評価を受けている。

さらに、PTとTEPの比較で興味深いのは、全て南部に属しているTEPの方が、全土に分布するPTよりも高い実績を記録していることである。このことは、政策パフォーマンスを左右する要因を脇に置けば、南部の方が政策パフォーマンスで劣るわけでないことを示していると言えよう。

(3) 運営主体の複数州の計画と単独州の計画

次に、州ごとに独自に運営される構造基金と、中央政府により直接運営される、複数州を対象とする構造基金のパフォーマンスを比較する。

上記の表9-4は、構造基金の予算執行率実施単位別に複数の州か単独の州かで区分したものである。

表からは、第1に、構造基金全体のパフォーマンスは大きく改善を示していることが分かる（この点は、(1)で検討した内容と同様である。）第2に、当初1990年代後半の時点では、複数州のプログラムの予算消化率は、単独州を大きく上回っていた。第3に、時代の経過につれて、両者の格差は急速に縮まっている。特に第3期の2001年（南部の目的1地域のみ）のデータを見ると、もはや両者の有意な相違は消失したと言えるだろう。このような変化は、中央政

表9-4　運営主体別の執行率の変化 [%]

	1996	1997	1998	1999	2001
複数州	30	42	54	76	87
単独州	10	28	42	55	79
全上	23	33	48	63	83

出典：Paolo Grazioano, "La nuova politica regionale italiana : il ruolo dell'europeizzazion", Sergio Fabbrini (a cura di.), L'europeizzazione dell'Italia (Laterza, 2002) p. 81, Tab. 3.
注：2001年は目的1の地域のみの数値。

府の関与の有無にかかわらず、地域間の一定の「収斂」を示唆するように見える。

以上構造基金の執行パフォーマンスのデータについて、州間の比較、PTとTEPの比較、運営主体別の比較の3つの視角から検討してきた。これらの考察からは、既存のイタリアにおける構造基金をめぐる議論とは異なる、さまざまな特徴が導かれている。それでは、これらの特徴は、理論的にはどのように説明できるだろうか。

2　執行パフォーマンスと理論仮説の関連性
―ヨーロッパ化・社会制度・政治的エージェンシー

イタリアにおける構造基金執行については、IIで検討したように、それぞれヨーロッパ化・社会的制度条件・政治的エージェンシーを強調する3つの立場が存在する。1で明らかになったさまざまな特徴について、3つの理論枠組と照らし合わせて検討してゆく。

(1) ヨーロッパ化・社会制度要因の限界と政治的エージェンシーの適用

構造基金第1期・第2期の州間比較からは、4つの特徴、すなわち、①南部と中部・北部の執行率における逆転現象、②各地域内の州間実績格差の大きさ、③南部における高執行率州と中部・北部の低執行率州間の対照性、④時系列的推移の点で全体的改善と個別州の停滞、を観察することができた。

第1のヨーロッパ化論では、政策パフォーマンスの収斂が期待されている。しかし、①からの④の多様な特徴からは、大幅な差異の縮小が生じていないことは明らかである。したがって、この時点では、少なくともヨーロッパ化の適応圧力は余り強く及んでいないと考えられる。それゆえ、次に目を向けるべきは、国内的要因に基づく説明である。

まず第2の社会制度的条件も基づく理論は、当てはまるだろうか。この理論枠組に属する政治文化論、クライエンテリズム論など伝統的な政治学・社会学の議論は、南部の行政パフォーマンスを低く評価してきた。また、社会関係資本の議論でも、それが乏しい南部では、同様の結果に至ることが主張されている。さらに、社会制度的条件は中長期的に安定しているはずであり、短期間に地域的特徴が分かるような大規模な変化は理論的に考えられない。

しかしながら、社会制度的条件に基づく理論もまた、構造基金執行について適切に説明できない。なぜなら、①の第2期や③のように、中長期的には安定した政治文化でも社会関係資本の点でも上回る北部地域が、南部地域よりも政策パフォーマンスで劣ることは、理論的に矛盾するからである。また、社会的条件は地域内で大幅な格差を想定していないものの、現実には②のように地域内の政策パフォーマンスに、誤差というには過大な相違が存在する。同様の理由から、④のように、同じ地域内で変化の方向性が異なることも説明できない。この点は、たとえば、社会関係資本論の研究における地域別の制度パフォーマンスと、構造基金執行における政策パフォーマンスとの間に、大きな相違があることからも分かる[28]。

残る第3の政治的エージェンシーによる説明は、適合するであろうか。最近の研究では、政治的リーダーシップの質の高さがよりよい政策パフォーマンスに繋がることが主張されている。たとえば、ピアットーニ（Simona Piattoni）らの研究では、北部・中部のトスカーナ州とリグーリア州、南部のアブルッツォ州とプーリア州をそれぞれ比較して、トスカーナ州、アブルッツォ州の政策パフォーマンスが高い要因は、州の政治指導者のリーダーシップに求められるとしている。両州では、社会団体を含んだコーポラティズム、政治家の利益誘導とアプローチを異にするものの、政治的な「凝集性（cohesiveness）」を確保できているために、成功していると述べる[29]。

政治的リーダーシップの質を重視した理論枠組は、地域間格差・地域内格差を的確に説明できるように見える。確かに、優れた政治的リーダーシップが、ヨーロッパ化の影響や社会制度的条件の相違を超えて、政策パフォーマンスの

向上をもたらすことは、上記のような実証研究においても説得的に証明されている。

したがって、構造基金第1期・第2期に関するデータの説明要因としては、政治的リーダーシップが最も適切な要因であると言える。この傾向は、現在のイタリアにおける構造基金研究で有力な政治的リーダーシップの強調という傾向を、追認していると言えよう。

(2) ヨーロッパ化の影響の再評価

しかしながら、政治的リーダーシップに基づく説明の妥当性は慎重に吟味しなければならない。まず、政治的リーダーシップの説明に関して留意すべきは、この枠組によって証明されるのは、あくまで政治的リーダーシップをめぐって実施された個別の実証研究が及ぶ範囲に過ぎないことである。現時点において、実証研究の対象はかなり限られた地域に止まっている。どれほど一般化できるかは、今後の事例研究の蓄積次第であると言える。

さらに、政治的リーダーシップで適切に説明できない重要な問題を指摘しなければならない。第1に、表3のPTとTEPの相違は、地域の政治的リーダーシップでは説明困難である。なぜなら、事例研究でも明らかになっているように、同じ南部でも、PTは、TEPよりも政策パフォーマンスの点で大きく劣っている。第2に、トスカーナ州など、州レベルの政権構成に大きな変化が無いにもかかわらず、政策パフォーマンスの低下が観察できるような逸脱事例も存在する。第3に、体系的データとしては存在していないものの、EUやイタリア政府の報告書では、現行の構造基金第3期には、政治的リーダーシップの地域差を超えて、多くの州が軒並みパフォーマンスを改善している[30]。これらの多様な傾向について、きわめて多様性に富む政治的リーダーシップの要因で説明できると評価するのは、現時点での実証研究のレベルでは論理的に困難である。

それでは、いかなる説明が可能だろうか。本稿の構造基金執行データの分析からは、少なくとも近年のヨーロッパ地域政策では、EUの関与が、政策パフ

ォーマンスを左右する要因として前例のないほど重要になっていることが示唆されている。

　ヨーロッパ化の影響は、既に触れたように、時代の経過と共に大きくなってきている。表9-3のような TEP の優勢な政策パフォーマンスは、ヨーロッパからの圧力がいかに政策パフォーマンスの差異を生み出すのかを、よく例証している。また、構造基金第3期における政策パフォーマンスの全体的改善や、表9-4における複数州のプログラムと各州単位のプログラムとの間の格差消失も、間接的ながら EU レベルの改善圧力の証左である。これらの特徴は、社会制度的条件や政治的リーダーシップの質の差を超え、ヨーロッパ化による共通の改善圧力が、各地域に作用していることを示しているのである。

　従来の議論の問題点は、そもそも説明要因として、国内レベルを重視する余り、ヨーロッパ化の影響を過度に軽視したことである。既存研究では、旧来の通説であった社会的制度条件に基づく政治行政のパフォーマンスの説明に対抗するべく、現在の通説である政治的リーダーシップを要因する説明が浮上した。双方の論戦の焦点は、あくまで旧来の政治行政研究の枠内で、社会的条件と政治的条件の比重を決することに当てられたために、ヨーロッパ化の作用について必要な配慮を疎かにする結果となっていた。

　したがって、構造基金執行を核とするヨーロッパ地域政策では、従来よりもヨーロッパ化の影響の強さを認めなくてはならない。ただし、ヨーロッパ化の影響は、一部の領域では直接的に観察できるものの、多くの場合、その影響は間接的に及ぶものである。ヨーロッパ化の作用を立証するには、政策過程そのものの分析へと踏み込むことが不可欠となる。

Ⅳ　「ヨーロッパ化」の作用の経路——政策過程の変容

　本稿は、政策パフォーマンスの比較を素材に、ヨーロッパ化の程度を検証することを目的として議論を展開してきた。ただし、政策過程そのものは、直接の考察対象から外している。ここではヨーロッパ化の影響として、全体的な政

策パフォーマンスの改善と地域間・地域内格差の縮小をもたらした要因に限って、特徴をまとめる。

　第1に、構造基金の制度的拘束の強化である。構造基金は、3期に渡る実施経験を経て、大きく改革されてきた。最初の期間は、各国の中央政府などに政策形成かあら執行まで大きく依存していたが、徐々にEUの関与は拡大していた。それは、共同体イニシアチブなど直接的手段に加えて、モニタリングの強化など間接的手段も含まれる。運営の効率化を促すべく改良された諸制度としては、構造基金の4％を占めるインセンティブ制度や非効率なプログラムからの未消化資金回収と効率的プログラムへの再配分などが有効である。また、たとえば、TEPのように、プログラムの諸側面における技術的支援も成功につながる一因と言われている[31]。

　第2に、ヨーロッパ地域政策の諸制度と運営様式は、上記のような直接的影響に止まらず、イタリアにおける地域政策のアプローチを変容させている。「集中」「パートナーシップ」など、構造基金の原則は、いわばアイディアとしてイタリアの政策運営の効率化を促している。特に、パートナーシップ原則は、第3期に入る前後に大きく拡大された。第3期に向けた計画立案の段階で、中央政府を軸に様々なレベルの公的アクター・民間アクターを含んだ立案形式が採用されたのも、その一環である[32]。さらに、これら諸原則の影響は、構造基金の領域を超えている。ヨーロッパ地域政策の発展によって、既存の国内地域政策実施に関する類型・規則などでは、ヨーロッパ基準との「すり合わせ」が多く生じている。このような浸透は、中央政府のみならず、サブナショナル・レベルの政策ガバナンス、そして中央・地方の政府間関係自体の変容にまで繋がっている。

　ただし、このようなヨーロッパ化は、必ずしも直接EU委員会などヨーロッパ・レベルから及ぶとは限らない。まず、構造基金執行をめぐっては、ヨーロッパ・レベルでの改善は、各国中央政府の政策によって補完されることは少なくない。たとえば、効率化のためのインセンティブ措置としては、EUの4％と並んで、国でも6％の枠が設定され、運営効率化に向けた改革を強く促して

いる。

　中央政府の中でとりわけ重要であるのは、開発・結束政策局（DPS）の役割である。DPS は、経済財政省の局として、1997年末に設置された。DPS の管轄には、従来の南部開発政策を含む地域開発政策に加えて、結束政策、すなわちヨーロッパ地域政策関連も含まれている。DPS 設立の背景には、イタリアの経済開発政策全体を見直すとともに、ヨーロッパの地域政策への対応を改革する狙いが存在していた。そして、DPS は、ヨーロッパ・レベルと国内レベルのリンケージを担い、構造基金第2期の執行の改善に従事するとともに、第3期の計画作成に着手した。

　実際、DPS は、計画作成から執行まで、情報提供や技術指導など、多様な役割を果たしている。たとえば、99年には、政策評価部門を中央・州双方で設置するイニシアチブを採り、地域政策の効率化に先鞭をつけた。また、パートナーシップ拡大についても一翼を担っている[33]。DPS のイニシアチブ、特にさまざまな利害関係者の調整に対して、EU 側も高い評価を与えている[34]。第3期の政策パフォーマンス改善が DPS の活動開始と対応していることも、その意義を示唆するだろう。

　地域政策の国内運営において、DPS が調整イニシアチブを効果的に発揮できた理由としては、その組織自身の政策的努力に加えて、EU レベルで実施された地域政策関係の制度改革を挙げなくてはならない。第3期の構造基金導入に際して、加盟国中央政府の政策調整における役割を高める改革が行われた。その過程で、DPS にとって、国内調整を行うための機会構造は、より有利に変わっていたのである。

　構造基金を用いたヨーロッパ地域政策において、DPS の例にみられるように、ヨーロッパ化の影響が中央政府など国内制度を通じて間接的に及ぶことになったのは、地域政策の性格と関連している。そもそもIIの分析枠組で論じたように、地域政策は、国内機会構造に相当程度の執行裁量を付与している政策類型である。社会制度的条件や政治的リーダーシップによる差異の発生は、理論的にもその中に織り込まれていた。

地域政策の目的はあくまで、所得格差の縮小を通じた「社会経済的結束」の実現であり、そこに至るには複数の経路が残されている。このように、近年、地域政策におけるヨーロッパ化の作用は重みを増している一方、その浸透は行政機関など国内制度を通じてもたらされていることを忘れてはならないのである。

おわりに

以上、イタリアにおける構造基金執行の政策パフォーマンスとそれを説明する要因を考えてきた。その作業を通じて、ヨーロッパ地域政策の分野で、ヨーロッパ化がどの程度、いかにして及んでいるかを理解することを目指してきた。

第1に、イタリアにおける構造基金の政策パフォーマンスを説明するためには、旧来の通説であった社会関係資本論など社会制度的条件、現在有力になっている政治的リーダーシップのいずれも不足であり、ヨーロッパ化の影響を再評価する必要があることが分かった。第2に、地域政策をめぐるヨーロッパ化の影響と政策過程の関係については一段の具体的検討が必要であるとしても、ヨーロッパ化はイタリアの政策過程に具体的変容をもたらしており、時には地域政策固有の領域を超えてその影響は及んでいる。第3に、地域政策を通じたヨーロッパ化の影響を扱うには留保が不可欠である。分権化・MLGなどヨーロッパ化の典型といわれるさまざまな変化は、直接的経路ばかりでなく、DPSなど国内の媒介構造を通じて及ぶことも多いからである。

ヨーロッパ地域政策の影響をめぐる以上の考察は、政策固有の成果を超えて、ヨーロッパ化について何を示唆するだろうか。まず示唆されるように、ヨーロッパ化がこれまでの議論が想定してきたよりはるかに、複雑な経路を通じて作用している一方、従来各国の相違を規定していた様々な政治的要因・社会的要因の作用に重ねて橋をかけることで、一定の「収束」をもたらしている。もちろん、このことは、同質化の到来を主張するものではない。むしろ、「多様で相互に異なった諸政体」の中にも、一定の変化の方向性が存在しうることを示

しているのではないだろうか。したがって、今後課題として求められるのは、個別の制度領域や政策領域の変化について、実証的・理論的に精緻化を進めた上で、その成果を、ヨーロッパ化を初めとした統合の分析にフィードバックさせる作業であろう。

　さらに、地域政策を通じたヨーロッパ化の経験は、各国の社会経済条件など伝統的な経路は変化しうること、ヨーロッパの政策は重要な変化のきっかけになりうるが、経路依存性を破るような変化の要因は、基本的に国内の政治的選択（リーダーシップや政党間競合）などから生じることが示されている。ヨーロッパ化のあり方、政策の質は、その国のデモクラシーや社会経済条件に大きく左右される一方、ヨーロッパ化は幾重もの段階を経た上ながら、デモクラシーや社会経済条件の変容を導きうる。地域とヨーロッパとを緊密に結びつけようとする地域政策の試みは、地域とデモクラシーの距離を縮める効果を発揮する可能性を有しているのである。

　ヨーロッパ地域政策は、現在に至る歴史の中で、ヨーロッパ統合の進展とともにその中核的政策の座を占め、各国の地域政策のガバナンスにも大きな影響を与えてきた。2007年から始まる次の第4期については、東ヨーロッパの新規加盟国を包摂した大幅な見直しの最中である。ヨーロッパ統合が憲法条約や財政枠組など大幅な制度改革に直面している以上、地域政策もまた根本的な刷新を迫られるであろう。そして、イタリアに限らず、加盟国の政策ガバナンスは、再び変革の波に投げ込まれるだろう。地域政策をめぐるヨーロッパ化の影響は、今までとは形を変えながらも、なお続く。そして、ヨーロッパ統合の進展は、今までよりはるかに深く加盟国内部を巻き込みながら、複雑なガバナンスを生み出し、加盟国のデモクラシーや統治構造を緩やかに変容させてゆくであろう。

1）　Statements by the CoR President Peter STRAUB 25/10/2005 : Speech on the occasion of the annual conference of the Conference of European Regional Legislative Assemblies.
2）　以下「地域政策」と記した場合、特段の断りが無い限り、ヨーロッパ地域政策を指す。

3） ただし政策変化の考察という論文集の趣旨に鑑みて、理論的枠組の考察は最低限に止める。
4） パートナーシップは時代の経過と共に拡大を示している。1989年から94年の第1期には、サブナショナル・レベルの地域・地方政府の関与が強められた。次の95年から99年には、社会パートナーの関与が定められた。現行の2006年までの第3期では、構造政策の分権化が唱えられた結果、さらにその範囲はNGOや社会運動などより多様なグループへと拡げられている。パートナーシップに参加するアクターは、計画作成段階だけでなく、モニタリングにも参加している。European Commission, Regional Policy-Inforegio, "Partners for regional development", 〈http://europa.eu.int/comm/regional_policy/country/partners/index_en.htm〉（2004）.
5） 第2期の構造基金では、目的は5つに区分されていた。いずれにせよ、目的1の後進地域向けが圧倒的比率を占める状況は、現在まで基本的に変化がない。
6） 地域政策の詳細は、次の本を参照。辻悟一『EUの地域政策』（世界思想社、2003年）。現行第3期については、政策評価などにおいて、加盟国政府の役割が拡大されている。本稿では、実証的な事例分析を重視するため、現行期の政策過程については扱わず、基本的に今後の課題としたい。
7） Hooghe and Gary Marks, *Multi-Level Governance and European Integration* (Rowman & Littlefield, 2001).
8） 伊藤武「EU統合と『地域（region）』——イタリア・スペインの州制度改革と国家構造の変容」東京大学21世紀COEプログラム「先進国における《政策システム》の創出」Occasional Paper（2004年）1-16頁。
9） 小舘尚文「『ヨーロッパ化』とメソレベル・ガバナンス生成の可能性——北方『周辺』加盟国からの視座」東京大学21世紀COEプログラム「先進国における《政策システム》の創出」Occasional Paper（2004年）1-18頁。
10） 伊藤前掲；小舘前掲。
11） Carolyn M. Dudek, "Creation of a bureaucratic style : Spanish regions and EU Structural Funds", Jeanie Bugowski, Simona Piattoni, and Marc Smyrl (eds.), *Between Europeanization and Local Societies : The Space for Territorial Governance* (Rowman & Littlefield, 2003) pp. 111-132.
12） ヨーロッパ統合の国内政治に対する影響についての概念化は、次の文献を参照。Tanja A. Börzel and Tomas Risse, "Conceptualizing domestic impact of Europe", Kevin Featherstone and Claudio M. Radaelli (eds.), *The Politics of Europeanization* (Oxford University Press, 2003). ヨーロッパ化をめぐる全体的な議論状況に

ついては、次の2つの文献が参考になる。Johan P. Olsen, "The many faces of Europeanization", *Journal of Common Market Studies*, Vol. 40, No. 5 (December 2002) pp. 921-952 ; Vivien A. Schmidt, "Theorizing the impact of Europeanization on national and sectoral policymaking process", Paper prepared for presentation for APSA Meetings, Washington D. C. Sept. 1-4, 2005；平島健司「政体の観点からEUを考える」中村民雄編『EU研究への新地平——前例なき政体への接近』(ミネルヴァ書房、2005年) 29-50頁。

13) MLG論の最も代表的な著作としては、次のものがある。Hooghe and Marks, op. cit. MLG論が問題と言えるのは、状況の記述概念としては適当であるとしても、その理論的射程が余りに広いために、因果関係などの正確な確定には却って障害となるからである。

14) Peter Alexis Gourevitch, "The Second Image Reversed", *International Organization*, Vol. 32, No. 4 (Autumn 1978) pp. 881-912.

15) 確かに、MLG論は、地域政策などさまざま領域において、多くのレベルを含む(マルチレベル)、多様な主体間の水平性の強いネットワークを特徴とする関係(ガバナンス)が存在することを指摘する点で正しい。しかし、各アクターの関係や変化の方向性を理論的に予測できず、政策や政治構造の論理的説明については曖昧な議論に終始しているに過ぎない。

16) ダウンロードとアップロードは、当然分析的概念であり、実際には多くの「フィードバック・ループ」が存在している。Börzel and Risse, op. cit., p. 57.

17) Tomas Risse, James Caporaso, and Maria Green Cowls, "Europeanization and domestic change, Introduction", Cowls, Caporaso and Risse (eds.), *Transforming Europe : Europeanization and Domestic Change* (Cornell University Press, 2001).

18) 伊藤前掲。

19) このうち、第1のヨーロッパ制度モデルの場合は、環境保護規制や消費者保護などのように、特定の基準に従うことが求められる。他方、第3の類型では、鉄道運輸政策のように、EUレベルでは極めて緩やかな基準を設定するのみで、実行は各国に任される余地が大きい。ただし、3つの概念は、あくまで分析概念としての区分である。実際のヨーロッパ化は、これらが混合したメカニズムの結果として生じる。Knill, Christoph and Dirk Lehmkuhl "The national impact of European Union regulatory policy : Three Europeanization mechanism", *European Journal of Political Research*, Vol. 41, No. 2 (2002) pp. 257-259.

20) この点について正確な評価を下すには、実際の政策過程について、資料・インタヴューに基づく考察を行うことが不可欠であろう。しかし、現時点でそのよう

な研究は、地域政策に限らず極めて困難である。
21) Claudio M. Radaelli, "The Europeanization of public policy", Featherstone and Radaelli (eds.), op. cit., pp. 27-56 ; Borzel and Risse (2004) op. cit., pp. 60-63.
22) 網谷龍介「『適合性』を超えて？――ヨーロッパ化研究の現状」、国立民族学博物館連携研究「スラブ・ユーラシアの比較政治経済学――体制転換とその後」報告、2006年1月26日。
23) Börzel and Risse, op. cit., p. 60, Fig. 3.1.
24) 逆にパフォーマンスの改善（収斂）が見られる場合は、一見ヨーロッパ化と考えられるようであるが、国内要因の変化による改善の場合もあるので、即断できない。反対に、国内要因が作用しているならば、地域差は縮小しないだろう。
25) Robert D Putnam, *Making Democracy Work : Civic Traditions in Modern Italy* (Princeton University Press, 1993) (河田潤一訳『哲学する民主主義――伝統と改革の市民的構造』〔NTT出版、2001年〕).
26) Marco Giuliani and Simona Piattoni, "Italy : both leader and laggard", Eleanor E. Zoff and Ellen B. Pirro (eds.), *The European Union and the Member States ; Cooperation, Coordination, and Compromise* (Rienner, 2001) pp. 115-142. Simona Piattoni and Marc Smyrl, "Building effective institutions : Italian Regions and the EU Structural Funds", Bugowski, Piattoni, and Smyrl, op. cit., pp. 133-156. さらに、政治リーダー個人に直接要因を求めるのではなく、政治競合の増加によって、与野党相互監視の中でリーダーシップの質が高まるとの主張も存在する。伊藤前掲。
27) PT、TEPとも、その運営では、地方における行政・公的機関、民間団体・NGOなどのパートナーシップを重視している。Simona Milo and Marco Simoni, "Scrutinizing partnership. The weight of civil society in Italian Territorial Employment Pacts", Ludovica Gambaro, Simona Milo, and Marco Simoni, *Partnership for development : Studies on Territorial Employment Pacts in Italy*, International Institute for Labour Studies, DP/155/2004, pp. 1-19 ; Simona Milo "Italy : Learning from past mistakes", *Local Governance Brief* (Winter 2005) pp. 28-31.
28) Robert D. Putnam, op. cit., Fing. 4.1, p. 84. 邦訳では、118頁、図4-4、図4-5を参照のこと。
29) Piattoni and Smyrl, op. cit..
30) Commission of the European Communities, *14th Annual Report on the Implementation of the Structural Funds*, COM (2003) 646 final.
31) Dipartimento per le Politiche di Sviluppo. *La lezione dei Patti Territoriali*. Roma : Ministero dell' Economia e delle Finanze (gennaio 2003) pp. 38-39.

32) European Commission (2004) op. cit.. もちろん、EU 側が指摘するように、この拡大策のために計画立案作業自体は却って遅れる結果となった。Milo, 2005, op. cit., p. 29.
33) DPS の役割については、次の文献に詳しい。Paolo Grazioano, "La nuova politica regionale italiana : il ruolo dell'europeizzazion", Sergio Fabbrini (a cura di.) *L'europeizzazione dell'Italia* (Laterza, 2002) ; Enrico Gualini, *Multi-level Governance and Institutional Change : The Europeanization of Regional Policy in Italy* (Ashgate, 2003).
34) Commission of the European Communities (2003) op. cit..

第10章 スウェーデン高齢者福祉における伝統と革新
―――『老いること』と「SENIOR2005」

石原　俊時

はじめに

　近年、スウェーデンにおいては高齢者福祉の分野で大きな改革が次々と行われている。1992年のエーデル改革（Ädelreformen）や99年の年金改革の実施などがすぐに想起されよう。改革をめぐる議論の中で必ずといっていいほど参照されるのが、イヴァール・ロー゠ヨハンソン（Ivar Lo-Johansson）の『老いること（Ålderdom）』である[1]。高齢者福祉政策では、『老いること』で提起された理念を引き継ぐことが重視されてきたのであり、その継承の歩みは、スウェーデンの高齢者福祉政策における伝統を形作るものといえよう。それでは、そうした伝統とはどのようなものなのであろうか。それを明らかにすることにより、これまでのスウェーデン高齢者福祉政策の特質が把握できるのみならず、いわゆる新自由主義の台頭や、ヨーロッパ統合の進展などに伴う社会変動へのスウェーデン福祉国家の対応の特徴を浮き彫りにできるのではないかと想像される。そこで本稿では、ロー゠ヨハンソンが高齢者福祉にどのような問題提起を行ったのかについて概観し、それと近年の高齢者福祉政策の新たな展開で示されている政策理念を比較対照することで、スウェーデン高齢者福祉における伝統とはいかなるものなのか、それがどのように継承発展されようとしているのかについて検討してみたい。以上のようにして、スウェーデンの高齢者福祉政策の特質を明らかにする手がかりをえることが本稿の課題である。

なお、近年のスウェーデン高齢者福祉政策の新たな展開として、1998年に議会で採択された『高齢者政策に関する国家行動計画（*Nationell handlingsplan för äldrepolitik*）』（以下『国家行動計画』と略記）とそれを実現するための具体的な政策方針を作成することを目的として結成された調査委員会SENIOR2005の政策提言を取り上げることとする[2]。

I イヴァール・ロー゠ヨハンソンと『老いること』

1 老人問題と老人ホーム

19世紀末から20世紀初めにかけての時期に、スウェーデンは、初めて本格的に老人問題に取り組む必要に迫られた。出生率の低下傾向が鮮明となり、いわゆる人口学的転換を迎えつつあることが認識されるようになった。それに加えて、19世紀半ば以降に大量の移民が生まれ、多くの若者が国を去っていった。このため、増え続ける高齢者にどのように対応していくのかという問題が深刻なものとなったのである。

こうして様々な議論を経て1913年にまず実現したのが、国民年金（folkpension）であった。そして18年の救貧法により、地方自治体であるコミューン（kommun）ごとに老人ホーム（ålderdomshem）の設置が義務づけられた。また、従来は病人や心身障害者も同じ救貧施設に収容されることが多かったが、それらはそれぞれ専門施設に収容されるべきであるとの原則も定められた。それゆえ、実際には貧民の家（fattighus）などの救貧施設が利用されたのであるが、老人ホームと名づけられたのであり、少なくとも法的には従来の救貧施設の制度は廃止された。以後、老人ホームから救貧色を払拭していくことが課題となる。こうして、老人問題に対して、年金と老人ホームを2つの柱として対応する政策の方向性が定まった[3]。

1918年の救貧法では、コミューンによる老人ホーム設置は10年以内に行うこととされた。しかし、そもそも小規模なコミューンに経済的余裕はなかったし、

第 1 次世界大戦後の経済的混乱が治まる間もなく大恐慌が続き、そのような規定は守られなかった。老人ホームの増設もその居住環境の改善も進まなかったのである[4]。

　第 2 次世界大戦が終了すると、社会民主党政権はようやく老人問題への取組みに本腰を入れ始めた。1947年に議会は政策方針を決議したが、それは、18年救貧法以来の、病人や心身障害者はそれぞれの専門施設へ、老人は老人ホームへという原則を確認すると同時に、老人ホームを増設し、その設備や居住環境を改善していくというものであった。また、救貧受給に関わりなく介護・ケアの必要性があれば収容される場所としての位置づけを明確にし、老人ホームの救貧色の一掃が図られた。そうした状況の中でロー＝ヨハンソンの『老いること』が世に出ることとなる[5]。

2　ロー＝ヨハンソンと『老いること』

　ロー＝ヨハンソンは、1901年に農業奉公人（statare）の息子として生まれた。義務教育を終えるとすぐに農場労働者となった。その後、郵便配達、建築労働者など職業を転々としながら、余暇を独学に費やし、その結果、いくつかの言語を習得した。一方、10代の末に社会民主主義労働運動の青年組織に参加し、新聞や雑誌の編集の仕事に従事するようになった。25年から 4 年間、ヨーロッパ各地をさ迷いながら作家として身を立てる決意を固め、26才の時に『フランスでの放浪生活（Vagabondliv i Frankrike）』で作家としてデビューした。彼の著作は、自分の生い立ちや職業遍歴から、農業奉公人や労働者、その他の社会の底辺に生きる人々を扱ったものが多い。また、その後も積極的に海外に出かけ、そこでの体験に基づく数々の著作も発表した。ヨハンソンは、これらを通じて社会的な不公正の存在を訴えた。彼の著作が農業奉公人制度の悲惨さを訴えたことは、その制度の廃止（1945年）に大きな役割を果たしたと言われる。文学史上、30年代に労働者階級出身の作家が自らの体験に基づき社会における下層の人々の日常生活を描いた労働者文学（arbetarlitteratur）が勃興したとされるが、彼はその一翼を担った[6]。

1949年に出版された『老いること』は、彼が写真家スヴェン・イェーロース（Sven Järlås）と共にスウェーデン各地の老人ホームを訪れて書いたルポルタージュである。この書物は、ロー＝ヨハンソンの文章とイェーロースの写真とがあいまって、読者に状況を生々しく伝えた。実際、これに基づいた彼自身による4回のラジオでの講演や討論もあって、大きな反響を呼び、社会的な論争を巻き起こすこととなる。

　『老いること』は、問題を取り上げるに至った背景を論ずることから議論を始めている。スウェーデンでは、1934年にミュルダール夫妻（Alva & Gunnar Myrdal）の『人口問題における危機（Kris i befolkningsfrågan）』が出版されたことに示されるように、30年代半ばには人口ピラミッドが三角形から「やせ細ったわら束」のような形に変形しはじめていた。出生率の減少のほか、医学の進歩などによって著しく平均寿命が延びたこともその原因に数えられた。こうした人口構造の変化は、労働力人口の割合が減少することを意味した。第2次世界大戦後に就学期間が伸びていることを勘案すると、それはますます減少するように思われた。それゆえ、この問題はスウェーデンの経済発展にとって重大な障害となると予想された[7]。

　しかし、ロー＝ヨハンソンが問題にしたのは、その社会的な影響であった。老人の地位は受給の法則に従うのであり、老人の過剰はその権威の失墜につながる。老いることはもはや祝事ではなくなり、老人は尊敬の対象ではなくなるのである。さらに、重要なのは、工業化・都市化が進む中で、人々の生活が大きく変わったことである。かつての農業社会は老人の労働力を最大限に利用していた。老人は、農作業はおっくうになっても、食事を作り、手工業品（slöjd）を作り、機織もした。さらに子育ては老人の重要な役割であった。しかし、工業化・都市化は老人からそのような仕事を奪った。核家族化や育児の社会化は、老人から子育ても取り上げた。こうして老人は、産業社会では居場所がなくなり、行き着く先が老人ホームであった[8]。

　老人ホームの歴史は、救貧法下の救貧施設に遡る。しかし、先述のように、1918年の救貧法でそれまでの救貧諸施設の制度は廃止され、その上で老人ホー

ムの制度が発足したのであり、法律どおりに事が進めば、老人ホームは既に救貧色を払拭していたはずであった。けれども、ロー＝ヨハンソンが見たものは、いまだに社会で行き場を失った者の溜まり場であった。慢性病の患者や、精神病者、知的障害者の他、扶養義務を果たさぬ者、子連れの母親、犯罪歴をもち非社会的な性癖があると見なされた者等々が依然として同じ施設に容れられていた。精神病者や知的障害者が収容者の2割から3割を占めることも少なくなかった。老人やスタッフは、常に身の危険にさらされている所もあった[9]。

設備も劣悪な所が多く、収容者は軍隊式のベッドが備えてある大部屋に押し込められていた。また、殆どのスタッフは看護や介護などの専門教育を受けていなかった。病人は、医師も定期的に訪れない施設でそのようなヘルパーに介護されていたのである。健康な者と病人が同じ部屋に入れられ、前者が後者の世話をみるという慣例も存在した[10]。

老人たちは、施設の中で様々な禁令に取り囲まれていた。トランプをしてはいけない、タバコをすってはいけない等々である。何よりロー＝ヨハンソンが注目したのは、恋愛や性の禁止である。老人は、あたかも子供と同様に一人前の人間と扱われず、あくまでも世話を受ける対象としてしか見なされないのである。仕事を失った老人は、社会との接点も失い、半人前の存在として様々な欲望や行動を禁じられる。老人ホームで生活することは、生きながらにして棺おけ（likkistor）に入れられるようなものなのである[11]。

こうした老人ホームの中と外の生活の格差は、少数民族であるサーメの場合よりはっきりしていた。トナカイを飼って季節ごとに移動する生活に慣れ、さらに通常のスウェーデン人よりも強い家族の絆のなかで生活していたサーメの老人は、移動することもトナカイや家族にも会うこともなくなり、何もせず話もせずに一日中ただベッドの上で過ごしているのである[12]。

当然、老人たちの中にはこうした施設に収容されることに対し抵抗する者もいた。極寒の地で掘っ立て小屋に立てこもる老人も存在したのである。もちろん、法的には老人が収容を拒否する権利が存在した。しかし、殆どの者は望まないながらも抵抗する気力を既に失っていた。また、抵抗しても、殆ど強制的

に収容された。コミューンの保険委員会（hälsovårdnämnmd）や救貧委員会（fattigvårdsstyrelse）が収容の必要性を決定すると、家族、医師、教区のお偉方、牧師などが説得にかかった。さらには、まず病院に入れられ、そこから老人ホームに自分の意思を表明する間もなく移されるケースも多かった[13]。

　ロー＝ヨハンソンは、このように老人ホームの惨状を告発することを通じて、老いとはあくまでも相対的な概念に過ぎないのであり、老人すべてを当然のように子供と同様の半人前の扱いをすることはおかしいと訴えた。老人は、介護の対象（客体）であるだけではなく、意志や感情をもった社会的「主体」なのである。自己の生活を自分で決定することが当然であり、社会の中で生活することが不可欠なのである。半ば強制的に老人ホームという周囲から隔絶した空間の中に収容され、社会との接点を持たずに生活することは、それを否定することを意味する。ロー＝ヨハンソンによれば、我々は2つの選択肢の前にある。すなわち、老いを新たな人生の一時期として位置づけなおすこと。もう1つは老人に死をもたらすことである。それゆえ、行き場のなくなった老人に社会的「死」を強いる老人ホームは、非自発的・非自覚的に後者の道を選択していることとなる[14]。

　このように、『老いること』は、1932年に社会民主党政権が成立して以来、「国民の家（folkhem）」路線のもとで福祉国家建設がなされてきたはずのスウェーデンにおいて、忘れ去られてきた老人の存在に照明を当てた。それは、老人ホームの悲惨な状況を告発しただけではなく、そもそも「老いること」とは何かを社会に問いかけ、老人が市民社会における「主体」として位置づけられるべきことを説いた。老人は自己の環境に留まって積極的に社会と関わっていくべきなのである。それゆえ、問題の解決は老人ホームの状況を解決すればよいという話ではなくなる。『老いること』は世論の圧倒的な支持を得て、57年に議会で採択された高齢者福祉政策の方針に見るように政府の政策方針の転換をもたらした。そこでは、老人の人格的尊厳が強調されるとともに、自宅で自立した生活を営むオルターナティヴが重視されたのである。この著作は、高齢者福祉政策の重心の「施設介護から在宅介護への転換」をもたらす契機となっ

たと評価されている[15]。

II　エーデル改革と『国家行動計画』

1　エーデル改革とその後

　スウェーデンで高齢化社会化への対応が再び公共の場で盛んに議論されはじめたのは、1980年代初めのことであった。既に日本よりも人口の高齢化は進んでいたが、その後に一層の進展が予想された。人口の高齢化により、老人に対する介護・ケアのニーズが飛躍的に増大することが予想された。しかし、もはや石油危機を経験して50、60年代のような高度成長は望めなかった。それゆえ、それを支える財源や人的資源を如何に確保するのかは、長期的な観点から真剣に取り組むべき課題として認識されることとなった。さらに、社会民主党政権主導の下に築かれてきた福祉国家のあり方に対する左右からの批判が高まった。こうして高齢者福祉も再び社会的議論の対象となったのである[16]。

　そこで注目されたのが、医療と福祉について組織が別々であることに伴う矛盾である。例えば、医療はランスティング（landsting）が担当し、介護はコミューンが担当していたが、両者の間で責任を押しつけあう状況が見られた[17]。病院で患者の治療が終わっても、ヘルパーがいないという理由でコミューンが受け入れを拒否する事例が多数にのぼったのである。そのため、いわゆる社会的入院が増大した。入院者にとっても医療費を払う必要が無く、入院費のみを負担すればよかったので、他の高齢者施設で介護を受けて暮らすよりも、病院にいる方が安上がりであった。こうして公的医療負担が膨張すると同時に、老人にとって自分が住む施設の種類により経済的負担が異なるという不公平が生じていた。

　一方、1980年代には、ノーマライゼーションが声高に叫ばれ、老人が自己のライフスタイルを自己決定する「選択の自由」の理念が改めて重視されるようになっていた。この理念がロー＝ヨハンソンに由来することは言うまでもない。

82年の社会サービス法（Socialtjänstlagen）の成立はそうした動向を象徴する。それにより、老人は、自分の家に住むことも、施設で老後を過ごすことも、自由に選ぶことが可能であるべきであり、どのようなライフスタイルを選んだとしても、その生活の質は保障されなければならないことが確認された[18]。しかし、実現に向けては解決されるべき問題も多かった。選択は負担の不公平を伴ってはならないし、無駄な公的負担を減らして、諸施設を充実し、ヘルパー・看護師などの不足を解消せねばならなかった。

　そこで1992年に実行に移されたのがエーデル改革である。これにより、ランスティングの運営下にあった長期医療施設がコミューンの管轄に移された。その結果、老人ホーム、グループホームなどの高齢者施設の諸形態を「介護つき特別住宅（särskilda boendeformer）」としてコミューンが一括して管理することとなり、老人の負担の公平化が進むこととなった。それと同時に、コミューン管轄の高齢者施設を質量共に充実させることが目指された。また、病院での治療が終わってもコミューンが患者を引き取らなければ、患者の諸費用はコミューンが負担することとなり、社会的入院の解消が図られた。こうして、コミューンは、医療と福祉の広い領域に責任を持ち、より一貫した視点から高齢者福祉に取り組めることとなった。すなわち、エーデル改革は、公正を実現し、効率化を進め、選択の自由を推進するための高齢者福祉の枠組みを整えることを目指したのである。

　その後、エーデル改革の成果については、社会福祉庁（Socialstyrelsen）をはじめとする公的機関によって多くの多様な調査が実施された。それにより、社会的入院が激減し、高齢者施設の改善も見られ、組織の効率化が少なくともある程度は進展したことなどが明らかとなった。しかしその一方で、なお多くの問題が手つかずのままであり、むしろ新たに生じている状況も照らし出された[19]。

　その1つは、資源不足の問題である。スウェーデンでも1990年代初めにバブルの崩壊があり、90年代前半にはマイナス成長が数年続くという事態に至った。国家も地方自治体も財政状況は悪化し、社会福祉も切り詰められた。各コミ

ューンは、最も必要とする者のみに介護・ケアの対象を限定する姿勢を強めた。その結果、公的な介護だけではニーズをカヴァーできず、妻が夫の面倒をみるといったインフォーマルな介護の比重が増大した。そこにジェンダー秩序の問題が浮上してくることとなる。さらに人手不足も深刻であった。求人難に加え、離職率も高く、さらにその高齢化も指摘されるようになっていた[20]。

　加えて、エーデル改革により医療と介護の統合が進み、コミューンが担う高齢者福祉の現場では、老人のより高度で多様なニーズに対応しなければならなくなった。しかし、ヘルパーで介護に関する専門教育を受けた者は、全体の46％に過ぎなかった。その上、エーデル改革以後、現場での権限が強化され、現場の管理者の責任は重くなっていたが、それを担うだけの知識や技能を養成することは遅れていた。しかも、特に終末期の老人のケアで問題にされるように、合目的な組織や組織運営の確立も進んでいなかった。それゆえ、資源不足とあいまって、介護やケアの質に問題が生じていることが指摘された[21]。

　一方、1980年代より民営化を通じて福祉供給主体の多元化が進んでいた。公的福祉の切り詰めも加わって、民間のサービスに依存する者も増えた。しかし、概して、インフォーマルな介護に向かったのは、低学歴・低所得者層であり、民間のサービスに向かったのは高学歴・高所得者層であると言われる。つまり、福祉における普遍主義の原則に裂け目が生じ、階層分化の問題が現れてきたのである。福祉供給主体の多元化は、そもそも選択の自由を拡大し、福祉の質を向上させ、しかも効率化させるべきものであった。こうした動向の中で、改めて多元化の意味が問われることとなった[22]。

　さらに、強く認識されたのが、多くの場合、当事者である老人や家族が高齢者福祉について苦情を訴えることが困難なことである。というのも、老人は身体機能が衰え、社会との接点を保ちがたく、総じて老人や家族は、福祉供給者に対して弱い立場にあるからである。このことは、老人の人格の尊重という観点からも、安心して生活するという点からも、さらには老人の自己決定という原則からいっても大きな問題であり、高齢者福祉の質の維持改善のためには克服されるべき重大な障害であると思われた[23]。

とりわけ弱い立場にある存在として注目されたのが移民の老人であった。彼らの多くは、1960年代以降にスウェーデンにやってきて老齢を迎えていたのだが、年金に関して最低拠出期間を満たしていないために、年金受給資格を持たないか十分な額の年金を受け取れなかった。また、スウェーデン語もままならないことが多く、自己の意思をうまく伝えられず、文化的にも馴染めずに地域社会の中で孤立するケースも見受けられた。彼らは自己のもつ当然の権利も主張できず、与えられた福祉に対して不満や苦情もうまく訴えられないのである[24]。

2 『高齢者政策に関する国家行動計画』

このような状況を受けて、1998年に議会で採択されたのが『国家行動計画』である[25]。政府は、人口の高齢化をスウェーデンの将来に関わる重大な問題であると捉え、長期的な視点から高齢者政策の政策方針及び目標を設定する必要を認識し、この『国家行動計画』をまとめたのであった。実際、今日に至るまで高齢者福祉政策の参照枠を形作っている。

そこではまず、「国民によって選ばれた機関により民主的にコントロールされるべきこと」、「税によって連帯的に資金調達されるべきこと」、「購買力ではなくニーズに応じて供給されるべきこと」といった三つの基本方針が示された。その上で、今後の高齢者政策の目標として、「安心して自立を維持しながら老後の生活を送れること」、「積極的な生活を営み、社会や自己の日常生活において影響力を持ちうること」、「敬意をもって遇されること」、「良質なケア・介護を受けられること」が定められた[26]。これらは、普遍主義や自己決定で言い表される、これまでスウェーデンで築き上げられてきた社会福祉・高齢者福祉の方針・原則を確認したという意味を持つであろう。1990年代に入って経済危機を経験し、EU加盟もあってグローバリゼーションが急速に進展している中で、「スウェーデン的」社会福祉を断固として堅持していく姿勢が示されたのである。

次に、エーデル改革以後顕在化した諸問題に以上のような方針や目標に則っ

て対応していく具体的な政策方針が定められた。まず、1990年代後半から経済が回復し、財政状況が改善したことを背景に、高齢者福祉に投下する資源を拡充することが図られた。コミューンやランスティングへの補助増額や高齢者施設の増設などの他に、介護・ケアにあたる人員の確保のための対策が提案された[27]。

しかし、『国家行動計画』は、単にこのように高齢者福祉に投下される人的・物質的資源の量的拡充を図るだけではなく、そのあり方についていくつかの重要な方向性を示したと考えられる。

第1に、老人のニーズの多様性が強調されたことである。それは、移民の流入による多文化社会化や、平均寿命が伸びて老人の中に色々な年齢層が形成されてきているといった要因もあるが、何より老人存在の全体を見渡すことが重視されたためである[28]。

老人は、働く存在でもありえるし、余暇活動やボランティア、政治活動等々地域社会において様々な活動をする存在なのである。それゆえ、良き老後を送るためには、経済的安定のみではなく、文化生活、職業生活、地域での日常生活といったあらゆる生活領域での老人のニーズが配慮される必要がある。しかも老人は、「積極的な生活を営み、社会や自己の日常生活において影響力を持ちうること」が目標に掲げられたように、単に社会の諸領域に参加するだけではなく、そこに影響力を行使すべきなのである。こうして、高齢者福祉政策の対象は、介護やケアの領域を超えて一気に拡大することとなる[29]。

とはいえ、老人すべてが社会に積極的に参加していこうという気力にあふれた者ばかりであるわけではない。現実には、不満や苦情を訴えることの難しい弱い立場にある老人が多く存在し、そのことが、介護やケアの質の維持・向上にとって重大な障害となっていることは先に触れた通りである。そこで、『国家行動計画』は、福祉実践に対する監督を強化することや苦情・不満を処理する第三者機関の設立などを提案した[30]。

第2に、以上のようにして生ずる多様なニーズに効率的に対応するためには、国家のみではなく、地方自治体、職業団体や文化団体、その他様々な自発的団

体が協力していかねばならないと主張された。この『国家行動計画』は、多様な福祉供給主体が尊重すべき共通の目標を定めたものと位置づけられることとなる[31]。

第3に、様々な福祉供給主体の中でも注目されているのが、家族であることである。『国家行動計画』は、今後、家族による介護の意義が増大することを認め、家族援助の必要性を重視している。例えば、短期介護やデイサービスの拡充を主張している。しかし、いわゆる近代家族の解体が典型的に進んでいるスウェーデンにおいて、家族に今後どれだけ頼っていけるのかについては定かではない。その点に関しては、『国家行動計画』では、援助の対象としての家族概念は拡大されるべきであるとして、友人や隣人をも含む「係累（anhöriga）」の語を用いている[32]。

第4に、予防活動の重要性が強調されたことである。病気や障害は重くなる前に対処しておけば、その後に多大な資源を用いてケアせずともよくなる可能性の存在が注目されたのである。こうした活動を重視するようになったことには、財政危機を背景に介護・ケアの供給対象が制限されてきたことに対する反省が込められていると考えられる。また、予防活動は、老人の社会への帰属意識を強めるし、家族支援にもつながるとも主張された[33]。

第5に、実験や研究を通じて新しい介護やケアの形態を模索していく必要性が主張されたことである。老人の有り様は歴史と共に変化してきたし、今後はますます多様化することが予想された。他方では、エーデル改革によって医療と介護の統合が進んだ。このようなニーズの多様化・高度化の趨勢に対応するのに、従来の介護・ケアの形態では不十分であり、新しい高齢者福祉のあり方を見出していかねばならないと認識された。そこでそれを模索するに当たって2つの方向性が提示された。

第1の方向性は、地域での自発的な取り組みを積極的に援助し、これを促進することである。老人のニーズを把握するには、何より老人と最も身近に接している高齢者福祉の現場が戦略上重要な拠点となるのである。第2の方向性は、研究と実践の緊密な協力である。『国家行動計画』は老人研究の立ち遅れを認

識し、大学での老人研究の講座やコースを増設することや研究奨励金を増額することを定めた。さらに、この２つの動きが連携して進むべきとされた。つまり、相互の動きが緊密な協力関係をもつことにより、高齢者福祉のスタッフの能力向上やそれを通じての社会的地位の向上と、実際のニーズに対応した老人研究の進展とが相乗効果を生むことが期待されたのである。また、地域での様々な実験活動は、両者の協力の場となりうることも指摘された[34]。

3 SENIOR2005

SENIOR2005は、1998年末に政府によって設立が決定され、主にすべての政党から選ばれた国会議員によって構成された議会調査委員会である。その目的は、『国家行動計画』で定まった国家的目標の実現のために、2005年以降の社会における老人の位置を考え、分析し、具体的で実現可能な政策提言をすることにあった。05年とは、40年代生まれのスウェーデン版団塊の世代が、65歳となって定年・年金受給を迎えはじめる年にあたる。この委員会は、指令書（direktiv）において、『国家行動計画』の原案を作成し、00年までそれに基づき実施された政策のフォローアップや評価を任務とした老人問題特任委員会（Äldreuppdraget）と緊密な協力関係の下で活動することを定められたように、『国家行動計画』を継承し、その理念をより具体化し、実現にむけての方向づけを行うことを任務としていたと言えよう[35]。

この委員会の活動は、社会省、経済省、文化省などの官庁や関係諸団体の専門家の支援を得ると同時に、社会に向かって問題提起し、広範な議論を喚起することが義務づけられた。政治家、官僚、利害団体、世論の相互作用の中で、高齢者政策についての社会的合意を形成することが目指されたのである。それゆえ、社会的議論のための報告書（diskussionsbetänkande）など討論資料を出版し、2002年４月には夕刊紙にパンフレットを折り込んで配布する一方、アンケート調査を実施し、各地でコンファレンスを開催した。また、ホームページが作られ、情報提供・意見交換の場に利用された。こうした活動の成果として、翌年10月に100の政策提言からなる最終報告書が提出された[36]。

委員会の活動の出発点となったのは、「老い」の概念の見直しである。「老い」は人生の他の部分と同等の価値を持つ。また、ある年齢以上の者を「老人」として一括りにすることはできない。「老い」は個人により異なるのである。したがって、「老い」を人生の他の部分と区別してネガティヴに位置づけることは誤りであり、ある年齢をもって誰もが生き方を変えねばならぬことは不合理である。「老い」を理由にして、社会に積極的に関与し、主体的に生活することを妨げられてはならないのである。それゆえ、「老い」を個人的プロセスとして把握するライフ・コース (livslopp) の概念の重要性が指摘されることとなる[37]。

　そこで、この委員会は、『国家行動計画』で定められた高齢者政策の4つの目標に加え、新たに5つの目標を加えるべきだとした。すなわち、「年齢階梯 (livstrappa) を除去し、フレキシブルなライフ・コースのパターンを形作ること」、「年齢による障害を取り除くこと」、「アクティヴに年齢を重ねることを計画すること」、「世代を超えた強固な連帯・責任分担」、「介護・ケアに対する公的責任を明確にし、確かなものとすること」である[38]。

　まず、フレキシブルなライフ・コースとは、いかなる年齢の者であっても、自己の能力や知識・経験に基づき、働くこと、学ぶこと、余暇を楽しむこと、地域社会に積極的に関わることを自由に柔軟に組み合わせうることを意味する。そのためには、何より、教育、労働、老後というように特定の年齢を境に社会的な役割あるいは権利・義務関係を区分すること、すなわち年齢階梯は打破されねばならない。

　例えば、労働生活においては、定年という考え方は否定され、老人も自己の意欲や能力に応じて働ける環境や制度が整えられるべきことが課題となる。それゆえ、50歳以上の者の労働生活における地位強化、年金生活者のためのパートタイム労働の機会の拡充、高齢者が働けるような労働環境の整備などが求められた。老人の就学に関しては、高齢者も奨学金を受けられる財政支援の新しいシステムの必要性が指摘された。また、地域や政府・諸官庁の調査委員会への参加などを通じて高齢者の観点を政策に反映させることにより、地域政治や

国政への高齢者の影響力を強化することが求められた。さらに、自発的団体の活動の支援や公共施設・集会所の整備などによって老人の参加する余暇・文化活動の促進も主張された[39]。

　以上のことは、「年齢による障害をなくすこと」にも関わる。それ以外に、「なくす」対象としては、社会に浸透した偏見や差別が問題となる。すなわち、価値観や物の見方の是正が求められるのである。例えば、言語の問題であり、「老い」に関連した言葉には、しばしばネガティヴなイメージが結びついている。そのため、まず官庁用語から、そのような言葉を一掃しなければならない。また、マス・メディアを動員して、人々の価値観や物の見方を変えていくことも提起された[40]。

　「アクティヴに年齢を重ねることを計画すること」では、積極的な社会的主体として高齢者が生きていくためにはどのような環境を整備するべきなのかが問題とされる。1つには、IT技術などの新技術の応用である。そこでは、既存の技術の適用のみでなく、技術開発そのものに高齢者の意見を反映させることで、高齢者のニーズに対応した技術開発を進展させるべきであることが提起された。また、『国家行動計画』と同様に、予防活動・保健活動が重視された。さらに、居住・生活環境が問題にされた。高齢者の身体機能に合わせて合理的・機能的な住居のあり方が検討される余地があるのであり、都市計画の中で、緑地や、公共施設・商業施設へのアクセスもより一層配慮されるべきことが指摘された[41]。

　さらに、SENIOR2005は、利用しうる社会経済的資源の差によってのみではなく、障害、ジェンダーやエスニシティによって高齢者間で享受しうるライフ・チャンスに大きな格差が存在することを重視した。「年齢による障害」の有り様や「アクティヴに年齢を重ねる」ための諸前提は、現実にはそれらの要因とあいまって、非常に複雑な様相を呈するのである。それゆえ、高齢者福祉政策は、障害者政策・平等化政策・統合政策などと連携して展開されねばならないことが強調された[42]。

　「年齢を超えた強固な連帯・責任」では、まず、フレキシブルなライフ・

コースの理念に見るように、あるべき社会は、年齢層による住み分けが打破され、労働生活、文化生活、学校、地域社会等々であらゆる年齢層が日常的に交流する社会となることが強調された。その際、この文脈においても意思決定過程への参加の促進は重要な課題となる。また、人口の高齢化問題への対応は、何より様々な年齢層の間での新たな役割・責任分担を意味することが指摘された。高齢化社会化の問題は、各年齢層にとって相互に利益となり、納得のいく形で解決されねばならないのである。それには、まずそれがどのような問題であるのかを長期的な観点から多角的に明らかにし、各年齢層の間で知識や理解が共有されねばならない。そのうえで相互に理性的に議論を進めていく必要がある。そのためにも、社会のあらゆる領域で世代を超えて日常的に交流する条件を整備することが前提となると主張された。それゆえ、その政策提言は、高齢化社会化に関する調査研究の推進とともに、各年齢層相互間の交流を促す環境を様々な生活領域において整えることが中心となる[43]。

一方、高齢者福祉政策において、介護やケアの問題が重要な領域であることは言うまでもない。SENIOR2005は、この問題では関しては、具体的な提案よりも政策の方向性を指し示そうとした。まず、基本的方向性として、『国家行動計画』で定められた目標とこれまで見てきた4つの新たな目標が介護・ケアの領域でも追及されるべきであることを確認した。その上で、「介護・ケアに対する公的責任を明確にし、確かなものとすること」が肝要であることを強調した。それが明確でないと様々な福祉供給主体が供給する福祉を勘案し、各個人が自己の人生を合理的に計画することが困難となる[44]。

この問題に対し、SENIOR2005は、自宅で老後を過ごす者に焦点を当て、彼が実際にどのようなニーズを持ち、どのようにそれが対応されているのかについて検討した。介護・ケアの問題を、個人のニーズから出発してより広い社会サービスの問題の中に位置づけようとしたのである。その結果、介護・ケアあるいは医療・保健のニーズのみではなく、通常では社会サービスの枠組みで対応されていないニーズが存在することを指摘した。例えば、庭の手入れ、雪かき、簡単な修理・修繕作業などである。それのみならず、医療・保健法と社会

サービス法の間では自宅で暮らす老人に対する扱いが異なり、概して医療・保健の領域では自宅生活者のサービス受給権は弱いものであった。また、公的なサービスの受給条件のコミューンによる格差も大きかった。こうした状況を踏まえ、何を公的福祉でカヴァーすべきなのかを明確にし、個人、家族、自発的団体、民間福祉企業、地方自治体、国家などの間での役割・責任の分担を明確にしていくことが課題とされたのである[45]。

おわりに

このように『国家行動計画』やSENIOR2005の政策提言は、エーデル改革後の問題状況を背景にしてまとめられると同時に、今後のスウェーデンの高齢者福祉政策の方向性を定めるものであった。イヴァール・ロー＝ヨハンソンの『老いること』から見ると、そこに現れた政策理念はいかなる特質を持つのであろうか。

まず指摘できるのは、共通性あるいは連続性である。ロー＝ヨハンソンは、非人間的な老人ホームの有り様を告発することを通じて、老人は社会的存在なのであり、自らの意思に基づいて自己の生活のあり方を決定すべきことを主張した。『国家行動計画』やSENIOR2005においても、同様の精神は貫かれている。例えば、『国家行動計画』では「社会や自己の日常生活において影響力を持ちうること」が目標とされ、SENIOR2005では、労働生活、社会生活、家庭生活などにおいて老人が主体性を発揮しうる環境形成が問題とされている。また、このような理念は、「選択の自由」あるいは「自己決定社会」をモットーとした社会サービス法やエーデル改革の中にも継承されてきたと言えよう。それゆえ、我々は、スウェーデンの高齢者福祉政策における伝統を、『老いること』が世に出て以来その実現が追及されてきた、社会的主体としての老人という理念の中に見出すことができると考えられる。

このように主体的に自己の生活を形成していくことを重視したロー＝ヨハンソンの老人観は、20世紀初頭にエレン・ケイ（Ellen Key）が人間存在にとり家

庭あるいは日常生活の決定的な重要性を強調したことに起源を求められると指摘されている[46]。他方、SENIOR2005は、「アクティヴに年齢を重ねること」を、WHOで唱えられているアクティヴ・エイジング（Active Ageing）の概念と結びつけている[47]。このことは、スウェーデンが、その思想的な伝統を、それに照応した国際的な高齢化社会化に対する取り組みの動向を積極的に受容することで強化あるいは発展させようとしていることを示しているとも考えられよう。

しかし、歴史的位相の差も見過ごしえない。例えば、ロー゠ヨハンソンによる問題提起の背景には、工業化や都市化が存在した。農業社会の中で老人に与えられていた様々な任務が喪失し、仕事を引退した老人はもはや一人前の社会的存在とは見なされず、社会の片隅に追いやられて孤独な生活を余儀なくされたのである。ロー゠ヨハンソンの主張は、いわば農業社会に足場を置いて産業社会を批判するという性格を持っていた。

これに対し、『国家行動計画』やSENIOR2005では、老人存在やそのニーズの多様性が強調されていることが注目される。その背景には、健康状態が一般的に改善され元気な老人が増える一方、80歳以上の年齢層が増大して要介護者も増加するなど、65歳以上を一括りに同じ老人として扱うことが困難になった状況が存在するであろう。スウェーデン版団塊の世代が年金受給年齢に達するようになる中で、ロー゠ヨハンソンの時期に比して人口の高齢化が格段に進展したのである。1960年代以降の移民の増大によって、スウェーデンがまぎれもない多民族国家となったことも多様化の要因に付け加えられるであろう。

また、「豊かな社会」が実現され、サービス社会化が進展し、物質的な欲求充足よりも自己実現が求められるようになったことも、それを促していると思われる[48]。さらに、フレキシブルなライフ・コースの提唱は、多様化し変化の速度も加速してきた消費者のニーズにあわせてフレキシブルな生産の追及を強制されているポスト・フォーディズム的状況が背後にあると考えられる[49]。総じて、『国家行動計画』やSENIOR2005ではポスト産業社会的状況に対する福祉国家の対応が問題となっているのである。

さらに両者を隔てるのは、「老人問題」あるいは高齢者福祉の位置づけであ

る。これまでしばしば、高齢者福祉政策は、スウェーデンの社会福祉政策の中でマージナルな位置に捨て置かれてきたことが指摘されている。高齢者福祉は、他の福祉領域に比して社会的に注目されることは少なく、常に資源の不足に悩まされてきたのである[50]。ミュルダール夫妻の『人口問題の危機』は何よりも出生率の低下を問題にし、将来のスウェーデン経済・社会を担うべき存在を養成するため育児の社会化を提起したのであるが、逆にお荷物となると予想される存在を排除するために強制避妊を主張したことでも知られている。育児や教育が重視される一方、高齢者福祉に資源の配分が行き届かず、社会的にも注意が向けられなかったのは、老人が社会のお荷物であったせいであるかもしれない。これに対し、ロー＝ヨハンソンは、福祉国家建設過程に取り残され、社会の片隅に追いやられた老人の悲惨な状況を告発し、周辺的位置にあった高齢者福祉に光を当てる契機を作ったのだと言えよう。

　他方、近年の議論では、本格的な高齢化社会を迎え、高齢者福祉が社会福祉政策のみならず政策体系全体で中核的位置を占めることが強調されている。それは単に老人の人口に占める割合が、他の様々な社会グループに比して増大してきたという意味ではない。例えば、『国家行動計画』やSENIOR2005は、「老い」の概念の見直しを提起している。「老い」に対するネガティヴなイメージは払拭されるべきであり、年齢階梯を打破し、フレキシブルなライフ・コースを実現すべきであると主張しているのである。つまり、価値観や生活様式の見直しを、老人ばかりではなく、すべての年齢層が迫られているのである。また、高齢者福祉政策は、地域レヴェルのみならず全国レヴェルでの政治的意思決定のあり方の見直しのみならず、労働市場や教育制度の改革や、地域開発・都市計画のあり方の再検討を迫り、個人の消費行動にも変化をもたらすことでも、社会や経済のあり方全体に多大な影響を及ぼすものであると位置づけられた。さらに、「老人問題」が移民やジェンダーの問題といった様々な社会問題の結節点に位置していることも指摘され、高齢者福祉政策と平等化政策・統合政策などとの連携の必要性が強調されることとなった。

　その上、ロー＝ヨハンソンの場合、高齢者福祉の担い手は、何より国家や地

方自治体が念頭に置かれていたのだと思われる。彼の問題提起は、福祉国家建設途上にあって、その発展の方向性に影響を与えたのであった。これに対し、『国家行動計画』やSENIOR2005では、福祉供給主体の多元化が議論の中心的なテーマとなった。国家やコミューンのみではなく、自発的団体や企業、家族なども重要な役割をもつべき存在としてクローズアップされて、個人と福祉供給者の間で役割や責任の分担が問題となっているのである。こうした状況は、老人のニーズの多様化のみならず、グローバリゼーションの中での国民国家の役割や機能の見直しにも対応しているであろう。

　以上のことから、高齢者福祉は、単に増大する高齢者にどう対処するかといった問題ではなく、福祉国家さらには社会全体のあり方を見直す上で枢要な戦略的位置にあると見なされてきていると言えよう。換言すれば、スウェーデン福祉国家や市民社会あるいは両者の関係が今後どのような道を辿るのかは、高齢者福祉のあり方にかかっているのである。

　スウェーデン福祉国家の将来の見通しは、必ずしも明るくない。例えば、財務省が作成した『長期予測調査』は、2020年までの経済成長や人口動態、生産性の伸び等を予測した結果、これまでのような公的福祉を将来的に支えていく可能性にネガティヴな見通しを示した[51]。また、『国家行動計画』がどれだけ実現されているかについての公的な調査も、概して必ずしも順調に進展していない状況を報告している[52]。スウェーデンは、現実における諸資源の不足と『国家行動計画』に見るような理念との間のギャップに悩んでいるのである。これまで見たように、『国家行動計画』やSENIOR2005は歴史的位相を異にしながらも、イヴァール・ロー＝ヨハンソンの思想を継承したものであった。『国家行動計画』の議会での採択は、そうしたスウェーデンにおける高齢者福祉の伝統を堅持することを宣言する意味をもつ。今後のスウェーデンの高齢者福祉は、ロー＝ヨハンソンの思想を導きの糸としつつ、現実と格闘しながら、少しでもそれに沿った新たなシステムの構築に努力する途を辿るものと予想される。これからも見守っていきたい。

1) 例えば、*Äldrepolitik för framtiden. 100 steg till trygghet och utveckling med en åldrande befolkning*, SOU 2003, s. 31.
2) 最近では、高齢者福祉に限らずスウェーデンの社会福祉の現状を解説した、井上誠一『高福祉高負担国家スウェーデンの分析』（中央法規、2003年）；奥村芳孝『新スウェーデンの高齢者福祉最前線』（筒井書房、2000年）、などのすぐれた邦語文献が出ている。本稿は政策理念に焦点を当てるので、エーデル改革など近年の諸改革の具体的詳細については、それらの文献を参照していただきたい。
3) Jönson, Håkan, *Ålderdom som samhällsproblem* (Lund, 2002) s. 62-63 ; Broomé, P. & Jonsson, P., *Äldreomsorg i Sverige* (Stockholm, 1994) s. 33-35（拙訳『スウェーデンの高齢者福祉』〔新評論、2005年〕101-105頁）。
4) Edebalk, P. G., *Drömmen om ålderdomshemmet-Ålderingsvård och socialpolitik 1900-1952* (Lund, 1991) s. 25-27.
5) Ibid., s. 37-43 ; Dens., *Hemmaboendeideologins genombrott-ålderingsvård och socialpolitik 1945-1965* (Lund, 1990) s. 7-10.
6) イヴァール・ロー＝ヨハンソンの生涯と著作については、例えば、Holmgren, Ola, *Ivar Lo-Johansson* (Stockholm, 1998).を、特にルポライターとしての側面については、Reberg, Arne, *Ivar Lo. De utsattas reporter* (Stockholm, 2001).を参照。
7) Lo-Johansson, Ivar, *Ålderdom* (Stockholm, 1949) s. 5-6.
8) Ibid., s. 6.
9) Ibid., s. 17.
10) Ibid., s. 17.
11) Ibid., s. 38, 40, 42.
12) Ibid., s. 72.
13) Ibid., s. 46, 48.
14) Ibid., s. 34-35. ロー＝ヨハンソンは、この後者の道をかつて存在したと伝えられる北欧の「姥捨て山（ättestupa）」の現代版と捉えている。
15) 『老いること』をめぐる論争については、特にGaunt, David, "Ivar Lo, de radikala pensionärerna och striden mot ålderdomshemmen 1949", i : *Socialvetenskaplig tidskrift*, Nr. 4 (1995).を参照。論争の歴史的位置づけについては、Edebalk, Per Gunnar, *Hemmaboendeideologins genombrott*, s. 27-32 ; Dens., *Drömmen om ålderdomshemmet*, s. 50-57 ; Jönson, H., a. a., s. 72-77.を見よ。ロー＝ヨハンソンは、『老いること』とそれをめぐって起こった論争に際して書いた文章をまとめて、次のような書物を出版した。Lo-Johansson, Ivar, *Ålderdoms-Sverige* (Stockholm, 1952).
16) イェンソンによれば、『老いること』をめぐる論争以後、福祉国家の繁栄の下で、

しだいに老人問題は、社会問題としてではなく、生物学・医学あるいは老人学の問題として扱われるようになった。しかし、1960年代末から社会民主主義福祉国家の危機とともに、再び社会問題として浮上した。Jönson, H., a. a, s. 79-89.

17) コミューンとランスティングはスウェーデンにおける地方自治体であり、管轄する地域から言えば、前者は市、後者は県にあたる。しかし、権限から言えば、両者の関係は県が市を管轄するといった上下関係ではなく、むしろ分業関係にある。

18) 社会サービス法については、木下康仁『福祉社会スウェーデンと老人ケア』勁草書房 1992年 第10章を参照。

19) 例えば、社会福祉庁がエーデル改革の実施状況とその成果についてフォローアップした最終報告書として、Socialstyrelsen, *Ädelreformen. Slutrapport*, Socialstyrelsen följer upp och utvärderar 1996 : 2. また、社会省（Socialdepartmentet）が1995年に組織した、老人が社会においてどのような対応をされているのかについての調査は、ケアや介護の状況について調べている。その最終報告書が、*Bemötande av äldre : trygghet, självbestämmande, väldighet ; Slutbetänkande* SOU 1997 : 170. である。さらに、1996年に、政府が社会福祉庁に老人が安全で自立的な生活を営んでいるかについての調査を命じた。この調査委員会（Äldreuppdraget）による一連の報告書が公刊されている。

20) 資源不足の中で、コミューンが増大する老人のニーズにどのように対応しているのかについては、社会福祉庁により9つのコミューンを対象とした実態調査がなされた。その報告書として、Socialstyrelsen, *Äldreomsorg under omprövning*, (Stockholm, 1996). がある。介護・ケアの対象から多くの老人が排除されていることについては、Ibid., s. 12, 33-34, 47-66 ; Socialstyrelsen, *Äldreomsorg utan service-en framgångsrik strategi?*, Äldreuppdraget, 1998 : 13. を参照。求人難や現場での労働強化については、Szebehely, Marta, "Äldreomsorg i förändring : knappare resurser och nya organisationsformer", i : *Välfärd, vård och omsorg*, Kommittén Välfärdsbokslut/SOU 2000 : 38, s. 178-179.

21) Eliasson-Lappolainen, R. & M. Szebehely, "Omsorgskvalitet : svensk hemtjänst hotad eller säkrad av att mötas", i ; Eliasson-Lappolainen, R. & M. Szebehely red., *Vad förgår och vad består*（Lund, 1998）; *Brister i omsorg*, SOU 1997 : 51 ; *Bemötande av älder*, SOU 1997 : 170.

22) 福祉受給の階層化やそれとジェンダー秩序の結びつきについては、Szebehely, Marta, "Omsorgsarbetets olika former-nya klasskilnader och gamla könsmönster i äldreomsorg", i : *Sociologisk forskning*, Nr. 1（1999）; Dens., "Nya trender, gamla

traditioner. Svensk äldreomsorg i europeisk perspektiv", i ; Florin, C. & C. Bergqvist red., *Framtiden i samtiden. Könsrelationer i förändring i Sverige och omvärlden* (Stockholm, 2004). などを参照。

23) Socialstyrelsen, *Brukarinflytande och konsumentmakt i äldreomsorgen*, Äldreuppdraget 1997 : 7 ; Socialstyrelsen, *Ledningens syn på brukarinflytande*, Äldreuppdraget 1998 : 15.

24) Socialstyrelsen, *Äldre födda utomlands. En demografisk beskrivning*, Äldreuppdarget 1994 : 4 ; Socialstyrelsen, *Invandrare i vård och omsorg-en fråga om bemötande av äldre*, SOU 1997 : 76. 1999年の年金改革によって、拠出に基づかない最低保障年金が導入されたことは、このような移民の問題に対する対応としても考えられる。

25) *Nationell handlingsplan för äldrepolitik*, Regerings proposition 1997/98 : 113, 1998.

26) *Nationell handlingsplan*, s. 1.

27) Ibid., s. 1-2.

28) Ibid., s. 21.

29) Ibid., s. 60.

30) Ibid., s. 84-92.

31) Ibid., s. 58-59.

32) Ibid., s. 112-113. 今日のスウェーデン家族の状況については、例えば、Ahrne, Göran et al. red., *Det sociala landskapet*, 3dje uppl. (Göteborg, 2003) Kap. 3. を参照。

33) *Nationell handlingsplan*, s. 115-117.

34) Ibid., s. 97-100.

35) *Kommittédirektiv*, Dir. 1998 : 108.

36) SENIOR2005の主な出版物として、社会的議論のための報告書 (*Riv ålderstrappan! Livslopp i förändring*, SOU 2002 : 29)、その補足報告書 (Bilagadel) として次の4冊、A. *Att åldras*, SOU 2002 : 91 ; B. *Ekonomi*, SOU 2002 : 29 ; C. *Arbetsliv*, SOU 2002 : 29 ; D. *Tillgänglighet och boende*, SOU 2002 : 29.最終報告書 (前掲 *Äldrepolitik för framtiden*) その補足報告書として次の4冊、A. *Etik*, SOU 2003 : 91 ; B. *Arbetsliv och samhälle*, SOU 2003 : 91 ; C. *Vård och omsorg*, SOU 2003 : 91 ; D. *Service i hemmet*, SOU 2003 : 91が挙げられる。SENIOR2005の活動については、そのホームページ〈http://www.senior2005.gov.se/〉を参照。

37) *Riv ålderstrappan!*, s. 53-62 ; *Äldrepolitik för framtiden*, s. 61-68. SENIOR2005

が「老い」の概念や価値前提を重視したことは、2つの補足報告書が、「老いること (Bilagadel A, SOU 2002 : 29)」や「倫理 (Bilagadel A, SOU 2003 : 91」をテーマとしたことからもわかる。

38) *Riv ålderstrappan!*, s. 135-179 ; *Äldrepolitik för framtiden*, s. 172-180.
39) *Riv ålderstrappan!*, s. 181-301 ; *Äldrepolitik för framtiden*, s. 191-269.
40) *Riv ålderstrappan!*, s. 150-164 ; *Äldrepolitik för framtiden*, s. 271-294.
41) *Riv ålderstrappan!*, s. 303-379 ; Bilagadel D, SOU 2002 : 29 ; *Äldrepolitik för framtiden*, s. 307-407 ; "Teknik för hela livet", i : Bilagadel B, SOU 2003 : 91.
42) *Riv ålderstrappan!*, s. 86-91 ; *Äldrepolitik för framtiden*, s. 146-154.
43) *Riv ålderstrappan!*, s. 170-179, 286-287 ; *Äldrepolitik för framtiden*, s. 409-441.
44) *Äldrepolitik för framtiden*, s. 443-524.
45) *Bilagadel C*, SOU 2003 : 91 ; *Bilagadel D*, SOU 2003 : 91.
46) Qvarsell, Roger, *Vårdens idéhistoria*, (Stockholm 1991) s. 143-145. エレン・ケイの思想は、禁酒運動や労働運動などいわゆる「国民運動（folkrörelser）」に大きな影響を与えた。さらに、これらの運動では、「人民の家（folkets hus）」や「人民の公園（folkets park）」の建設に見られるように、社会への積極的な関与を通じて精神諸能力の調和的発展を促進することを目指した日常生活空間の創造が行われていた。このような「国民運動」の伝統と、ここで述べたスウェーデンにおける高齢者福祉の伝統とは無関係ではないように思われる。スウェーデンにおける「国民運動」の伝統については、拙著『市民社会と労働運動』（木鐸社、1996年）を参照。
47) *Äldrepolitik för framtiden*, s. 307-309. Active Ageing. については、WHO, *Active Ageing. A Policy Framework*, A Contribution of WHO to the United Nations World Assembly on Ageing (Madrid, 2002).
48) Broomé, P. & P. Jonsson, *Äldreomsorgen i Sverige*, s. 65（拙訳『スウェーデンの高齢者福祉』〔新評論、2005〕145-146頁）。
49) 福祉国家の「ワークフェア」化については、例えば、宮本太郎「社会民主主義の転換とワークフェア改革」日本政治学会編『年報政治学』（岩波書店、2001年）を参照。ただし、フレキシビリティは、ここでは資本の蓄積様式の転換に起因する経済的な要請から問題とされるのではなく、むしろ老人の社会的主体性の観点から、労働生活のみではなく日常生活のあらゆる領域を対象として問題とされていることに注意すべきであろう。
50) 例えば、Edebalk, P. G., *Hemmaboendeideologins genombrott*, s. 4-6；大岡頼光『なぜ老人を介護するのか――スウェーデンと日本の家と死生観』（勁草書房、

2004年) 6-4頁を見よ。
51) Finansdepartmentet, *Långtidsutredningen 2003/04*, SOU 2004 : 19.
52) 『国家行動計画』が2002年までにどれだけ実現されたのかを評価したものとして、*Uppföljning av den Nationell handlingsplanen,* Regeringens skrivelse, 2002/03:30 ; Socialstyrelsen, *Nationell handlingsplan för äldrepolitiken,* Slutrapport, 2002. がある。

第11章　現代ドイツにおける「社会的市場経済」の変容
—— 2003年閉店時間法改正論議を手がかりに

石井　聡

はじめに

　第2次大戦後のドイツ経済は、GDP総額が世界の2、3位であり続けたという量的な意味もさることながら、「質的」な意味でも、世界経済において重要な地位を占め続けてきた。というのは、戦後ドイツ経済の様々な経験、たとえば西ドイツの社会的市場経済体制、労働システム、環境対策、EU統合、東ドイツの社会主義体制といったものが、他の国・地域から1つのモデルとして注目される存在であったり、あるいは世界史的意義を有する経験だったからである。EU統合はいうに及ばず、労働システムや環境対策については我が国でもドイツを1つの「理想」とする見方は広く受け入れられているところであり、また2004年10月に調印されたEU憲法には、EUは「高度に競争的な社会的市場経済」を目標とするとの文言が見られる[1]。東ドイツについても、社会主義体制が20世紀世界経済の1つの重要構成部分であったことを鑑みれば、その総括は欠かせない経験だといえる。

　ところが、これらの諸経験が、現在のドイツの不況や大量失業の主要な要因となっているとの見解が近年一般に広まっている。ドイツの高賃金・短労働時間や充実した社会保障は企業の高コスト構造を生み、そこに東西ドイツ統一の財政負担やEU通貨統合の財政安定化規定による法人税を減税しがたい状況、さらには環境税の負担が加わることで、グローバル化の時代にドイツ企業の国

際競争力が低下し、1990年代半ば以降の不況や大量失業につながっているというのである[2]。その結果、「アングロサクソン的新自由主義」の世界的流行の影響も相まって、その歴史において蓄積してきた「ドイツ的」諸制度を否定するかのような傾向が、経済政策・社会政策面でみられるような感がある。最近のドイツで見直しが実施もしくは検討されている事項としては、労使協約、共同決定、失業保険、解雇保護、マイスター制度など主として労働政策に関わるものがあげられる。ドイツ史が築いてきた諸制度を否定するかのようなこうした動きが今後もいっそう進むようであれば、ドイツ史の研究意義自体が問われてくるとさえいえるであろう。そこで、ドイツ経済の現状とそれが向かおうとしている方向を的確に理解したうえで、ドイツ史の研究意義・課題を改めて問い直す作業が今日の時点で必要であるように思われる。本稿はこうした問題意識を念頭におきながら、現在ドイツの「社会的市場経済」がどう変容しようとしているのかを検討していくこととする。

　そもそも社会的市場経済とは、その名付け親であるミュラー＝アルマック（Müller-Armack, Alfred）によれば、「社会的安全と経済的自由の結合」と構想されている[3]。この「結合」をいかに行うかが、戦後各政権の課題であり、また特色の出し所だったといってもよい。1950年代から60年代前半は、キリスト教民主同盟（CDU）を中心とする政権が、「経済の奇跡（Wirtschaftswunder）」と呼ばれる経済成長を背景に、それ以降の時期と比較すれば、「経済的自由」と「社会的安全」（以下、「社会面」）[4]の両者をバランス良く維持した時期だと評価される。60年代半ばの不況後、戦後初めて政権を担った社会民主党（SPD）は、70年代にかけて労働者の権利をいっそう強化し、社会保障面の充実を図った。その結果、他方で「社会面」による市場機能の阻害が問題として取り上げられるようになる。70年代後半になると、失業率の上昇や社会保険関係費の膨張を背景に、学界でも「社会国家の限界」論が展開され、社会政策の分野における市場原理の復権の必要性が叫ばれ始めた。そして82年からのCDUコール（Kohl, Hermut）政権下では、経済成長の桎梏となっている「ゆきすぎた」労働者保護を緩和し、経済的自由に対する様々な法的規制を廃止、もしくは改正

すべきだとの論調が主流となっていった[5]。90年代以降になると、経済のグローバル化を背景とする産業立地競争の圧力と資本の論理の圧力、サプライ・サイドを重視する経済学の影響、そして前述のような企業の競争力に関する「危機意識」の下、企業活動にとって好ましくないとされる条件を排除せねばならない、つまりは様々な規制を緩和せねばならないという気運が、政府・産業界・学界にいっそう高まってきた。時代は、「社会面」の重視から市場メカニズムの重視へと方向転換してきたのである[6]。

その規制緩和を巡る議論のなかで、たびたび取り上げられてきたテーマの1つが閉店時間法（Ladenschlußgesetz）である。小売業従業員の長時間労働からの保護を主要な目的として1956年に制定された同法は、「労働者保護の基本法」ともいわれ[7]、戦後50年近くに亘りその社会政策的な意義が強調され維持されてきた。だが他方で閉店法は、「ドイツの停滞・改革の停滞にとって象徴的なテーマ」と常に強い批判の対象ともなっている[8]。経済的自由やサービス産業の発展を阻害する「市場経済の異物」だとして[9]、その規制の緩和もしくは撤廃要求がなされ続けてきたのである。こうした同法の性格を考えると、閉店法を巡る議論は、まさに社会的市場経済の構想である「社会的安全と経済的自由の結合」をいかになそうとしているかという問題と直接関わるものだといえるだろう。経済のグローバル化や、EU統合、IT化といった新しい国際経済情勢のなかで、最近のドイツでは閉店時間法を巡ってどのような議論が展開されているのだろうか。さらには1つのモデルとして世界から注目されてきたドイツの「社会的市場経済」や社会政策は、どのように変容しようとしているのだろうか。本稿は、2003年3月の閉店時間法改正を巡る一連の議論を追跡することで、こうした問題に迫ることを課題とする。

I　改正前の状況

1　1996年改正までの状況

　閉店時間法は、1956年11月の制定以来、一貫して改正・廃止を要求されてきた法律であった。当時の経済相であり「社会的市場経済」実現の立役者の1人であったエアハルト（Erhard, Ludwig）が制定に強い拒否反応を示したのをはじめ、消費者の視点や市場経済の自由の観点から批判が提出され続けてきた。その結果、表11-1に見られる特別規定のような細かい点での緩和がなされることはあった。だが、全体的な開店時間規制の改正に至ることは80年代末までなかった。従業員保護を訴える労働組合をはじめ、日曜労働の禁止を求める教会、大企業との平等な条件設定を望む中小店を中心とする小売業者が、規制に賛成の立場を堅持し、それらを支持基盤とする二大政党も改正を求めなかったためである。61年、連邦憲法裁判所が、規模の格差に基づく開店時間の差による競争の不平等を防ぎ、競争中立性を確保するという秩序政策的な機能を果たすがゆえに、閉店法は合憲であるとの判断を下していたことも、法の保持に大きな影響を及ぼしていた[10]。

　しかし、1980年代以降、閉店法も規制緩和の波に呑まれることとなった。コール政権下の89年に、法制定以来初めて全体の営業時間を変更する、木曜開店時間延長に関する法改正へと至る[11]。改正への動きはそれにとどまらず、91年、規制緩和委員会答申のなかで、重要な検討事項の1つとして閉店法が取り上げられたのに続き、CDUと連立を組む自由民主党（FDP）から93年に経済相に就任したレックスロート（Rexrot, Günther）が、法の廃止に言及した。これらを受けて、連邦政府は、6大経済研究所の1つミュンヘンのifo研究所に対して、法改正の是非を多面的に検討するよう諮問した。同研究所は、95年8月に提出したその答申のなかで、56年の法制定当時とは状況が大きく変化しており、営業時間の決定は法律による規制ではなく市場メカニズムに任せるべ

表11-1　ドイツ閉店時間法における営業時間の規定の変遷

	1956年法	1989年改正	1996年改正	2003年改正
平日（月～金）	7時～18時30分	木曜のみ20時30分まで	6時～20時	
土曜	7時～14時*		6時～16時	6時～20時
日祝日	閉店			

＊毎月第一土曜（その日が祝日の場合第二土曜）のみは18時まで。またクリスマス期については、別途特別の規定がある。
　なお、鉄道駅・空港・ガソリンスタンドの売店、自動販売機、観光地の店舗は1986年以来、例外的にこの時間規制を受けずに営業できる。

きであることを理由に、平日および土曜の開店時間の大幅な延長を提案した。そしてそれにより小売業の売上げは3％上昇し、雇用は5万人の増加が見込めると予測したのである。このときCDU内でも中小小売業者に近い中間層グループは改正への不満を表明していたが、その他与党の多数の支持を背景に、平日の開店時間を20時まで、土曜を16時まで延長する連邦政府法案が提出された。この法案は、与党の賛成多数で96年6月21日に可決され、同年11月1日から施行された。野党SPDは改正に反対の姿勢を貫き、反対票を投じた[12]。

　この1996年改正当日の連邦議会討議において取り上げられた論点は、要約すれば以下のようなものであった[13]。改正賛成派は、開店時間の延長を求める消費者のニーズ、延長による小売業の売上げ増大の見込み、パートタイマーの雇用増による失業の減少の予測を主張したほか、閉店法はドイツが社会改革を行う能力を持っており、かつその用意があることを示すための象徴的なテーマであること、ヨーロッパ統合の進展により消費者の外国での買い物が容易になることを考慮すべきこと、「我々は孤立した島に住んでいるのではなく、ヨーロッパの中に住んでいる」こと（ブルーム労働相、Blüm, Norbert）[14]、などに注意を喚起した。これに対しSPDを中心とする改正反対派からは、開店時間延長により小規模店が大規模店とのさらに激しい競争に巻き込まれ、大規模店への集中が進行すること、失業率上昇・福祉切り下げによる国内購買力が低下している現状では、改正による売上げ増が期待できないこと、パートタイマー雇用の増大により社会保険加入義務のない労働者の比率が増加し、不安定な雇用

が拡大すること、などへの懸念が表明された。

このように1996年改正を巡っては、小売業の売上げ増の如何、パートタイマー増加による雇用増の是非といった改正の具体的効果に関わる論点がまず前面に取り上げられていた。加えて市場メカニズムや社会改革の重要性が強調されている。他方で改正反対派からは、福祉切り下げや不安定な雇用の拡大への懸念が表明され、「社会面」の成果を保持すべきことが主張されていた。このほか、EU統合進展のなかで小売業の立地としてドイツを強化する必要性が確認されるなど、EU統合の影響という論点も新たに出てきていた。

2 閉店法議論への再点火

1996年改正法施行3年後の99年10月、ifo研究所は「閉店に関する所見」を発表した[15]。そこでは、将来は月～土曜の開店時間規制を完全に撤廃すべきことが提案された。その理由としては、規制の完全撤廃による自由競争を通じてのみ、消費者の嗜好に応じた開店時間や小売企業の効率性の向上が可能となること、自由化によって、商品やサービスの供給を一定の消費者集団の生活時間に適応させるような新タイプの小売企業が生まれるだろうし、また小規模店や孤立した立地にある企業の犠牲によって、小売業における構造改革が進むであろうこと、開店時間の規制は、社会的価値観にのみ結びつけて正当化されてきたが、被用者の長時間労働からの保護は今日では労働協約によって確保されていること、などが挙げられた。いずれも市場メカニズムの重要性の指摘、「社会面」重視への批判につながるものと解釈できるだろう。

ifo所見以降、閉店法を巡る議論に再度火がつくこととなった。自由化賛成の論陣を張るのは、消費者団体、大企業を中心とする小売業者、いくつかの州政府などであった。小売業界は、規制緩和により営業活動に裁量の余地を拡大することで構造改革を進めるべきこと、小企業でも自由化に伴う営業時間の弾力的利用によって大企業に対する利点も出しうるのであり、自由化が集中化のみを進めるわけではないことを表明した。また自由化に賛成の州は、州が代表機能をもつ連邦参議院で規制の撤廃を働きかけた。開店時間は地域ごとの事情

に合わせて各州が決定すべき事項であり、連邦で統一的に規制されるべきではないというのがその意見であった。他方、自由化反対はとくに労働組合と教会から訴えられた。商業・銀行・保険労組と職員労組は、1996年改正以後も売上げは増加しなかったし、約25万人の正規雇用が失われたとしてさらなる緩和に強く反対した。こうした動きに対して98年秋から前コール政権に替わったSPD・緑の党政府は中間的な立場をとっていた。シュレーダー首相（Schröder, Gerhard）は、2000年7月のインタビューで、閉店法改正に関してまったく反対というわけではないが、教会や労組などとの社会的合意を得ることが必要との見解を示した。同様にミュラー経済相（Müller, Werner〔無党派〕）も、議論は大いに行うべきであり、平日の自由化に関しては労組と話し合いを持ちたいとしていたが、現時点では取り組むべきより緊要なテーマがほかに存在すると述べていた[16]。

そうしたなか、2000年8月の各州経済省次官会議は、SPDが政権を担当する州を含む圧倒的多数で、平日開店時間を22時まで、土曜は20時まで延長する方向で法改正を求める旨を、参議院に提出することで合意した。この件については9月に同院経済委員会で、10月1日には本会議で討議された。そこでは、CDU政権のベルリン州から「開店時間の延長は、立地としてのドイツに肯定的な影響を及ぼすだろう」ことが主張された[17]。だが結局、SPD政権の各州がここで棄権または拒否したために、延長へ向けて一致は得られなかった。このSPD政権各州政府の態度の急変の理由について、保守系有力紙のフランクフルター・アルゲマイネは、「SPD指導部のあからさまなクライアント政策にあった」と論評している。「小売業の300万人の従業員が、首相への威嚇に動員され」、そのことは、SPD党員でありながら、かねてより閉店法緩和の支持者だったノルトライン・ヴェストファーレン州のクレメント首相（Clement, Wolfgang）が、党指導部からの要請で延長反対を組織する側に回ったことに象徴的に表れているというのである[18]。この時点ではまだ、SPDの政策に対する労組の影響力は強かったことが確認できるであろう。ifo所見以降盛り上がった閉店法を巡る議論は、この時点で一旦収束に向かうことになる。

この後、2003年改正への具体的な動きが現れる02年秋まで、同法に関する議論は顕著に減少したが、その間に現れた自由化に反対と賛成の立場からの注目すべき意見をそれぞれ紹介しておきたい。自由化反対の立場からは、ラウ大統領（Rau, Johannes ; SPD）のハンス・ベックラー財団（ドイツ労働総同盟の関連団体）での講演（00年10月）の一部を引用しておこう。「閉店時間の修正可能性に関する議論は、私は基本的には正しいことだと考えています。しかし、「顧客に便利な」という1つの視点から見えてくるものすべてが、さらに広い意味で「人間に好ましい」ものではありません。生活の質というのは、買い物できる時間のみに規定されるものではありません。日曜や祝日を保護したり、それにより人間的な生活のための必要条件を作り出すことは、国家の課題なのです」[19]。この演説は、「社会面」への配慮の重要性を改めて指摘したものだといえるだろう。これに対してCDUのクローグマン議員（Krogmann, Martina）は01年2月の連邦議会において、「情報化社会におけるドイツ経済」と題して以下のように演説した。「政府は、今一度閉店法に取り組まねばなりません。インターネットを通じて24時間いつでも世界中で買い物が可能になっている時代に、閉店法を何も変えないというのは考えられないことです。経済のダイナミズムを促進するような経済政策を要求します」[20]。ここには、電子商取引という新たな論点が登場しており、以降自由化推進派の1つの重要な主張点となっていくことになる。

II　2003年改正論議

1　改正へ向けての動向

　状況が急展開を迎えたのは、2002年の秋であった。9月の総選挙でかろうじて政権を維持したシュレーダー首相は、経済省と労働省を統合した経済労働省の大臣にクレメントを指名した。前述のように閉店法緩和論者だったクレメントは、就任直後から法改正に意欲を示していた。彼は、失業対策を主な内容と

するハルツ委員会答申を実施するための法案が11月15日に連邦議会で可決されると、閉店法の改正作業に入った。経済労働省は、土曜の開店時間を20時まで延長する法案をまとめ、シュレーダー首相もこの法案を支持した。その結果、12月11日に連邦政府案として決定され、連邦議会に諮られることとなった[21]。

この改正への動きに対して、労働組合は強く反発した。統一サービス産業労組（2001年3月に商業・銀行・保険労組、職員労組等5労組が合併して誕生した産業別組合としては世界最大の労組）の指導部は、「足りないのはお金であって、買い物をする時間ではない」と批判した。ドイツ労働総同盟のゾンマー会長（Sommer, Michael）も、「閉店法の改正は本質的に不必要である。それによって従業員の状況は改善されないし、消費が刺激されることもないであろう」と述べた。SPD党内でも左派は改正に慎重な姿勢を見せており、逆に連立相手の緑の党は改正に積極的であった[22]。

SPDは、閉店法制定以来規制の緩和に反対であったし、1996年改正のさいにも反対の姿勢を貫いていた。2000年当時でも、前節で見たように首相や閣僚からは労組に配慮した発言が繰り返されていた。ところが今回は、延長されるのは土曜の4時間のみとはいえ、SPD政府自ら、労組の強い反対がありながらも改正に動くこととなった。ここにはどのような背景があったのだろうか。その1つとしてまず考えられるのは、96年と02年では、SPD指導部の顔ぶれが変わっていたことであろう。96年は、経済政策的にはSPDの伝統路線を継承するラフォンテーヌ（Lafontaine, Oskar）が党首の座にあったが、02年にはシュレーダーが党首を務め、最重要閣僚としてクレメントが入閣していた。この両者は、SPDのなかでは右派に位置づけられ、市場の効率性の考えを取り入れた徹底的な構造改革で「グローバル・スタンダード」に合わせようとする経済政策を志向する立場にあった。99年6月、英ブレア首相とシュレーダー首相の「共同声明＝第3の道／新中道」においては、現代の社会民主主義者はサプライ・サイドの政策をとることが必要であるとの認識が示されており、「アングロサクソン的新自由主義」の影響がそこに見られた[23]。

さらに、こうした彼らの志向を実行させる重要な背景となったのが、02年末

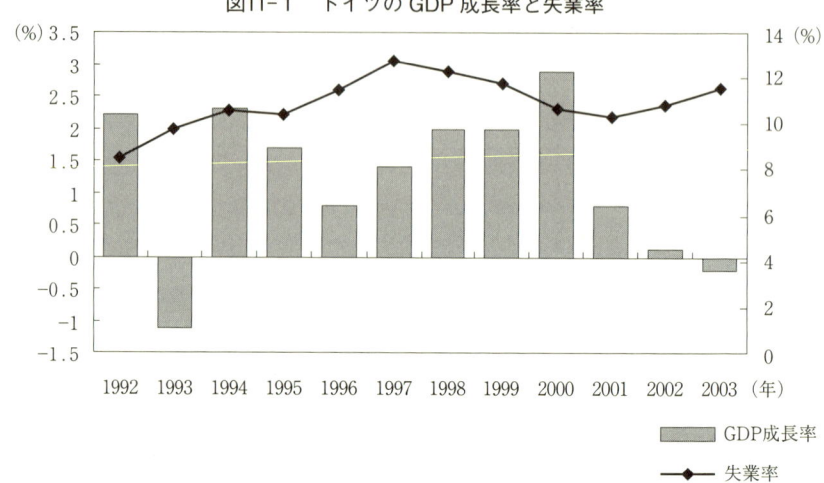

図11-1　ドイツのGDP成長率と失業率

出所：*Wirtschaft und Statistik*, 9/2004, S. 950 ; *Statistisches Jahrbuch für die BRD 2004*, S. 95.

当時の経済状況であった。つまり、再度悪化しつつあった経済成長率、失業率を、従来の規制や利害関係の打破によって打開しようという首相・経済労働相の姿勢が、この改正を巡る動きからうかがえるといえる。図11-1のように、ドイツのGDP成長率、失業率はともに、98年以降一旦回復傾向を見せたものの、01、02年からは再び停滞基調に入っていた。こうした状況から、なおSPDが改正に慎重な姿勢を見せていた00年当時と02年では閉店法への対応の違いが生じたと思われる。経済政策面で決定打を打ち出せないなかでの02年連邦議会選挙を、イラク戦争への反対、同年夏の洪水対策、連立を組む緑の党の躍進といった理由で辛勝したシュレーダー政権にとって、経済停滞の打開は至上課題であった。そのための切り札として登板したクレメント大臣は、閉店法改正の必要性を訴える演説のなかで、「我々は巨大な官僚主義のなかで苦しむ中産階級のための枠組み条件を魅力的なものとし、彼らの負担を軽減せねばなりません。我が国は、勇気があり、企業家としての独自の理想を実現し、責任を引き受け、雇用を創出するような多くの人材を緊急に必要としています」と述べ[24]、サプライ・サイドに重点を置いた経済改革をいっそう進める必要性を

訴えていた。そして翌春にかけて、政府は、労組からの反発を受けながらも、「改革の停滞の象徴」とされた閉店法をはじめ、解雇保護法・手工業法の改正など規制緩和政策を立て続けに打ち出していくことになる。

こうした連邦政府の改正への動きに対抗して、11月22日には野党FDPが「閉店法廃止法案」を、12月17日には同じくCDUが「閉店法近代化のための法案」を連邦議会に提出した。続く同19日の連邦議会で閉店法が議題に取り上げられた後、03年2月3日には連邦政府法案が提出された。この法案は3月13日の連邦議会において可決される（与党の賛成279、野党の反対224、棄権0。施行は6月1日から）。この間、2月12日には野党が優勢な連邦参議院の方で閉店法を廃止すべきとの決議がなされ、3月10日には連邦議会の経済労働委員会において公聴会が開催されるなど、関連議論が深められていった。以下では、こうした過程で展開された議論の内容を詳しく検討していくこととする。

2　政府・野党の法案

ここではまず、政府・各野党が、それぞれの改正案を何故必要だと主張するのか、その理由について法案提出の順に確認していこう。そのさい、①経済的理由と②「社会面」への配慮とに分けて整理していくこととする。

(1) FDPの「閉店法廃止法案」[25]

平日についての法規制を撤廃し、日祝日については保護は続けるものの、各州に例外規定を設定する権限が与えられるべきだとする。

①経済的理由

・鉄道駅、空港、ガソリンスタンド、あらゆる時間規制のないインターネット販売といった新たな競争形態が市場割合を増加させ、消費者がいつ買い物をすませるかについては国家の監視から逃れ、不必要な官僚主義的強制から自由になったことが明らかになってきた。

・国際的な競争圧力は、ドイツのサービス提供者に、積極的な競争力の形成によって対処することを強いるようになっている。ヨーロッパ内の比較でも、ド

イツと同様の硬直的な開店規制をしているのはオーストリアだけであり、他の全てのヨーロッパ諸国は、より自由な開店時間を許している。
・開店時間の自由化は、とくに中小の小売企業が、郊外の大型マーケットに対抗して頑張り通すチャンスとなるだろう。小企業は、巧みに市場の隙間を埋めることで、都心部における居場所を確保することができる。開店時間の自由化は、とくにベンチャー企業が、その創業期に市場での地位を獲得することを助けるだろう。
② 「社会面」への配慮
・ドイツは社会政策的な変革期を迎えている。変化した労働構造、労働時間の弾力化、高まる社会的変動性は、消費者の生活慣習・消費慣習を変化させている。
・開店時間の自由化は、家族の関心にも沿ったものである。共稼ぎの夫婦は、買い物をより良く分担できるようになる。また家族全員で買いだめをする必要や、「満員の土曜日に家族で買い物」を避ける必要もなくなる。
・従業員にとっては、労働時間規制と被用者保護権は、労働時間法の規定と概括的労働協約によって具体化されている。
　FDPは、これらの理由から、「官僚主義は具体的に廃止されるべきであり、国家は元の位置に返すべきであり、個人の決定可能性の余地を作るべきである」と強調している。

(2) CDUの「閉店法近代化のための法案」[26]
　CDUは、平日の開店時間を自由化し、日祝日は現在のまま連邦政府によって保護が維持されることを提案する。
① 経済的理由
・ドイツ経済は深刻な構造危機にある。我が国により大きなダイナミズムを、より高い成長を、より多くの雇用をもたらすようなすべての措置が取られるべきである。そこに閉店法の近代化も数えられる。
・増加するインターネット取引のような現代的な消費慣習によって、特例を認

められない閉店規制に従っている企業は、かなりの不利益を受けている。
・ますます激化している国境を越えた競争が、外国の市場を失わないために、ドイツの企業に顧客の希望に見合った創造的な打開策を発展させるよう圧力を強めている。
・社会的市場経済は、分別ある国民の心底に価値のあるものとして留まり続けている。企業の自由や個人の責任意識が再び共通の視点として定められねばならない。

②「社会面」への配慮
・閉店法の近代化は、社会政策的な理由からも意義深い。開店時間の延長は、消費者の弾力的な買い物計画を可能にする。
・小売業の労働協約・企業協約パートナーは、法的な特別規制がなくても、労働時間法の規制に従って、従業員のために、容認できる社会的な労働条件を取り決める能力がある。
・日祝日は引き続き保護される。日祝日は余暇と休養のためにある。日曜は、家族や友人、隣人との共同の時間、社会的文化的生活の日でもある。

(3) 連邦政府法案[27]
①経済的理由
・1956年の閉店法の発効以来、連邦共和国の経済的社会的条件はかなり変化してきた。小売業の売上高は、ここ数年全体的な経済成長率を下回ったままである。新たな発展（インターネットや通信販売という購買形態）や追加的な例外規定（特別開店時間が可能な空港や駅売店における供給の増加）の結果、環境はますます変化してきた。土曜開店時間の延長により、小売業の企業は、消費者の需要に合わせ、サービスを顧客の需要や流行に適合させることができるようになるだろう。

②「社会面」への配慮
・閉店法は、商店主、小売業従業員、消費者の利害間のバランスを作り出すべきである。

・土曜開店延長による従業員の負担は、それほど著しくはないだろう。労働時間の延長は予想されない。それは労働協約が一般的拘束力を有するためである。

　これら3法案では、改正理由についてほぼ共通の主張が展開されているといえる。たとえば①の経済的理由を見ると、ドイツ経済なかでもとくに小売業の不況からの回復、インターネット取引など規制を受けない販売形態に対する一般店舗の不利さの除去、小売業が消費者の需要に合わせたサービスを提供できる機会の形成といった見解が、与野党いずれの法案においても確認される。これに加えてFDP案、CDU案では、国際的な競争圧力の下でのドイツ小売業の競争力強化の必要性、そのための企業や消費者の自由、個人の決定可能性・責任意識の再興を強調し、CDUはこの点を社会的市場経済という言葉を用いつつ説明している。他方で②の「社会面」への配慮を見ても、3案はいずれも、労働協約があるから開店時間延長による従業員の労働時間への悪影響はないと予想する。96年に比べると、3党間の主張の差異がほとんどなくなってきていることが確認できるであろう。

3　連邦議会での討議

　さらに連邦議会における討議を追跡していこう。2002年12月19日の連邦議会本会議では、FDPとCDUの法案提出を受けて、閉店法関連討論がなされた。そこでFDPのコップ議員（Kopp, Gundrun）は、「グローバル化、EUの東方拡大、開放された市場、インターネット取引、現代的な生活・労働構造、変化する消費習慣、悪化している景気状況・サービス業の需要といったすべての要素に対するFDPの答えは、簡素で心を打つものです。我々は、平日の開店時間の法的規制撤廃を要求しています」。「これは正真正銘の規制緩和への貢献であり、ドイツ市場参加者の自由化への大きな貢献です」と述べ、グローバル化・EU拡大とそれに伴う市場の開放や、インターネット取引、景気の悪化等が閉店法改正を求める背景にあることに言及している[28]。

　こうした改正へ向けての一連の流れに対して、労働組合とキリスト教関連組

織は強く反発した。2003年3月10日の連邦議会経済労働委員会における公聴会では、統一サービス産業労組が、「さらなる法的な開店時間の延長を拒否する。政府法案は労働保護を後退させ、従業員と消費者の利害バランスを取るものでは決してない」と批判した。ドイツ労働総同盟も、「緊急に法的な開店時間規制を変化させる必要性はない。なぜなら、それにより、より多くの雇用も消費も生まれないからである」と主張した[29]。

実際こうした労組側の主張は、1996年改正以降の経験から根拠のないものではなかった。この点を確認するために表11-2、表11-3を掲げると、小売業の売上高は、97-99年にかけて96年の水準を下回り続けた。また従業員数も、97年以降一貫して減少しており、な

表11-2 小売業における売上高の変遷
（売上高は2000年価格による実質値：1996年＝100）

年	売上高	売上対前年比	GDPの成長率
1995	100.6		
1996	100	−0.6	0.8
1997	98.3	−1.7	1.4
1998	99.4	1.1	2.0
1999	99.9	0.5	2.0
2000	101.1	1.2	2.9
2001	102.1	1.0	0.8
2002	100.0	−2.1	0.2
2003	99.3	−0.7	−0.1

出所：*Wirtschaft und Statistik*, 3/2004, S. 309より作成。

表11-3 小売業における従業員数の変化（1996年＝100）

年	全従業員	フルタイム雇用者	パートタイム雇用者
1995	101.0	103.8	98.0
1996	100	100	100
1997	98.7	95.8	101.8
1998	98.4	93.3	103.9
1999	96.7	92.2	101.7
2000	96.1	91.6	101.0
2001	96.1	89.9	102.8
2002	95.0	87.4	103.3
2003	93.1	83.5	103.5

出所：*Wirtschaft und Statistik*, 3/2004, S. 314より作成。

かでもフルタイム雇用者は大きく減少していることが分かる。他方で、改正賛成派が当時主張したようにパートタイム雇用者は確かに増加傾向をたどったが、フルタイム雇用者の減少がそれを相殺してしまっている。結果として、96年改正時における改正反対派の懸念は的を射たのである。当時改正による売上げ増を予測したifo研究所も、10日の公聴会で、「開店時間の延長や自由化は、短中

期的にはおそらく国民の消費行動に対してわずかな効果しかもたらさないであろう」と認めている。同研究所はむしろ「顧客集団の心に訴えるために、新たな開店時間によって、小売業では新たなサービスや商品が提供されるに違いない。とくに革新的な小売企業の新設に対して、現行の開店時間規制は障害となる時代錯誤である」として、小売業の構造改革への貢献の方に期待していた[30]。

キリスト教関連組織は、別の視点から改正に反対した。社団法人プロテスタント被用者組織連盟は、同公聴会にて「人々の不可欠な宗教的・文化的必要性を、法の根拠として受け入れるべきことに賛成である。家族のため、社会集団のため、公共団体のための共同の自由な週末には高い価値があることは広く認められているが、改正によって、今以上にその価値が放棄されることになるであろう。キリスト教・ユダヤ教の伝統的な安息日である土曜日は、労働と余暇の間のリズムを明白に分けるものである。このバランスが侵されようとしている。自由な日曜の保護も、さらに掘り崩されるのではないかと懸念する」として、社会生活や労働と余暇のリズムといった「社会面」の視点を議論の俎上に載せた[31]。

これらの議論を受けて、3月13日の連邦議会本会議では議決前の最後の討論がなされた。その内容は、これまで触れてきた論点の再確認といった性格もあり重なる部分も多いため、各党別に要約的に紹介しておきたい。

SPDは、今回の20時までの延長によって「小売業の集中化への動きは変化しないであろうし、雇用が新たに生まれるわけでもない。むしろ現在のネガティブな傾向を阻止し、完全にストップさせることに関わるもの」だとした。そして「専門家の多数は、連邦政府案を、小売業の利害関心の最善の集約であると判断したことを強調」し、小売業関係者の利害バランスに配慮した法案であることを重ねて訴えかけた[32]。

CDUは、「ドイツ小売業は、これまでで最も厳しい状況にある。収益は悪く、競争力の国際比較でも低い位置にある。小売業が、現在の状況やとくに現行の法状況に満足する理由はなにもない。こうした状況を前に、我々の国により大きなダイナミズムを、より高い成長を、より多くの雇用をもたらすために必要

なすべての措置がとられるべきである。我々が必要なのは、今一度ルートヴィヒ・エアハルト、社会的市場経済である。より多くの自由決定余地、少ない国家である」と主張した[33]。

FDPからは以下のような意見が出された。「小売業従業員の保護は依然として必要と考える。我々は労働時間法、労働保護法を支持している。しかし我々は、独自性、少ない国家規制により重きを置く。また消費者志向に重きを置く。経済立地としてのドイツを安定化させるのは正しい改革であり、これは絶対に必要である」[34]。

以上で見てきた法案および連邦議会での議論をまとめておこう。改正を必要として主張された理由は以下の点に集約できるであろう。

(1) 小売業の売上げや雇用の後退への対応。少なくともそれらの下方への傾向をストップさせるため。
(2) 土曜延長に対する消費者の希望や消費習慣の変化への対応。小売業関係者の利害バランスへの配慮。
(3) インターネット取引の増大や規制を受けない店舗と一般店舗との不平等への対応。
(4) グローバル化やEUの拡大とそれに伴う市場の開放への対応。新たなサービスや商品の開発、革新的企業の新設を生み、小売業の競争力を向上させる必要性、また経済立地としてのドイツを安定化させる必要性。そのための人々の自由決定の余地、独自性、少ない国家・規制の重視。エアハルト、社会的市場経済の再興。

SPDは、先の法案では(3)にも言及していたのとは違い、連邦議会での最終討論では、改正理由としては(1)と(2)を挙げたのみであった。対して野党側は、とくに(4)を強調し続けている点に特徴があったといえよう。

III 改正理由の検証

ここでは、これまで見てきた改正理由のうち、データで検証可能なものにつ

いて、その客観性・説得性を確認しておきたい。それにより、各政党の真の狙いがどこにあり、ドイツ経済はどういう方向へ向かおうとしているのかを明らかにするよすがとしたい。

　前節末の分類に従って(1)の小売業の売上げや雇用の後退への対応という理由から検証していこう。前述した通り、1996年改正以降、売上げ・雇用は減少しており、改正の効果はなかったといえる。この点は、今回の改正議論において売上げや雇用の上昇への期待が前回ほど強調されていなかったことからも、各党によって認識されていたと思われる。事実SPDは、今回の改正によって「雇用が新たに生まれるわけではない」と指摘していた。それゆえ(1)は、SPDが「現在のネガティブな傾向を阻止し、完全にストップさせることに関わる」と消極的な表現を用いたように、さほど効果は期待されないながらも、ともかくも改正へ向けて挙げておかれた理由であるように推測される。

　そして実際にも、前掲の表11-2により、00年以降の売上げ動向を確認すると、売上高は、2000-01年にかけては回復したものの、02年から後退し、今回の改正の影響が及ぶはずの03年には再度96年水準を下回ってしまった。03年の月別売上げでも、1-5月の平均は対前年比で0.8％のプラスだったが、改正法施行以降の6-12月平均では前年比マイナス1.8％に落ちてしまった。この落ち込みの原因としては、ノルトライン・ヴェストファーレンなど4州が公務員に対するクリスマス手当・休暇手当を削減する方策をとったことなども影響したとされるが、いずれにせよ「売上げの成長に対する土曜開店時間延長の効果は確認できない」といえる[35]。雇用についても同様であった。前掲表11-3からは、96年以降続いている従業員の減少が、03年にはさらに加速していることが確認できよう。改正が売上げ増・雇用増に効果がないという事実は、またも実証された形となった。

　次に、前節末で(2)とした消費者の希望や消費習慣の変化への対応、小売業関係者の利害バランスへの配慮という点について確認しておこう。実際の消費者の希望を、まず1999-2002年にかけての各種世論調査から確認すると、確かに概ね半数以上の国民が、開店延長もしくは自由化に賛成していることが示され

ており、開店時間延長への希望は高いように見える。ただ、同時にそれに反対する者も約3分の1を占め続けていたことに注意しておくべきであろう[36]。また、表11-4によると、個人支出に占める対小売業支出の割合は96年改正以降も年々減少してきていることが分かる。ここからは、開店延長への消費者の希望と実際の需要とは必ずしも直接の関連性はないことがうかがえる。この対小売業支出の低下の要因は、90年代半ばから、電気、水道、ガス、健康管理、交通費といった支出項目の価格が上昇し、そちらに支出を割かざるを得なくなったことや、雇用

表11-4 個人支出に占める対小売業支出

年	%
1995	31
1996	30
1997	30
1998	28
1999	27
2000	27
2001	27
2002	26
2003	25

出所：*Wirtschaft und Statistik*, 3/2004, S. 309.

や所得減に対する消費者の不安から消費が手控えられる傾向にあったことなどであり[37]、消費者は営業時間よりも価格動向や雇用状況に影響を受けて消費習慣を変化させているといえよう。

　「利害バランスへの配慮」については、労組が「従業員と消費者の利害のバランスを取るものでは決してない」と政府法案を強く批判していたのはすでに見たところである。閉店法改正後になると、労組は政府への反発をより強めていき、ドイツ労働総同盟は、閉店法改正案議決翌日の14日にシュレーダー首相が施政方針演説において発表した社会・労働市場改革推進案を、社会国家の後退だとして厳しく批判し、独自にその対案を打ち出すなどした。この流れは、SPD左派が主要労組と共に新党結成の動きをみせるなどして2004年3月にシュレーダーが党首を辞任する事態へとも至っている。改正は、結果的にも「小売業関係者の利害バランス」を不安定にすることにつながったといえるだろう[38]。

　今回の改正議論のなかで重要論点として取り上げられるようになったのが、(3)インターネット取引の増加への対応という点であった。この点は昨今の印象からはもっともらしく聞こえるが、連邦統計局によれば、電子商取引は、2000年にドイツ小売業の全売上げの0.2%を占めるにすぎなかった。ドイツ小売業

連盟の調査はそれよりも高く見積もっているが、それでも99年の0.25％から02年に1.6％まで伸びたにすぎない。03年初頭の時点では、「電子商取引の意義は、巷間予想されるほど高くはない」のが実情であった[39]。

　(4)については、グローバルな競争のもとでのドイツ小売企業の競争力強化への対応という点から確認していこう。前回1996年改正の後、「年間売上げが200万マルク以下の小規模小売店では非常に多くが（従来通りの）18時30分で閉店しているが、2500万マルク以上の企業はほとんどすべてが延長された開店時間を利用している」とされたように[40]、延長を積極的に利用したのは大規模店であった。その結果、ifo研究所による小売業の企業形態別売上げシェアの調査によれば、専門的ショッピングセンターと大型スーパーが、95年の31.3％から02年には35.9％へと市場比率を高めており、05年には38.8％とさらに高まることが予測されている[41]。また前掲表11-3によれば、フルタイム従業員の割合は減少し、逆にパートタイム労働者の割合は一貫して増加していることが分かる。これらのことから、開店時間延長は、従業員数の多い大企業がそれを積極的に利用して売上げを伸ばし、また従業員もコストのより低いパートタイム労働者を増加させることで、企業としての競争力を高めていることが推測されよう。大規模店が競争力を強化するという意味では、開店時間延長は一定の効果を生み出してきているように見える[42]。他方で、FDP法案やifoが指摘したような開店時間自由化により中小店が市場の隙間を利用することで競争力を高めるだろうという予測については、それらの前提が現実化していない開店時間の自由化である以上、過去のデータで測ることには無理があるものの、上述のような小規模店は96年以降ほとんど営業時間を延長しなかったという事実、また小売業の企業数が96年の44万4627から01年に42万8183へと減少しているという数値などを見る限りでは[43]、効果を確認することはできないように思われる。

　また(4)のうち立地としてのドイツという点について、周辺ヨーロッパ諸国との開店規制を比較しておこう。今回の改正により、ドイツより厳しく開店を規制している国は、オーストリアとデンマークだけとなった。イタリアやノルウェーとは同じ時間の規制となり、ドイツより緩いのはオランダ、ベルギーであ

る。フランス、イギリス、スウェーデン、スペインなどは原則24時間の営業が可能となっている。これらからは、改正により、小売大資本が進出するためには、ドイツの立地は改善されてきたといえるだろう[44]。ただし2004年5月以降、EUの東方拡大に伴ってポーランドという強力な競争相手も現れてきている。

最後に、閉店法の社会政策的役割に関して、いずれの政党からも出されていた見解「従業員の労働時間は労働協約によって保護されている」という点について、以下のことを確認しておきたい。それは、労使による産別労働協約で労働条件を決定するという仕組み自体が近年揺らいでいるという事実である。旧西独地域で産別協約に拘束される企業で働く従業員の割合は、1995年には72％だったものの、2003年には62％へと低下し、旧東独地域では96年の56％から03年は43％まで減少した。このように協約システムの中に入らない企業が急増しており、労働時間保護に対する協約の効果は低減しつつあるといえる[45]。

以上のように、今回の議論において掲げられた改正理由は、(4)を除けば、(1)-(3)および労働協約に関する主張は、関係者達がそれを意識していたか否かはさておき、現実とはやや整合性を欠くものであったといえよう。

おわりに

2003年閉店法改正を巡る議論は、SPDが改正賛成に回ったという点で、前回改正の1996年とはまったく異なった様相を呈するものだった。改正の理由としてSPDが掲げた議論の内容も、CDU、FDPの見解とほとんど差のないものとなっていた。確かにSPDは、CDU、FDPのような明確な市場メカニズム重視まで主張しているわけではない。だが、Ⅱ節末でまとめた(1)-(3)の改正理由の客観性や労働協約の役割の低下といった事柄が、さほど吟味される必要が感じられていないかに見える改正論議からは、SPDの少なくとも主流派は、市場メカニズム重視はもはや当然の時代の流れとする政界・産業界・学界の雰囲気に対して抗する意志はないかに見える。そのことは、ブレア・シュレーダー共同文書や、クレメント経済労働相の一連の言動からも明らかであろう。

こうして今日のドイツは、経済政策に関しては、主要政党がほぼ同じ方向を向くという状況になっている。その結果、現状に関する客観的な認識や深い議論がなされぬままに、「社会的市場経済」は、明らかに市場の重視、「社会面」の軽視という方向にハンドルが切られている。そうすると問題は、どこまでハンドルが切られているのかであろう。たとえば現在は、1960年代後半以降、「社会面」が優先されてきたかにみえる歴史からすれば、「社会的安全と経済的自由の結合」という本来の社会的市場経済の構想に回帰する方向へ進路を向けているという主張もありうるだろう[46]。実際 CDU から「我々が必要なのは、今一度ルートヴィヒ・エアハルト」といった発言があったのも、回帰を醸し出そうという意図の表れと解釈できる。しかし、たび重なる市場や自由の強調、与野党揃っての規制緩和の提案、討論内容の吟味の欠如などによって特徴づけられる2003年閉店法改正を巡る顛末からは、市場と「社会面」のバランスを取るという意味での社会的市場経済の構想を越えて、市場メカニズムを一義的に重視する方向へ傾いている状況が浮かび上がってくるように思われる。ドイツは、むしろ「グローバル・スタンダード」への道をどんどん進んでいるといえるだろう。

そもそも、ドイツは西欧のなかでも首尾一貫した経済改革が実現され難い国であるというのが、政治学者の評価であった。連邦政府が改革を実行しようとしても、各州、連邦参議院、連邦銀行、労働組合、EU、連邦憲法裁判所など、「制度的障壁（institutionelle Hemmnisse）」が多すぎるために、結局のところ改革の実行が容易ではないというのである[47]。また閉店法に関して、その1996年改正議論を分析した法学者の和田肇氏は、「労働法関係法規の改正議論の仕方、すなわち、調査などを含め資料が関係当事者から提供されて、それに基づいて真剣な議論が展開されている、という事実を指摘したかった」とする[48]。つまりドイツは、議論はかなり深められる、ただ改革はなかなか進まない国であるというのが従来の一般的評価であった。ところが本稿での検討からは、近年のドイツでは、グローバル化に追われるあまり、議論を深めるという傾向も危うくなっており、なし崩し的に改革が進められようとしているといえるので

はないだろうか。逆にいえば、グローバル化とは、ドイツにすらなし崩し的な対応を余儀なくさせるものなのだといえようか。こうしてグローバル化と企業の競争力に関する「危機意識」の下、ドイツの様々な制度は、今後も順次改革が進められていくことが予測される。閉店法についていえば、03年改正後も、クレメント大臣が「閉店法緩和は官僚制打破のための重要要素」と強調し続けているのをはじめ、04年6月には小売企業から連邦憲法裁判所へ同法は違憲であるとの訴えが出され、9月には10州が平日開店時間の完全自由化を提案するなど、再度緩和要求は高まっており[49]、現行規制が保持されていくとは考えがたい。このようにドイツ史が築いてきた諸制度は、近い将来多くのものが消えゆくのではないかとすら展望され、その意味で、今日ドイツ史研究にとっては、やはり出口がないかのような状況にも映る。

　しかし、世界経済の歴史を振り返れば、市場経済は様々なタイプに移り変わってきたという事実を看取できる。19世紀の自由放任型から20世紀にはケインズ主義あるいは混合経済といったタイプが出現し、今日また市場メカニズムを極めて重要視するタイプが「グローバル・スタンダード」とされている。こうした歴史の流れを考えれば、現在の「グローバル・スタンダード」もいずれ主流から後退する可能性のある市場経済の1つのタイプと捉えることができよう。それゆえ、たとえドイツ史が築いてきた諸制度がこの先も崩れていくことがあろうとも、そこに底流しているもの、ドイツの諸制度を築き上げてきたエッセンスまでは消え去ることなく残り、それが再度重視される時代がやってくると考えることにさほど無理はないように思われる。そしてそのエッセンスとは、ドイツあるいはヨーロッパの市場経済における「社会面への配慮」といったものではないかと考えられる。

　ドイツ閉店規制の歴史を振り返ったシュピーカーマン（Spiekermann, Uwe）によれば、「閉店に関する論争が示すことは、我々の経済構造の中心要素は、経済的合理性の表現ではなく、経済と社会、あるいは政治と文化の複雑な相互作用の合成であるということである。閉店の歴史は、社会面の優越とそれに適した国家の行動に関する論争の代表例であった」[50]。本稿で見てきた議論のな

かにも、ラウ前大統領の「広い意味で「人間に好ましい」もの」、「人間的な生活のための必要条件を作り出すことは、国家の課題」といった演説や、CDUからも「日曜は、家族や友人、隣人との共同の時間、社会的文化的生活の日」といった言及がなされるなど、「社会面」への配慮は根底に残り続けている。このような閉店法を巡る議論や思想の歴史、「社会的安全と経済的自由の結合」を試みた「社会的市場経済」の歴史の検討は、ドイツやヨーロッパに底流している「社会的なもの」とは何か、それは将来の市場経済においてどのような形で残っていくのか、「社会面」は市場機能といかに調和させていくべきかを考えるうえで、貴重な手がかりを与えてくれるように思われる。そしてやはりその点に、ドイツ史の研究意義は存在し続けていくように思われるのである。

1) 〈http://europa.eu.int/constitution/download/part_I_de.pdf〉S. 13. を参照。同憲法が示唆する社会的市場経済の内容はいまはおくとして、とりあえずその文言があることをここでは重要視しておきたい。
2) こうした見解は政・産・学界において優勢な認識だといえようが、一例としてドイツ五賢人委員会元委員長でドイツを代表する経済学者の1人のヘルベルト・ハックス（石井聡・竹内常善訳「ドイツにおける企業構造の変化」『戦後史の分岐点―孤立の日本 統合のドイツ』〔京都大学出版会、2006年刊行予定〕）。最近の研究史のまとめとして、雨宮昭彦「グローバリゼーション、欧州統合とコーポラティズムの再建」永岑三千輝・廣田功編著『ヨーロッパ統合の社会史』（日本経済評論社、2004年）。
3) Klein/Parskewopoulos/Winter (Hrsg.), *Ein Modell für Europa* (Berlin, 1994) S. 11.
4) 社会的市場経済の構想を提供したドイツ新自由主義者達は、オイケン（Eucken, Walter）の掲げる「競争秩序」（「自由と効率に合致した秩序」）を理想的な市場経済秩序とする一方で、「競争秩序」が確立されたとしても、市場だけでは解決できない領域がなお残存し、それに対する国家による「社会的」なコントロールも不可欠だとする。大衆の社会的必要に配慮し、生活の安全、社会の安定、社会的公正を確保するための社会政策がそれであり、本稿での「社会面」もそうした内容を意図している。拙稿「『社会的市場経済』と西ドイツ経済史」『ニューズレター（名古屋大学国際経済動態研究センター）』No. 13（2002年）22-24頁〈http://erc2.soec.nagoya-u.ac.jp/〉。

5) 西谷敏「ドイツ労働法の弾力化論（1）」『大阪市立大学法学雑誌』39巻2号（1993年）247-249頁。
6) Feldenkirchen, Wilfried, *Die deutsche Wirtschaft im 20. Jahrhundert*（München, 1998）S. 25f；戸原四郎、加藤榮一、工藤章編『ドイツ経済』（有斐閣、2003年）28-29、80-81、198-199頁；近藤潤三『統一ドイツの政治的展開』（木鐸社、2004年）第3章；走尾正敬『現代のドイツ経済』（東洋経済新報社、1997年）序章；野田昌吾「統一後十年の『社会的市場経済』」『大阪市立大学法学雑誌』48巻1号（2001年）266-269頁。
7) Täger, Uwe Chr., Der deutsche Ladenschluss – und wieder kein endgültiges Ende?, in : *ifo-Schnelldienst*, Nr. 3 (2003) S. 8.
8) *Frankfurter Allgemeine Zeitung*（11 Dez. 2002）.（以下同紙については、〈http://www.faz.net/s/homepage.html〉より引用）にて、キリスト教民主・社会同盟の経済政策広報ヴェール（Wöhrl, Dagmar）が述べたもの。
9) Gutowski, Armin, *Das Ladenschlußgesetz – ein Fremdkörper in der Marktwirtschaft*（Hamburg, 1986）.
10) George, Torsten, *Das Ladenschlußgesetz auf den Prüfstand*（Wiesbaden, 1996）S. 9；Schunder, Achim, *Das Ladenschlußgesetz – heute*（München, 1994）S. 26.
11) Spiekermann, Uwe, Freier Konsum und soziale Verantwortung. Zur Geschichte des Ladenschlusses in Deutschland im 19. und 20. Jahrhundert, in : *Zeitschrift für Unternehmensgeschichte,* 49/1（2004）S. 41f.
12) この1996年改正を巡る状況については、Geroge, T., *a. a. O.*, S. 10-12. 我が国でも、藤内和公「ドイツ小売業の営業時間規制」『季刊労働法』180号（1998年）92-131頁；和田肇『ドイツの労働時間と法――労働法の規制と弾力化』（日本評論社、1998年）148-157頁に詳しい。
13) *Verhandlungen des Deutschen Bundestages*（以下、*VdDB*）, *Anlagen zu den Stenographische Berichte 1996*, 13. Wahlperiode, 114. Sitzung（Bonn, 1996）S. 10203-10222.
14) *Ebenda*, S. 10218.
15) ifo Gutachten zum Ladenschluss（12 Okt. 1999）〈http://idw-online.de/public/zeige_pm.html?pmid=14616〉.
16) BPA-MITSCHRIFT（25.7.2000）〈http://www.bundesregierung.de/Nachrichten/Reden-, 436.11842/rede/Pressekonferenz-mit-Bundeskanz.htm〉；*Das Parlament*（25 Sep. 2000）（以下同紙については〈http://www.das-parlament.de/〉より引用）；『海外労働時報』2000年1月号、45頁、2000年11月号、39-40頁。
17) *Das Parlament*（6. 10. 2000）.

18) *Frankfurter Allgemeine Zeitung* (20 Okt. 2000).
19) Bulletin der Bundesregierung, Nr. 67-1, vom. 14 (10.2000), 〈http://www.bundesregierung.de/Nachrichten/Bulletin-, 435.21982/Rede-von-Bundesprasident-Joha.htm〉.
20) *Das Parlament* (23.2.2001).
21) 『海外労働時報』2003年6月号、24頁。
22) *Frankfurter Allgemeine Zeitung* (29 Nov. 2002, 4 Dez. 2002); *VdDB. Anlagen zu den Stenographische Berichte 2003*, 15. Wahlperiode, 31. Sitzung (Berlin, 2003) S. 2408.
23) 生活経済政策研究所編『ヨーロッパ社会民主主義「第3の道」論集』(社団法人生活経済政策研究所、2000年）；野田昌吾「ドイツ政治の変容とドイツ社会民主党」『ドイツ研究』31号（2000年）13-14頁。共同声明起草者の1人でシュレーダーの側近であったホンバッハ（Hombach, Bodo）は、新中道は国家による枠組み条件の設定を目指しており、国家の活性化を望んでいるのであって、国家の消滅により問題が解決すると考えるアングロサクソン的新自由主義とは根本が違うとしている。西田慎「シュレーダー社会民主党のジレンマ」同上誌、128頁。ホンバッハについては雨宮前掲論文、195-198頁も参照。
24) *Frankfurter Allgemeine Zeitung* (5 Dez. 2002).
25) *VdDB. Drucksache*, Anlagen-Band. 715 (Berlin, 2002, 15/106, 22.11.2002).
26) *VdDB. Drucksache*, Anlagen-Band. 716 (Berlin, 2002/2003, 15/193, 17.12.2002).
27) *VdDB. Drucksache*, Anlagen-Band. 717 (Berlin, 2003, 15/396, 03.02.2003).
28) *VdDB. Anlagen zu den Stenographische Berichte 2002*, 15. Wahlperiode, 16. Sitzung (Berlin, 2002) S. 1274.
29) *VdDB. Drucksache*, Anlagen-Band. 719 (Berlin, 2003, 15/591, 12.03.2003) S. 10f.
30) *Ebenda*, S. 11.
31) *Ebenda*, S. 11f.
32) *VdDB. Anlagen zu den Stenographische Berichte 2003*, 15. Wahlperiode, 31. Sitzung, S. 2405f.
33) *Ebenda*, S. 2406-08, 2414.
34) *Ebenda*, S. 2410f.
35) Decker, Jörg, Entwicklung im Einzelhandel im Jahr 2003, in: *Wirtschaft und Statistik* (3/2004) S. 310.
36) 1999年のifo研究所調査では、延長・自由化に賛成が45％、2000年のDimap研究所調査では賛成が59％、2002年11月のアレンスバッハ研究所調査では賛成が

55％であった。他方で反対もそれぞれ36％、40％、32％だった。ifo Gutachten zum Ladenschluss；『海外労働時報』（2000年11月号）39頁；*Frankfurter Allgemeine Zeitung,* 7（Dez. 2002）.

37) Birnbrich, Manuel, Einzelhandel : Hoffnung auf den Aufschwung bislang, in : *ifo Schnelldienst*（14/2004）S. 25 ; Decker, J., a. a. O., S. 311f. 1994-2003年に、消費者価格全体の上昇は13.2％であったが、住居・電気・ガス・水道・燃料は19.3％、健康管理関係は14.8％、交通関係は22.9％上昇した。

38) 『海外労働時報』（2003年8月号）25-27頁。

39) Fischer, Iris, Zur Beobachtung der Entwicklung des E-Commerce, in : *Wirtschaft und Statistik*（4/2003）S. 314-317.

40) ifo Gutachten zum Ladenschluss.

41) Täger, Uwe Chr., a. a. O., S. 14.

42) もっともドイツ小売業における大型店への集中化は1970年代以降の一般的趨勢であり、これは大規模店による小規模店の淘汰や、競争力増強のための小規模店の大規模化といった要因が働いたものとされ、閉店法緩和の影響がそこにどれほどあるのかについて確かなことはいえない。横森豊雄「ドイツの小売業——Handels-und Gaststättenzählungの分析を中心にして」『専修商学論集』66号（1998年）235頁。

43) *Statistisches Jahrbuch für die Bundesrepublik Deutschland*（2003）S. 559.

44) 藤内前掲論文、129頁。

45) 田中洋子「労働——雇用・労働システムの構造転換」戸原、加藤、工藤編前掲書、106-107頁。Institut für Arbeitsmarkt‐und Berufsforschung, IAB-Betriebspanel（1995-2003）,〈http://doku.iab.de/betriebspanel/ergebnisse/2004_07_02_05_tarifbindung_2003.pdf〉.

46) 本来の構想へ回帰せよという主張は、社会的市場経済理論の源流といえる『オルド』誌の掲載論文に顕著である。たとえば、Schüller, Alfred, Soziale Marktwirtschaft und Dritte Wege, in : *Ordo,* Bd. 51（2000）.

47) Zohlnhöfer, Reimut, Institutionelle Hemmnisse für eine kohärente Wirtschaftspolitik, in : *Aus Politik und Zeitgeschichte,* Nr. 18-19（2003）S. 15.

48) 和田肇「ドイツにおける小売業の労働時間規制」『法政論集（名古屋大学法学部）』165号（1996年）33頁。

49) *Handelsblatt*（09 Juni, 23 Sep. 2004）. なお憲法裁判所は合憲との判決を下した。

50) Spiekermann, U., a. a. O., S. 43.

あとがき

　近年、わが国ではヨーロッパ研究に対する関心は、全体的に低下している。しかし、長い時間をかけて連帯的な経済社会制度を築いてきた歴史的なヨーロッパだけでなく、新自由主義思想の普及とグローバリゼーションの進行をうけて、多様な国民的制度との統合による「収斂」との間の緊張で揺れる今日のヨーロッパも、われわれの経済社会が今後とるべき進路の選択に関連して、なお貴重な教訓を提供してくれるであろう。

　本書の執筆者の大半は、編者を除けば、東京大学大学院の経済学研究科、法学政治学研究科、総合文化研究科、および名古屋大学大学院経済学研究科に関係する中堅と若手の気鋭の研究者である。本書は、あらかじめ特定の研究テーマについて計画的に企画した共著ではなく、執筆者が各自の専門テーマについて個別に進めてきた研究成果をまとめた論文集である。したがって本書はヨーロッパの歴史ないし現状について体系的な見解を提示することを意図したものではない。しかし各論文は実証度の高い専門論文であり、それぞれの領域の先行研究を踏まえて新しい事実や見解を提示した意欲的な労作と評価できる。

　本書は、歴史を専攻する研究者と現状を専攻する研究者の合作である。編集の便宜上、テーマの対象時期を基準としてやや強引に歴史と現状に大別しているが、歴史を対象とした論文は現状を意識し、逆に、現状を対象とした論文は歴史的観点を意識している。これは当初から意図したことではないが、歴史と現状を結び付けたところに本書の１つの特徴がある。本書のタイトルも、この特徴を意識してつけられている。

　本書には、直接間接にヨーロッパ統合に関説した論文が数多く収められている。これはヨーロッパ統合が、現代史ならびに現状に関心をもつ研究者から、それだけ高い関心を集めている証拠であろう。またこの点で、本書は木畑洋一

編『ヨーロッパ統合と国際関係』(日本経済評論社、2005年)を補完するものである。前書の諸論文が主として国際関係の視点から統合にアプローチしているのに対して、本書の諸論文は、ナショナルな側面と統合との関連を重視している点、あるいは統合に伴う「収斂」過程と各国の政策との関連に焦点を置いている点に特徴がある。言うまでもなく、ヨーロッパ統合は国際関係に関連すると同時に、国内の諸利害・政策とも緊密に関連している。両者の観点は、ヨーロッパ統合の理解にとって相互補完的な関係にある。

　本書が扱っている政策領域は、多様である。現代の時期区分については諸説があるが、現代の重要な特徴を経済や社会への国家の介入に求めることについては大方のコンセンサスがある。本書が扱っている政策の多様性は、このような現代の歴史的特徴を反映したものである。とはいえ「社会経済政策」の中に技術教育政策、文化政策を含めることには、多少抵抗を感じる向きがあるかもしれない。社会政策は、一般的には広義の労使関係や社会福祉に関わる政策と解されているが、ここでは社会のさまざまな分野に対する国家の政策的関与を表す広い意味で使っている。したがって本書のタイトルの「社会経済政策」は「公共政策」とほぼ同義であるが、わが国では「公共政策」という用語はより限定的な意味に受け取られる恐れがあるので、この用語を避けることにした。

　本書は、上記の書物と同じく、ドイツ学術交流会(DAAD)からの寄付で運営されている東京大学大学院総合文化研究科「ドイツ・ヨーロッパ研究センター」の活動の一環として企画・出版された。本書の出版は、ドイツ学術交流会の寄付がなければ実現できなかった。関係各位に心からお礼を申し上げたい。また若手の論文の査読については、東京大学大学院経済学研究科「現代ヨーロッパ経済史教育プログラム」(CHEESE)の馬場哲、小野塚知二、石原俊時の3氏にご協力いただいた。出版に際しては、日本経済評論社の谷口京延さんと安井梨恵子さんに大変お世話になった。記してこれらの方々に感謝の意を表したい。

2006年2月

廣田 功

事項索引

【凡例】
＊索引は50音順に並べた。
＊表・註にのみ掲載されたものは対象外とした。

[ア行]
ifo研究所　304, 306, 315
アームズ・レングス　216
アウタルキー関連産業　84
アクティヴ・エイジング　292
アジェンダ2000　229, 247
アスティエ法　50, 54
アップロードの過程　251
アムステルダム条約　217
アリアーヌ　216, 229
アングロサクソン的新自由主義　309
アンタント　99, 100, 115
イタリア海運信用銀行　71
イタリア銀行　78, 82
イタリア商業銀行　66, 74-76, 79, 80
1％法　220
一般研究委員会（CGE）　107
一般信用銀行　66
インターネット販売（取引）　311-315, 317, 319, 320
ウェストミンスター経済会議　114, 157
ヴェニス会議　166
エーデル改革　275, 281-284
英仏中軸　155
エコール・ド・パリ　223-226
SPDケルン大会　191
SPD社会プラン　188
エンジニア・タイトル委員会　55
『老いること』　275-280
欧州憲法条約　229
オタワ会議　27-30

[カ行]
介護つき特別住宅　282
開発・結束政策局（DPS）　267

学位エンジニア　55
カルチャー2000　229
カレイドスコープ　216, 229
為替管理法　132
完全雇用　129, 130
管理経済　103
管理されたヨーロッパ　105, 115, 116
技術学院　51
基礎年金　194
救貧法　276
共通政策　103
共通文化空間　231
共同体イニシアチブ（CI）　252, 256
漁業指導基金（FIFG）　247
クライエンテリズム論　263
グランド・ゼコール　38, 39, 43, 46, 47, 52, 56
クレディト・イタリアーノ　66, 73
グローバル・スタンダード　322, 323
経済関税行動委員会（CAED）　105, 107, 108, 111
経済近代化計画（モネ・プラン）　112
経済の奇跡　302
結束基金　246
結束政策局（DPS）　249
コーポラティズム　263
工芸院　47-53
構造基金　246-249, 258-267
高齢者政策に関する国家行動計画　284-290
国際国家　103
国際審査委員（キュレーター）　233, 234
国際文化協力原則に関する宣言　215
国際連盟経済委員会　97
国内機会構造　252
国民経済学派　101, 102
国民年金　276

国家行動計画　281

[サ行]
サプライ・サイド（の政策）　309, 310
産業アンタント（企業間協定）　99
産業保護法　20
サンスピリト銀行　71, 72
3大銀行　66, 73
サンパウロ・ビエンナーレ　222
ジェネラリスト　38, 48, 57
ジェンダー　289
　──秩序　283
自己決定　284
　──社会　291
社会義務保険に関する法令（VSV）　200
社会経済的結束　268
社会サービス法　282
社会調査委員会　187
社会的市場経済　186, 187, 303, 317, 324
社会福祉庁　282
シューマン宣言（プラン）　115, 158
自由社会主義　195
自由主義学派　96, 102
自由主義的ヨーロッパ　104, 105
自由貿易のヨーロッパ　115
自由労働組合連合（FDGB）　199-201, 204, 205
消極的統合　99
小ヨーロッパ　140, 143, 152, 160, 161
　──構想　139
職業訓練税　54
人口ピラミッド　278
新秩序構想　110-115
人民共和派（MRP）　159
人民所有経営　203
新ヨーロッパ秩序　106
スターリング圏　130-138
スパーク委員会　165
スパーク報告　116, 166
スペシャリスト　45-48, 55, 57
政策ガバナンス　250, 254, 255
政策パフォーマンス　256, 258-267
清算同盟　129

政治的エージェンシー（political agency）　257
政治的リーダーシップ　263-265
制度的障壁　322
積極的統合　99
SENIOR2005　287-290
セル＝サン＝クルー会談　162
1919年商務省調査報告（クレマンテル報告）　48-54
1919年財政法　18
1921年産業保護法　19
1934年7月10日法　54
1936年銀行法　80-82
全国穀物局（ONIC）　164
全国農業経営者組合連合（FNSEA）　167
選択の自由　281, 283, 291
ソビエト占領地域（SBZ）　197, 199, 200

[タ行]
第1次近代化設備プラン（通称モネ・プラン）　153, 154
第1次プラン　163
第1次ヨーロッパ内決済協定　139
大経済空間　105
第3次プラン　167, 170-172
大市場　95, 113
第2次プラン　163, 164, 167
第2次ヨーロッパ内決済協定　139
大ヨーロッパ　160
ダウンロード　252, 253
　──の過程　251
単一ヨーロッパ議定書（SEA）　246
地域関税同盟　97
地域計画（Pt）　256, 260
地域雇用計画（TEP）　260, 256
地域主義　41
超国家性　103
帝国特恵　14
適合性（goodness of fit）論　252
電気高等学校　42
ドイツ保険機構（DVA）　204
ドイツ労働総同盟　309, 315, 319
統一型社会保険　197

統一サービス産業労組　309,315
統合地中海プログラム（IMPs）　258,259
東方拡大　247
仏独和解　105
ドクメンタ　222
ドル圏　133-137
ドル・プール制　132
ドル不足　130

[ナ行]
ナチス広域経済　109
ナッタン委員会　171
ナポリ銀行　81
西ドイツ年金改革（1957年）　190-196
ヌーヴォー・カイエ　105
年金改革　275
農業信用金庫　81
ノーマライゼーション　281

[ハ行]
パートナーシップ（原則）　257,266,267
パリ決議　13,15
パリ市工業物理化学学校　42
パリ・ビエンナーレ　220-223
パリ＝フランス中心主義　227
バルフォア委員会　13,15
ハンス・ベックラー財団　308
パン・ヨーロッパ　234
　──運動　94-96
　──美術　232-234
東ドイツ国家社会保険　204
美的国家　219-226
フィネベル　140,141,158
複合発展論　113
2つのヨーロッパ　96-98
2つの世界　133
普遍主義　283,284
フランスエンジニア組合連盟（USIF）　56
フランス経営者全国協議会（CNPF）　171
フランス民間エンジニア協会（SICF）　42-48,50
フリタリュクス　158
ブリュッセル政府間会議　166

ブレトンウッズ協定（交渉）　128-130
プロテスタント被用者組織連盟　316
文化閣僚理事会　215,217,228
文化協力協定　229
文化的威光　221
文化の民主化　215
文化のヨーロッパ　228
米経済協力局（ECA）　136,139-143
閉店法近代化のための法案　312
閉店法廃止法案　311,312
ベネチア・ビエンナーレ　222,230,231
補完性原則（原理）　216,248
保険委員会　280
保険主義　194
ポスト・フォーディズム的状況　292
ポンド切り下げ　133-138
ポンド残高　128,131,135,138
ポンドの交換性回復　131-133

[マ行]
マーシャル援助　112,133
マーシャル・プラン　154-156
マーストリヒト条約　216,226,246,250
マッケナ関税　11,18,22,23
マニフェスタ　230-234
マルサス主義　153,164
マルチレベル・ガバナンス（MLG）　251
3つの円環　125
3つの輪（内環）　9
メイ委員会　24
メッシナ会議　151,165
モニタリング　252,254

[ヤ行]
輸入関税諮問委員会　25
輸入関税法　25
ヨーロッパ運動　110-115,157
ヨーロッパ化　248,250-257
ヨーロッパ・カレッジ　218
ヨーロッパ関税・経済同盟（UEDE）　103,105,106
ヨーロッパ関税同盟（UDE）　95-100
ヨーロッパ管理経済　105

ヨーロッパ共通文化空間　229
ヨーロッパ経済協力機構（OEEC）　115, 139-143, 155, 156
ヨーロッパ決済同盟（EPU）　139-143
ヨーロッパ社会基金（ESF）　246
ヨーロッパ審議会　157, 159, 215
ヨーロッパ新秩序　105
ヨーロッパ政治共同体（EPC）　160, 162
ヨーロッパ制度モデル　252
ヨーロッパ石炭鉄鋼共同体（ECSC）　116
ヨーロッパ大学院　218
ヨーロッパ地域開発基金（ERDF）　246
ヨーロッパ農業会議　160
ヨーロッパ農業共同体　152
　──構想　159-164
ヨーロッパ農業指導保証基金（EAGGF）　246
ヨーロッパ農業保証基金　168
ヨーロッパ農業連盟（CEA）　162
ヨーロッパ美術運動財団　231
ヨーロッパ付加価値　229, 231
ヨーロッパ復興計画（ERP）　137
ヨーロッパ文化協定　215
ヨーロッパ文化財団（ECF）　218, 231
ヨーロッパ文化センター（CEC）　218
ヨーロッパ文化都市　215
ヨーロッパ防衛共同体（EDC）　161
ヨーロッパ理事会　247

[ラ行]
ラファエル　216, 229
ラ・フェデラシオン　110
ラボルド法　171, 172
ランスティング　282
理工科学校　38
リヨン・ビエンナーレ　226
レジスタンス　110
　──の統合構想　107-110
連合国経済会議　12
連帯的社会保険主義　201
連邦主義的ヨーロッパ　105
老人ホーム　276-280
労働・社会扶助中央管理機構（ZVAS）　197, 199
労働者・職員社会保険（SVAA）　204
労働者文学　277
ローマ銀行　66

[ワ行]
ワシントン会議　137, 141
ワン・ワールド　132-135

335

人名索引

【凡例】
＊索引は50音順に並べた。
＊表・註にのみ掲載されたものは対象外とした。

[ア行]

アウエルバッハ, W. 189,192,195,196
アチソン, D. 135,140
アデナウアー, K. 162,192
アトリー, C. 130
アラゴン, L. 226
アルントゲン, J. 193
アレ, M. 107,112,114
アンショー, H. 142
アンティエ, P. 159
イェーロース, S. 278
イルシュ, E. 151,167,172
ヴェイエ, J. 115
ヴェーバー, A. 185,186
エイナウディ, L. 78
エアハルト, L. 304,317,322
オゼール, H. 104

[カ行]

カイザー, W. 125
モレ, G. 159
ギエ, L. 43,44,46
クーデンホーフ＝カレルギー, R. 94
クリップス, S. 133,134
クルタン, R. 96,107,108,110,111,114
グルロン, A. 39
クレマンテル, E. 48,49,100
クレメント, W. 307-310,321-323
クローグマン, M. 308
ケインズ, J. M. 129
コール, H. 302
コクトー, J. 224
コケ, L. 104
コップ, G. 314
コルソン, C. 46,47

[サ行]

シェレンベルク, E. 190-192,196,199
ジスカール・デスタン, E. 107
ジッド, Ch. 95
シューマッハー, K. 185
シュピーカーマン, U. 323
シュミット, H. 206
シュライバー, W. 188
シュレーダー, G. 307-310,319
シラー, K 188
スティッカー, D. U. 141,142
セペッド, M. 157,166
ゾンマー, M. 309

[タ行]

タンギ＝プリジャン, P. 153
チェンバレン, A. 18
チェンバレン, J. 12,19
チェンバレン, N. 25,26
チャーチル, W. 9
デ・マダリアーガ, S. 218
テポ, A. 39
ド＝ゴール, C. 172,219
ド・ルージュモン, D. 218
ドーファン・ムーニエ, A. 106
ドゥマンジョン, A. 98
トゥリシ, H. 95-97
ドゥレジ, F. 94,95,97,105,106
トルーマン, H. 130

[ナ行]

ニュートン, S. 127
ネル＝ブロイニンク, O. 191
ノエル, G. 151,152

[ハ行]
ハリマン, W. A.　141
バルフォア, A.　14, 16
バローゾ, J. M.　228
ビーバーブルック, W. M. A.　27
ピアットーニ, S.　263
ピコン, A.　39
ファヨール, H.　47
フィリップ, A.　113
ブスケ, R.　168
フリムラン, P.　155, 159
ブルーム, N.　305
ブレラー, L.　185-187, 190, 191, 195, 196
ブローディ, R.　88
ブロカール, L.　98-102, 104, 106, 109
ベイエン, J. W.　160
ベヴィン, E.　126
ペッチュ, M.　159
ベネドゥーチェ, A.　69, 76
ホーガン, M. J.　126
ボールドウィン, S.　21
ボシュア, G.　126, 156
ボダン, L.　107
ホッケルツ　194, 203
ホフマン, D.　201
ホワイト, H. D.　130

[マ行]
マクドナルド, R.　22, 24
マッケンロート, G.　187, 188
マルシャル, A.　102, 109, 112
マルシャル, J.　95
マルジョラン, R.　169, 170
マルロー, A.　219, 221, 223

マンスホルト, S.　160
マンデス・フランス, P.　162
ミュラー＝アルマック, A.　302, 307
ミュルダール夫妻　278
ミルワード, A. S.　152
ムッソリーニ, B.　66, 76, 82
モラン, E.　219

[ヤ行]
ヤング, J.　126
ユリ, P.　116
ユング, G.　76

[ラ行]
ラウ, J.　308
ラフォンテーヌ, O.　309
リスト, Ch.　96, 109
リヒター, W.　192
リュー, G.　104, 106
リュエフ, J.　107, 114
リュストウ, A.　188
リュプケ, H.　162
ル・トロケ, Y.　95, 99
ルシュール, L.　99, 100, 104
ルネ・デュモン, R.　153
レーマン, H.　197, 199-201, 203, 205
レックスロート, G.　304
レプケ, W.　188
ロー, B.　21
ロー＝ヨハンソン, I.　275-280
ロイド＝グレイム, P.　22
ロイド＝ジョージ, D.　18, 19
ロラン, C.　159

編者・執筆者・翻訳者一覧 (50音順)

秋富創（あきとみ はじめ）
1970年、大分県生まれ。東京都出身。現在、青山学院女子短期大学教養学科専任講師。専攻は現代イギリス社会経済史・通商政策史。主な著作に「第一次世界大戦期イギリスにおける通商政策構想――新たな解釈を目指して」『土地制度史学』（第169号、2000年）、「第一次世界大戦期における連合国・帝国会議とイギリスの通商政策構想――1916年連合国経済会議と1917年戦時帝国閣議・会議」『社会経済史学』（第69巻第1号、2003年）などがある。

石井聡（いしい さとし）
1968年、岐阜県生まれ。現在、名古屋大学国際経済動態研究センター研究員、名古屋市立大学・愛知県立大学他非常勤講師。専攻は現代ドイツ経済史、ドイツ経済論。主な著作に「建国初期東ドイツ造船業の技術状況と国際競争力」『経営史学』（第36巻1号、2001年）、「「社会的市場経済」と西ドイツ経済史」『ニューズレター』（名古屋大学経済学研究科附属国際経済動態研究センター、第13号、2002年）、「東ドイツにおける日常生活世界――作業班の経済的・社会的意味」『大原社会問題研究所雑誌』（第552号、2004年）などがある。

石原俊時（いしはら しゅんじ）
1961年、東京生まれ。現在、東京大学大学院経済学研究科助教授。専攻はスウェーデン社会経済史。主な著作に『市民社会と労働者文化』（木鐸社、1996年）、西川正雄他編『もう一つの選択肢』（平凡社、1995年）、今関恒夫他編『近代ヨーロッパの探求3　教会』（ミネルヴァ書房、2000年）、（訳書）P. ブルーメー他著『スウェーデンの高齢者福祉』（新評論、2005年）などがある。

伊藤カンナ（いとう かんな）
1970年、三重県生まれ。現在、名古屋大学大学院経済学研究科講師。専攻は現代イタリア経済史、金融史。主な著作に「戦間期イタリアにおける金融再編とIRI成立」『土地制度史学』（第162号、1999年）、「大不況期イタリアにおける産業救済――IRI（産業復興公社）によるSIP（ピエモンテ水力発電会社）グループの解体を中心に」『土地制度史学』（第172号、2001年）などがある。

伊藤武（いとう たけし）
1971年、長野県生まれ。現在、専修大学法学部専任講師。専攻はイタリア政治・ヨーロッパ比較政治。主な著作に『再建・発展・軍事化――マーシャル・プランをめぐる政策調整とイタリア第一共和政の形成（1947-1952年）』（東京大学社会科学研究所・ISS Research Series、2003年）、（共著）「第Ⅳ章　イタリア」小川有美編著『EU諸国』（自由国民社、1999年）、「3　イタリア」馬場康雄・平島健司編『ヨーロッパ政治ハンドブック』（東京大学出版会、2000年）などがある。

岸清香（きし さやか）
1970年、東京都生まれ。現在、都留文科大学講師。専攻は国際文化論、現代フランス社会文化史。主な著作に（共著）平野健一郎編『国際文化交流の政治経済学』（勁草書房、1999年）、戦後日本国際文化交流研究会・平野健一郎監修『戦後日本の国際文化交流』（勁草書房、2005年）などがある。

工藤芽衣（くどう めい）
1977年、青森県生まれ。現在、津田塾大学大学院国際関係学研究科後期博士課程在学中。専攻は国際関係論、欧州統合史。主な著作に「1950年代における英国の対欧州政策――自由貿易地域構想（プランG）立案過程をめぐって」『国際関係学研究』（津田塾大学紀要、第29号、2003年）、「1950年代における英仏対立と欧州統合の進展――自由貿易地域（FTA）交渉から欧州主要通貨交換性回復を中心に」『国際関係学研究』（津田塾大学紀要、第30号、2004年）などがある。

廣田功（ひろた いさお）
1944年、愛知県生まれ。東京大学名誉教授。現在、新潟大学経済学部教授、東京大学特任教授。専攻は現代欧米経済史、ヨーロッパ統合史。主な著作に『現代フランスの史的形成――両大戦間の経済と社会』（東京大学出版会、1994年）、（共編）廣田功・森建資編『戦後再建期のヨーロッパ経済――復興から統合へ』（日本経済評論社、2001年）、永岑三千輝・廣田功編『ヨーロッパ統合の社会史――背景・論理・展望』（日本経済評論社、2004年）などがある。

廣田愛理（ひろた えり）
1973年、東京都生まれ。現在、日本学術振興会特別研究員（PD）。専攻は現代フランス経済史、ヨーロッパ統合史。主な著作に「フランスのローマ条約受諾——対独競争の視点から」『歴史と経済』（第177号、2002年）、「仏独経済関係と欧州統合（1945-1955年）」『現代史研究』（第49号、2003年）、「EEC成立期における自由貿易圏構想へのフランスの対応」『社会経済史学』（第70巻第1号、2004年）などがある。

福澤直樹（ふくざわ なおき）
1962年、愛知県生まれ。現在、名古屋大学大学院経済学研究科助教授。専攻は西洋経済史、ドイツ社会政策史。主な著作に「ドイツにおける失業給付制度の展開と福祉国家の形成」『土地制度史学』（第144号、1994年）、「ドイツ第二帝政期ライヒ保険法の成立過程とその社会政策的意義」『土地制度史学』（第163号、1999年）などがある。

松田紀子（まつだ のりこ）
1970年、山口県生まれ。現在、静岡大学国際交流センター助教授。専攻は現代フランス経済史・技術教育史。主な著作に（共著）「グランド・ゼコール——技術エリートの養成」「欧州大戦と生産管理技術の革新」経営史学会編『外国経営史の基礎知識』（有斐閣、2005年）などがある。

現代ヨーロッパの社会経済政策——その形成と展開

2006年3月31日　初版第1刷発行　　　定価（本体3800円+税）	
編　者	廣田　功
著　者	秋富創、石井聡、石原俊時、伊藤カンナ、伊藤武、岸清香、工藤芽衣、廣田功、廣田愛理、福澤直樹、松田紀子
発行者	栗原哲也
発行所	株式会社日本経済評論社 〒101-0051　東京都千代田区神田神保町3-2 電話　03 (3230) 1661 FAX　03 (3265) 2993 振替　00130-3-157198
装幀者	静野あゆみ
印　刷	株式会社文昇堂
製　本	山本製本所

Ⓒ Hirota Isao　2006 Printed in Japan
A5判（21.0cm）総ページ340
ISBN4-8188-1853-4
日本経済評論社ホームページ　http://www.nikkeihyo.co.jp

・本書の複製権・譲渡権・公衆送信権（送信可能化権を含む）は㈱日本経済評論社が保有します。
・JCLS〈㈱日本著作出版権管理システム委託出版物〉
本書の無断複写は著作権法上での例外を除き禁じられています。複写される場合は、そのつど事前に、㈱日本著作出版権管理システム（電話 03-3817-5670、FAX 03-3815-8199、e-mail: info@jcls.co.jp）の許諾を得てください。

落丁・乱丁本のお取り替えは小社まで直接お送り下さい。

木畑洋一編
ヨーロッパ統合と国際関係
A5判　三八〇〇円

ヨーロッパ連合（EU）がトルコを視野に入れての拡大を続けるいま、ヨーロッパとは何かを問い直し、ヨーロッパとどのような関係を築いていくべきかを模索するための一冊。

永岑三千輝・廣田功編著
ヨーロッパ統合の社会史
――背景・論理・展望――
A5判　五八〇〇円

グローバリゼーションが進む中、独自の対応を志向するヨーロッパ統合について、その基礎にある「普通の人々」の相互接近の歴史からなにを学べるか。

ロベール・フランク著／廣田功訳
欧州統合史のダイナミズム
――フランスとパートナー国――
四六判　一八〇〇円

二〇世紀におけるヨーロッパのアイデンティティはいかに形成されてきたか。フランス、ドイツがそれぞれの立場を越えて強調する一方でイギリスはどう対応していくか。

廣田功・森建資編著
戦後再建期のヨーロッパ経済
A5判　六五〇〇円

第二次大戦から五〇年代後半にかけての各国の構想と政策はどのようであったか。戦後の経済発展の基礎はいかに築かれたのか。欧米の共存と対立の両面の構図も明らかにする。

永岑三千輝著
独ソ戦とホロコースト
――復興から統合へ――
A5判　五九〇〇円

「普通のドイツ人」の反ユダヤ主義がホロコーストの大きな要因とする最近のゴールドハーゲンの論説に対し、第三帝国秘密文書を詳細に検討しながら実証的に批判を加える。

（価格は税抜）

日本経済評論社